Auskunft

WOLFGANG NIEDECKEN

A U S K U N F T

mit Matthias Immel und
Patrick van Odijk

KIEPENHEUER & WITSCH

Inhalt

Vorwort   11

I

Trümmer und Elvistolle
Kindheit in der Südstadt   13

Kuba und Pommes
Im Internat   30

You really got me
Erste Bands   40

Pop-Art und New York statt Algebra
Kunststudium   63

Real Life
Zivildienst   93

Dylan für Arme
Kneipengigs   100

» My name is Julian Schnabel...«
Wunsch- und Tagesbilder   115

Prinzenrolle, Kölsch & Carmen
BAP auf Ochsentour   128

Stones & Schotter
BAP wird Nr. 1   140

Zwischen Salzgebäck & Bordeaux   158

BAP – Aalglatt & Fischkisten
Fast das Ende   170

Kunst & Complizen
Neue Ausstellungen und Solo-LP   180

»Money Joe«
Rockin' All Over The World   191

Kein X für ein U
Neue Platte   212

II

Gespräche mit Wolfgang Niedecken

Kunst-Avantgarde und Kölsch-Rock   221

Rock-Lyrik – Wie entstehen Texte?   230

Böll   238

Köln-Kultur: Bläck Fööss, Trude Herr, Zeltinger und
andere   242

Karneval   251

Anhang
Ausstellungsliste   259

Bands, Platten und Tourneen   260

Fotonachweis   261

Eck St. Marks un Second Avenue,
zwei Mohnd spader noch 'e Deja vu:
En Handvoll Looser op Silvester.
Jeruch vun Färv, knallwieß Neonleech,
jrundierte Leinwäng un e blass Jeseech.
Ne Fründ ahm Eng ... oder ahm Ahnfang?
Da 's zehn Johr her, doch wat hück int'ressiert,
ess dat e't endlich widder en sich spürt,
't ess widder do, dat lang vermesste Fieber.
Schutzengel, ... hühr ihm zo,
sick dämm Daach weiß e, dat e su wie du
widder jevve kann – un zwar uss Liebe.
Op eimohl woor et griefbar noh,
jet, wat wie uss 'nem andre Levve woor.
Dat Jeföhl woor plötzlich do,
diffus un unbestemmp, doch ... et woor griefbar noh.

VORWORT

Dieses Buch ist keine Autobiographie, schon deswegen nicht, weil ich nicht von einem abgeklärten Standpunkt aus einen Rückblick auf ein abgeschlossenes Leben vornehmen kann. Es fehlen auch die Systematik und Vollständigkeit einer Autobiographie. Eher handelt es sich um einen vorläufigen Zwischenbericht, um Auskünfte über meine Arbeit als Rockmusiker und Künstler sowie über die persönlichen Erfahrungen und Erinnerungen, die damit verbunden sind.

Der rote Faden des Buches hat sich durch die Fragen ergeben, die mir in persönlichen Gesprächen und bei Interviews immer wieder gestellt werden und die ich mir von Zeit zu Zeit selbst stelle. Hinzukommt: Wenn mich nicht Helge Malchow vom Verlag Kiepenheuer & Witsch so hartnäckig gelöchert hätte, wäre es wahrscheinlich zu einem solchen Buch jetzt sowieso noch nicht gekommen.

Der sprachliche Ton des Buches ergibt sich aus seiner Entstehungsgeschichte: Kurz vor Weihnachten 1989 habe ich mit Matthias Immel und Helge Malchow in dem menschenleeren holländischen Seebad Domburg ein dreitägiges Gespräch geführt und aufgezeichnet, aufgrund dessen Matthias Immel und ich nach mehrmaligen Überarbeitungen einen Text erstellt haben. Dieser Text ist dann von Patrick van Odijk noch einmal gekürzt, ergänzt und überarbeitet worden. Die ursprüngliche Gesprächsform ist im zweiten Teil des Buches beibehalten worden, im ersten Teil ist daraus ein durchgehender Text entstanden. Der Vorteil dieses Verfahrens ist, daß die Lebendigkeit der Gespräche erhalten geblieben ist, der Nachteil, daß es kein Werk der Weltliteratur geworden ist.

Obwohl die Arbeit an dem Buch weit mehr Zeit in Anspruch genommen hat als geplant – unter anderem ging eine komplette

Urlaubsreise dabei drauf –, hat es großen Spaß gemacht. Ich
hoffe, daß der Leser dies bei der Lektüre bemerkt.
Mein besonderer Dank gilt allen, die an diesem Projekt beteiligt
waren.

Wolfgang Niedecken im August 1990

Trümmer und Elvistolle

Kindheit in der Südstadt

Meine Kindheit, die Erinnerungen daran, das sind eher undeutliche Geschichten. Bruchstücke und Trümmer. Nichts Ganzes. Geschichten, wie sie jeder kennt und jeder hat. Spiele, Freunde, Eltern und natürlich die Schule.

Zum Beispiel unser Lehrer Flügel. Vor dem hatten wir echt Muffe. Der war hart drauf. Brüllen und Schlagen war sein Rezept – seine Kriegserlebnisse unser 1x1 und ABC. Er war Frontsoldat aus dem ersten Weltkrieg. Einer der entwurzelten Heimkehrer, an denen das Leben dann vorbeigelaufen war. Der Lehrermangel der fünfziger Jahre brachte diese alten Militaristen wieder zurück in die Klassenzimmer. Eines Tages verdrosch er meinen Kumpel Frank Pullem und brüllte:

»Du bist doch in der Pißrinne aufgewachsen!«

Er schlug auf ihn ein, und Frank duckte sich. Bei dem Gerangel fiel er unglücklich gegen einen brütendheißen Heizkörper und verbrannte sich. Frank schrie auf, heulte und rannte aus dem Klassenzimmer. Unterrichtsalltag. Nach einer halben Stunde dachte keiner mehr an den Vorfall. Da klopfte es plötzlich:

»Der Lehrer Flügel möchte mal rauskommen.«

Flügel marschierte zur Tür, dann gab es einen Riesenschlag, und Flügel kam ins Klassenzimmer zurückgeflogen. Der Kleine hatte seinen Vater geholt, und der hatte dem Pauker erst mal eins auf die Fresse gegeben. Für die Pißrinne. Lehrer Flügel verschwand dann von unserer Schule.

Meine Volksschule lag in der Zwirner Straße im Severinsviertel. Genau zwischen der Stollwerck-Schokoladenfabrik und dem Rheinau-Hafen. Hier wohnten auch meine Mitschüler, und ihre Eltern arbeiteten fast alle im Stollwerck oder im Hafen. Das waren richtige Proletenfamilien. Aber sie hatten ihren Stolz, und wer den verletzte, mußte sich auf einiges gefaßt machen. Ohrfeigen in der Schule, das fand Franks Vater wahrscheinlich in Ordnung, aber die Pißrinne: Das war zu viel. Da gab es kein Pardon.

Diesem Frank Pullem bin ich neulich wieder begegnet. Für die Neue LP wollte ich einen Song über einen Taxifahrer schreiben. Natürlich mit Original-Taxifunk im Text. Ich rief also bei der Taxizentrale an, ob die mir ein Band mit Taxifunk ziehen können, und bekam erst mal einen Termin beim Chef. Als ich das Büro betrat, saß da ein gewichtiger Mann im Anzug, die Beine auf dem Schreibtisch, breit grinsend: »Na, Wolfjang, wie ess et?« Ich stutzte. Dann fiel es mir ein: Das ist Frank Pullem. Der Junge aus der Pißrinne.

Stollwerck und Hafen prägten das Leben in der Südstadt. Hier gab es Arbeit, und da man auch gleich um die Ecke wohnte, kannte man sich. Man wußte, wer die Schiffe verlud und wer im Stollwerck am Fließband stand.

Und die Werkssirenen gaben den Takt an. Wenn sie losheulten, dann sah man anschließend Hunderte von Arbeiterinnen über die Severinstraße gehen. Schwatzend und in kleinen Gruppen, manche noch in ihren Arbeitskitteln. Ich fragte mich oft als Kind, warum dieser Aufmarsch denn immer zur selben Zeit stattfand. Als Siebenjähriger wußte ich noch nichts von Schicht und Fließbandarbeit.

Aber schon bald schätzte ich diesen Arbeitstakt der Fabrik: Einmal im Winter, es lag Schnee, verbrachte ich mit einer Clique den ganzen Nachmittag auf der stadteinwärts gelegenen Seite des Severinstors. Mit eisigen Händen formten wir Unmengen von Schneebällen und lauerten dann auf den »Gegner«. Das waren die Stollwerckfrauen, die um fünf Uhr Feierabend hatten. Wenn die Sirene heulte, dann wurde es spannend, und kaum tauchten die Arbeiterinnen auf dem Severinswall auf, nahmen wir sie unter Beschuß.

Jedesmal, auch heute noch, wenn ich eine Sirene höre, fallen mir diese Bilder mit den Stollwerckfrauen ein. Und dann dieser Gestank. In regelmäßigen Abständen, zu einer bestimmten Zeit der Schokoladenherstellung, kam er durch die Kamine des Stollwercks und blieb, je nach Windrichtung und Windstärke, oft tagelang im Stadtteil hängen. Dieser Gestank war unbeschreiblich. Ich habe ihn heute noch in der Nase.

Südstadt, Heimat. An jeder Ecke lauern die Geschichten. Ich wohnte damals am Severinstor, Severinstraße 1, und da würde ich den Zirkel ansetzen. Im Süden bis zur Großmarkthalle, dann den Rhein runter bis zur Südbrücke, über die Poller Wiesen, Nord-Süd-Fahrt, Severinsbrücke.

Ich kann mich noch gut an den Tag der Einweihung erinnern. Für die Zufahrtsstraßen auf der linken Rheinseite wurde ein kleines Paradies zerstört. Es war eine Straße, die hieß »Im Eulengarten«. Eine einzigartige, bizarre und gleichzeitig traumhafte Trümmerlandschaft. Denn alles war mittlerweile zugewachsen, Krater und Kriegsschäden waren überwuchert. Eine fast ländliche Idylle war entstanden. Und da hatten sich die Leute mit den einfachsten Mitteln selbstgebaute Einfamilienhäuser reingesetzt. Ausgefallene Holzhäuser, alles andere als Baracken. Jedenfalls für uns Kinder. Das waren die Super-Wildwest-Blockhütten. Wir waren begeistert.

Denn Trümmergrundstücke, das waren unsere Spielplätze. Direkt bei mir vor der Tür, am Severinstor, da war ein kleiner Abhang. Und da gab es eine richtige Höhle in der alten Stadtmauer. Da paßten zwar gerade mal zwei von uns Kurzen rein. Aber immerhin.

Und dort, wo jetzt der Obststand am Severinstor steht, da war früher ein Pissoir. Und das stank erbärmlich. Dabei kletterten wir eigentlich ganz gerne auf das Dach des Pissoirs. Da hatte man einen prima Ausblick. Aber der Gestank vertrieb uns immer wieder ganz schnell.

Und dann das Severinstor selbst. Das war unsere Burg. Der absolute Traum. Die Oma meines Freundes Hansi Becher, die Oma Filisetti, war im Severinstor Hausmeisterin. Und sie hatte die Schlüssel zu sämtlichen Räumen und ließ uns dort spielen. Wir fühlten uns wie »Ivanhoe« und »Prinz Eisenherz«. Wir erlebten Abenteuer, besiegten Feinde und Drachen, bargen Schätze und eroberten Prinzessinnen. Unsere Phantasie kannte keine Grenzen. Wir stellten uns immer wieder vor, wie hier Kaiser und Könige residierten, blutige Schlachten und rauschende Feste stattgefunden hatten. Manchmal saßen wir auch einfach stundenlang zwischen den Zinnen der Burg und sahen auf die Stadt. An klaren Tagen konnte man bis Bonn sehen. Für mich war es das Märchenschloß schlechthin, und als ich erfuhr, daß dort nie hohe Adlige gewohnt hatten, brach eine Welt zusammen.

Und dann gab es noch »et Jebiet«. Das war der beste Abenteuerspielplatz. Das ganze Gelände zwischen Kartäuser Wall, Kartäuser Gasse, Kartäuser Hof und der Ullrichgasse, der jetzigen Nord-Süd-Fahrt, war im Krieg fast völlig zerbombt worden. Von der alten Klosteranlage standen nur noch ein paar Ruinen, aber die ehemaligen Gebäude waren alle unterkellert. Das waren riesengroße Gewölbe. Feucht, dunkel und gefährlich. Meiner Erinnerung nach haben wir in Kellern gespielt, die zwei, drei Stockwerke unter der Erde lagen.

Um »et Jebiet« tobten dann auch regelrechte Straßenschlachten. Wir waren alle so um die 10 bis 15 Jahre alt und gehörten zu irgendwelchen Straßenbanden. Mit Stöcken und Fäusten kloppten wir uns um die Herrschaft über das Trümmerfeld. Aber zwischen den einzelnen Banden gab es große Unterschiede. Ich gehörte zu der eher soften Clique vom Karthäuser Wall. Aber die härtesten Jungs saßen in der Elsaßstraße. Das war eine brutale Prolo-Clique, und wir hatten vor denen echt Bammel. Wenn ich beispielsweise zum Volksgarten ging, dann machte ich einen Umweg über die Lothringer Straße. Denn ich wußte, wenn die mich in der Elsaßstraße erwischen, dann vermöbeln sie mich. Heikel wurde es nur, wenn ich zum Frisör Helmsen mußte. Der hatte seinen Laden kurz vor der Kreuzung Merowinger/Elsaßstraße. Es gab keinen Ausweg, ich mußte durch das feindliche Gebiet.

Ich betrat also die Merowingerstraße und rannte los. Den ganzen Weg bis zum Frisör. Ich rannte, als ging's um mein Leben. Zwischen den einzelnen Banden gab es aber auch immer wieder Koalitionen. Man suchte sich Verbündete. Zum Beispiel mein Kumpel Alois (Adi) Bach, der Sohn des Küsters, der gehörte zur »Eiche«. Er nahm mich mal mit zu denen, und die taten mir dann nichts. Er konnte sich dann auch bei uns am Kartäuser Wall blicken lassen. Die »Eiche« war eine ziemlich harte Gang. Mit denen konnte man sogar durch das Gebiet der Elsaßstraße streifen.

Im Innersten bewunderte ich natürlich diese toughen Prols aus der Elsaßstraße. Sie erschienen mir so stark und unabhängig. Fast alle waren sie sogenannte Schlüsselkinder. Niemand schien sich um sie zu kümmern. Sie kämpften sich durchs Leben. Ich dagegen war ein wohlbehütetes Kleinbürgerkind, dem man alle Probleme aus dem Weg räumte.

Einer dieser harten Jungs war übrigens der Jürgen Zeltinger. Ich unterhielt mich mit ihm neulich über diese Zeit, und wir stellten fest, daß wir zur selben Zeit in der Südstadt aufwuchsen. Und der Jürgen war damals einer von der »Eiche«. Wir müssen uns also damals schon begegnet sein.

Trümmergrundstücke als Spielplätze, das war für uns selbstverständlich. Wir waren damit aufgewachsen. Wir kannten nichts anderes. Das Unnormale war das Normale. Ich fand es dann doch sehr seltsam, als die Trümmer weggeräumt und die Plätze wieder bebaut wurden. Mir wurde da wirklich etwas weggenommen.

Daß diese Trümmer irgend etwas mit dem Krieg zu tun hatten, war mir damals nicht bewußt. Ich war zu jung, und zu Hause wurde darüber nicht gesprochen. Krieg war einfach ein Wort, ohne großartigen Inhalt. Daß es etwas mit Zerstörung, Schmerz und Verletzung zu tun hat, erfuhr ich erst durch die Geschichte meines Onkels Alex. Der Bruder meiner Mutter war seit seiner Kindheit behindert. Er hatte im ersten Weltkrieg, als kleiner

Steppke im Kinderwagen liegend, einen Bombensplitter ins Rückgrat bekommen.

Aber im zweiten Weltkrieg war meine Verwandtschaft recht glimpflich davongekommen. Jedenfalls keine Gefallenen. Und meinen Vater hatten sie zunächst erst gar nicht eingezogen. Er war zu alt. Und als dann gegen Kriegsende das letzte Aufgebot der Tattergreise und Milchbubis an die Front geschickt wurde, durfte auch er zu Hause bleiben. Als Lebensmittelhändler war er für die Versorgung der Bevölkerung unentbehrlich. Nur in den letzten Kriegstagen haben sie ihm noch eine Waffe in die Hand gedrückt. Er gehörte dann zu so einer Art Bürgerwehr, die im Kölner Hafen aufpassen sollte, daß nicht geplündert wurde.

Nach dem Krieg bekam er dann einen Prozeß als Kriegsverlängerer angehängt. Vielleicht, weil er schon sehr früh in die NSDAP eingetreten war. Jedenfalls hat ihn das echt getroffen. Er hat sehr darunter gelitten. Er war sich keiner Schuld bewußt. Mein Vater war nun auch wirklich kein Militarist oder Erznazi. Mein Vater war ein einfacher Mann ohne jegliche Zivilcourage. Der ideale Mitläufer. Ein geflügeltes Wort von ihm war: »Von mir uss können sie auch dat letzte Luftgewehr abschaffen, ... ävver överall, bei de Russe och, nit nur he!« Aber insgesamt war der Krieg zu Hause kein Thema.

Und dabei hatte mein Vater im Krieg ja einiges durchgemacht. Ende der dreißiger Jahre war er nach Köln gekommen. Vom Land, aus Unkel, in der Nähe des Drachenfels im Siebengebirge, direkt in die »Groß«-Stadt. Hier wollte er sein Glück versuchen. Denn als jüngster Sohn einer Winzerfamilie gab es für ihn auf dem heimischen Gut nichts zu erben.

In der Josephstraße eröffnete er sein erstes Lebensmittelgeschäft. Das wurde bei einem Bombenangriff der Alliierten völlig zerstört. In einem Haus in der Schnurgasse führte er seinen Laden dann weiter. Ein karges Angebot mit spärlicher Frischkost gegen Lebensmittelkarten statt Bargeld. Bei Kriegsende

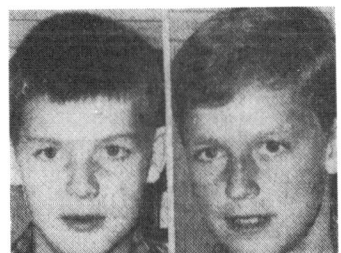

Alois Bach   **Wolfgang Niedecker**

Wolfgang Niedecken (12), Köln, Severinstr. 1, und sein Freund Alois Bach (12), Köln, Im Ferkulum 29a, sahen vor der Berufsschule am Karthäuserwall einen deutschen und einen internationalen Führerschein. Sie brachten sie der Polizei.

l. o.: 1. Schultag

r. o.: Die erste Presse

l. u.: Elternhaus, Severinstr. 1

r. u.: Heinz und Wolfgang N.

wurde er zum zweiten Mal ausgebombt. Wieder blieb er unverletzt, aber ohne Dach über dem Kopf.

Jetzt besetzte er einfach ein Haus. Das war damals so üblich. Wenn irgendwo was leerstand, dann ging man da einfach rein und wohnte dort. Wen sollte man denn auch schon fragen, im Chaos der letzten Kriegstage?

Mein Vater hatte sich also an den Chlodwigplatz neben das Severinstor gestellt und gekuckt: Wo gehen die meisten Leute vorbei? Und das war links, direkt am Severinstor. Er zog in das Haus Severinstraße 1. Zunächst ging alles gut, aber im Sommer 1945 kamen die Besitzer zurück. Mein Vater aber wollte gerne bleiben und kaufte das Haus auf Ratenzahlung. In diesem Haus bin ich aufgewachsen.

Nur zwei Häuser weiter war damals eine Bäckerei. Dort arbeitete meine Mutter. Sie stammt aus einer kinderreichen Südstadtfamilie mit einer abenteuerlichen Familiengeschichte. Immer wieder, bei allen möglichen Gelegenheiten tauchte die auf. Dann tuschelten die Erwachsenen und sahen sich verschämt um. Kein Unbeteiligter sollte sie erfahren.

Sie beginnt im letzten Jahrhundert in Köln. Ein reicher jüdischer Bankier war spitz auf sein Hausmädchen, ein gewisses Frl. Schmitz, und flugs war die auch schon schwanger. Der Bankier dachte natürlich nicht daran, sie zu heiraten. Sie war ja nicht standesgemäß. Aber er ließ sie auch nicht ganz im Stich. Er richtete ihr einen kleinen Kolonialwarenladen in der Severinstraße in Höhe der Severinskirche ein. Als Existenz für sie und ihren unehelichen Blagen, den er ihr angehängt hatte. Wahrscheinlich tat er das nicht nur aus lauter Nächstenliebe, sondern damit die auch die Klappe hielt. Die Dienstmagd Schmitz gebar einen Sohn. Sie wohnte in einer ganz primitiven Wohnung »Am Krummen Büchel«, eine der verrufensten Gegenden im damaligen Köln. Denn trotz des Ladens konnte sie sich nichts Besseres leisten. Zwischenzeitlich hatte sie einen gewissen Arnold Platz kennengelernt und geheiratet. So wuchs der halbjüdische Sprößling des Bankiers als Arnold Platz jr. auf. Und das war der Vater von meinem Opa Hermann Platz, dem Vater meiner Mutter. Die Familie war also jüdischer Abstammung. Aber die Nazis kriegten das nie raus. Denn im »Arierausweis« stand an der kritischen Stelle bei Vater des Arnold Platz jr.: Unbekannt. Und so waren sie aus dem Schneider. Dieser Opa, der Hermann Platz, war in der Südstadt eine bekannte Figur. »Platze Manes« war Kirchenmaler. In der Maternuskirche gab es vor dem Krieg ein legendäres Deckenfresko von ihm, bekannt im Volksmund als »Dä Jesus met dämm Nudelebart«. Und in meiner Familie hält sich bis heute der Aberglaube, ich wäre so eine Art Reinkarnation von ihm. Er war nämlich eine Woche vor meiner Geburt im »Vrings-Klösterche«, dem Krankenhaus der Augustinerinnen, gestorben. Kurz vor seinem Exitus soll er im Tran noch phantasiert haben: »Uns Tiny litt bovven und hätt ene Jung jeboore.« Jedenfalls, so der absolut unerschütterliche Familienglaube, soll ich von ihm mein künstlerisches Talent geerbt haben. »Platze Manes« konnte mit seiner Kirchenmalerei die siebenköpfige Familie gerade so durchbringen. Sie wohnten alle zusammen in einer winzigen Drei-Zimmer-Wohnung in der Alteburgerstraße 40.

Noch heute spricht niemand in der Familie gerne über diese Geschichte. Halb schämen sie sich ihrer unehelichen Abstammung und halb haben sie immer noch eine tiefsitzende Angst vor neuen Judenpogromen.

Meine Mutter ist sechzehn Jahre jünger als mein 1980 verstorbener Vater. Sie gehört zu dieser Generation, deren Männer im besten Alter fast alle im Krieg fielen. Auch ihr Verlobter. Mein Vater war geschieden und hatte schon einen Sohn. Meinen über 20 Jahre älteren Halbbruder Heinz. Zwischen meinen Eltern muß sich so eine Art Vernunftsbeziehung ergeben haben. Zu zweit, so sagten sie sich wohl, kommt man besser über die Runden in dieser schweren Zeit. Daraus ergaben sich allerdings auch reichlich Probleme. Meine Mutter wollte eigentlich immer ganz woanders lang als mein Vater. Das begann schon bei der

Kleidung. Meine Mutter war schon immer 'ne Spur schicker und wollte, daß auch mein Vater sich ab und an mal was Besseres anzieht. Aber der lief immer rum wie der Beuys persönlich. Grauer Kittel und Hut. Und dann war meine Mutter eben auch viel lebhafter und unternehmungslustiger. Die wollte auch mal gerne ausgehen, in die Kneipe, ins Kino, zum Tanzen oder auf die Kirmes. Aber mein Vater wollte nie raus aus der Bude. Für ihn bestand das Leben aus Geschäft, Büro und Tagesschau. Ganz schlimm wurde das, als er von seiner Diabetes erfuhr. Vorher ging er wohl noch manchmal auf ein Bier in die Kneipe, aber jetzt zog er sich ganz zurück. Da gab es so manchen Knatsch, und meine Mutter hat darunter wohl sehr gelitten. Sie wäre auch gerne mal mit meinem Vater und mir in Urlaub gefahren. So richtig als Familie. Aber der Alte weigerte sich strikt. Wenn er Urlaub machte, dann im Wechsel mit meiner Mutter. Man konnte doch nicht einfach das Geschäft schließen. Und auch dazu mußte man ihn wochenlang überreden.

Unsere 4-Zimmer-Wohnung hatte, wenn's hochkommt, sechzig Quadratmeter, und das war ziemlich eng. Ich hatte zwar ein eigenes Zimmer, aber da stand auch die Badewanne. Und wenn am Wochenende »Badetag« war, konnte ich stundenlang nicht in mein Zimmer. Das nervte. Aber insgesamt war es eine gute Zeit in dem Haus.
Das Lebensmittelgeschäft, der »Krämerladen« meines Vaters bestimmte unseren Tagesablauf. Ich mußte schon von klein auf mit zupacken. Aber das war in Ordnung. Ich machte das gerne. Außerdem hatte der Laden den enormen Vorteil, daß ich mich dort immer mit Fressalien eindecken konnte, wenn ich Hunger hatte. Ich spielte ja meistens in der Nähe, und wenns mich überkam, raste ich eben schnell mal ins Geschäft und orderte: »En Botterramm met Fleischwoosch, ävver ohne Bruut!«

Die Arbeit im Geschäft begann morgens um sechs. Da fuhr ich dann mit meinem Vater in seinem uralten Opel P4 durch die

Gegend. Meine Güte, wie habe ich mich geschämt für diese Karre. Die galt damals schon als Oldtimer. Aber mein Vater sagte immer: »Mer bruche keine neue Waare, sulang dä P4 noch fährt.«

Zunächst gings zur Molkerei am Kartäuser-Wall. Die Milch brachten wir dann in den Laden, und weiter gings zur Groß-markthalle am Bonntor. Hier kauften wir die frischen Sachen: Obst, Gemüse, Käse. Auch da habe ich mich oft geschämt. Wir kamen mit der alten Karre an, der Vater in seiner Pennerkluft mit grauem Mantel und Hut, und kramte pedantisch in den Obstkisten, um sich das Beste auszusuchen. Dann kaufte er ge-rade mal 2 Steigen Pfirsiche oder so was. Dieser Kleinkrämer nervte natürlich die Jungs in der Markthalle. Aus seiner Sicht war das ja verständlich, denn wenn der sechs Faule in einer Ki-ste hatte, verdiente er bei seinem geringen Umsatz ja nichts mehr. Aber den Jungs in der Markthalle war das scheißegal. Die stänkerten ihn an. Duzten ihn einfach: »Maach vörrahn, Jüpp-che, et weed düster!« Und wenn dann so ein Macker aus einem der gerade entstehenden Supermärkte kam, dann machten sie den Diener und blieben schön beim »Sie«. Mich hat das als Junge furchtbar verletzt. Denn mein Vater war für mich damals natürlich der Größte.

Gegen sieben Uhr öffneten meine Mutter und meine Schwäge-rin dann den Laden. Aber bis alles hergerichtet war, wurde es oft 10 Uhr, und erst dann gabs Frühstück. Im Laden arbeiteten immer so drei bis vier Halbtagskräfte. Da war immer was los. Unser ganzer Haushalt lief so richtig »Ponderosa-mäßig«. Das war stark. Dieser ganze Clan war meine Familie. Verwandte, Angestellte, Hausbewohner, Freunde. Bei uns im Haus wohnte noch mein viel älterer Halbbruder Heinz und seine Frau Käthi. Aber der war eigentlich immer eher so eine Art Onkel für mich, denn zwischen uns lagen immerhin 20 Jahre. Über uns wohnte die Familie Ryssel. Und Ryssels hatten einen Fernseher. Das war die absolute Sensation so Ende der fünfziger Jahre. Allein schon deshalb ging ich bei denen ein und aus. Saß stundenlang vor der Glotze und sah mir die ersten Serien an. Am liebsten »Corky – der Junge vom Zirkus«. Ein Knirps, der mit einem Zirkus von Stadt zu Stadt zog und Elefanten dressierte. Diesen Jungen bewunderte ich. So wollte ich auch mal werden.

Bei Ryssels hörte ich auch zum ersten Mal eine Elvis-Platte. Winfried, der Sohn, spielte sie mir vor, und ich war echt beeindruckt. Weniger von der Musik als von der Sprache. Das klang so fremd, so anders als zu Hause. Winfried erklärte mir dann: »Dat ess Englisch, su schwaaden se en Amerika.« Winfried war sieben, acht Jahre älter als ich und damit schon ein Großer. Der trug eine Elvistolle, schwarze Röhrenjeans und diese amerikanischen James-Dean-Unterhemden unter der Windjacke. Er hatte einen eigenen Plattenspieler, hörte ausländische Scheiben und traf sich wohl auch schon mit Mädchen. Deshalb hing ich oft bei ihm rum. Ich hoffte, etwas aufzuschnappen, was ich noch nicht kannte.

Mein Zuhause war richtig katholisch. Samstags mußte ich immer zur Beichte, damit ich sonntags die heilige Kommunion empfangen konnte. Und mein Vater kontrollierte das regelrecht. Jeden Sonntagmorgen ging er mit mir um neun Uhr zur Kindermesse. Er stand dann hinten in der letzten Reihe. Ich kniete vorne in den Kinderbänken. Und ich wußte, daß er mich genau beobachtete. Ich mußte zur Kommunion gehen. Für ihn war das ganz wichtig. Denn er war ein gläubiger Katholik. Aber durch seine Scheidung hatte er eine schwere Sünde begangen. Die Kirche verbot ihm, jemals wieder die heilige Kommunion zu empfangen. Das war für ihn ein großes Problem.

Deshalb achtete er bei mir peinlich genau darauf, daß ich meine Christenpflicht auch erfülle. Aber so einfach war das nicht. Denn aus dem Religionsunterricht wußte ich ja, daß man nur mit einem reinen Gewissen den »Leib Christi« empfangen durfte. Deshalb die Beichte am Samstag. Aber bei der Beichte, da mogelte ich manchmal. Da mußte ich mogeln. Es ging nicht anders. Ich schämte mich zu sehr. Es hatte natürlich mit dem sechsten Gebot zu tun. »Unkeusche Handlungen in Worten, Taten und Gedanken.« Das ließ ich bei der Beichte natürlich immer komplett aus. Und dann wußte ich: Meine Beichte ist ungültig. Oft dachte ich dann: »Scheiße, wenn du jetzt stirbst, kommst du nicht in den Himmel, weil du nicht alles gebeichtet hast.«

Und Sonntags in der Messe dann das absolute Dilemma: Ich konnte wegen meiner unreinen Seele nicht zur Kommunion gehen. Und ich wußte, daß mein Vater jetzt ein paar Meter hinter mir stand und sofort schnallte, was gebacken war. Daß ich aus irgendwelchen Gründen trotz Samstagsbeichte noch ein schlechtes Gewissen hatte.

Das war der totale Psychoterror. Und ich konnte mich als Kind nicht dagegen wehren. Ich konnte nicht sagen: »Leckt mich doch am Arsch. Denkt ihr, ich bin so bescheuert und zeige euch, daß ich Dreck am Stecken hab?« Und dann einfach hingelaufen, Zunge rausgestreckt und die Hostie geschluckt. Das ging nicht. Denn ich war ja religiös erzogen. Und das steckte tief. Und das, was unters sechste Gebot fiel, beichten? Um Gottes willen. Lieber hätte ich mir die Zunge abgebissen.

Heute könnte man drüber lachen, wenn es nicht so traurig wäre. Wir sind dermaßen verklemmt erzogen worden, daß wir es nie gewagt hätten, unsere harmlosen Doktorspielchen zu beichten. Denn wie alle anderen Kinder waren selbstredend auch wir neugierig und wollten wissen, wie es denn beim anderen so aussieht. In den Trümmergrundstücken gab es viele dunkle Ecken, wo wir uns befingern konnten. Hosenlatz auf und Röckchen hochgeschoben. Verstohlen, hastig und scheu. Immer mit einem schlechten Gewissen und mords viel Muffe, von Erwachsenen erwischt zu werden. Es war wirklich grausam, wie uns Kindern da so was Wunderschönes wie das Entdecken der eigenen Sexualität vermiest wurde.

Und dann Fronleichnam. Das beschäftigte mich auch tierisch. Überall die Blumenaltäre während der Prozession. Sogar in den Schaufenstern der Metzgereien. Das war für mich echt unbegreiflich. Ausgerechnet Metzgereien. Vor denen ekelte ich mich. Da hingen sonst die halben Schweine, Rinderteile und nackte Hühner. Die handelten doch mit Leichenteilen, und jetzt waren das über Nacht plötzlich heilige Stätten geworden. Das war für mich als Kind der totale Widerspruch. Das kapierte ich nicht.

Weißer Sonntag 1961. Meine Erstkommunion. »Einer der schönsten Tage in deinem Leben«, sagten meine Eltern. Aber ich fühlte mich doch recht unwohl. Ich glaube, ich spürte damals: Da stimmt was nicht. Das mit der Beichte. Dieser Zwang des Beichten-Müssens, das war mir unheimlich. Ich beschloß, mir nichts von diesem Kommuniontag zu erwarten. Der Tag war dann natürlich doch eine große Aufregung. Mich quälte vor allem ein Gedanke: Hoffentlich sitzt meine Elvis-Frisur. Glänzende, glatt nach hinten gestrichene Haare mit Tolle. Das mußte es sein. Die Frisur von Elvis Presley. Elvis, The King. Das war der Hit. Winfried Ryssel trug sie, und der war ja mein Vorbild. Aber es war ja nicht so ganz einfach, die Haare so hinzubekommen. Da brauchte man eine Menge Zuckerwasser für die Form und Festigkeit. Aber Frau Ryssel hatte den Trick mit der Zuckerlösung ganz gut drauf. Meine Frisur stand wie eine Eins. Und so stand und kniete ich dann während der ganzen Zeremonie in der Severinskirche als katholischer Kölscher Mini-Elvis. Gut gestriegelt im blauen Kommunionsanzug, am Revers so eine Art Maiglöckchenanstecker aus Draht und Wachs und natürlich mit weißer Kerze in der Hand. Und statt »Jailhouse Rock« spielte die Orgel »Großer Gott, wir loben Dich.«

Nach der Kirche wurde dann im Verwandtenkreis gefeiert. Ich haßte diese Veranstaltungen. Alle liefen sie gleich ab. Ob Kom-

Erste heilige Kommunion
W. N. mit Eltern

munion, Geburtstage oder andere Familientreffen. Dann wurde
der Tisch im Wohnzimmer U-förmig aufgestellt, und wir Kinder mußten in Sonntagsklamotten brav stillsitzen und zuguk-
ken, wie sich die Onkels und Tanten zuerst die Cremetorten
und dann die Liköre, Biere und Schnittchen in den Schlund
stopften. Und dann die Tischgespräche.
»Jott sei Dank hammer widder en Armee.«
Jajoh dat! Dä Russ, dä lauert doch övverall. Dä muß mer en
Schach hahle.«
»Ävver Jott sei Dank jitt et jo och noch de Amis. Die hann uns
domals jo schon de Rosine und de Schokolade jebraaht. Nur dä
Jazz. Dat ess doch Nejermusik. Nä Kinder! Un vum Twist
danze soll mer sujar Darmverschlingunge krieje künne. Däät
mich nit wundere, bei dä Höpperei. Wie de Wilde em Bösch.«
»Und dä Adenauer, dä ess dä Jröößte!«
Und so weiter und so weiter. Meine Verwandtschaft war natür-

lich voll auf CDU-Kurs. Allein schon wegen dem Adenauer: Der kam ja fast aus derselben Ecke im Siebengebirge wie mein Vater und war obendrein vor dem Krieg Oberbürgermeister von Köln gewesen. Uns Kindern war das alles scheißegal. Todlangweilig, dieses Politikgeschwafel. Für die Erwachsenen war das natürlich was anderes. Schließlich waren das ja heiße Zeiten, in denen ich aufgewachsen bin. Und die wollten beredet werden. Kalter Krieg, Antikommunismus, Ungarnaufstand, SBZ oder »Ostzone« wie sie alle zur damaligen DDR sagten, Wiederbewaffnung, Wirtschaftswunder, Naziprozesse. Manches blieb ja dann doch bei einem hängen, und manches wollte man ja auch erklärt haben. Mich schaudert es jetzt noch, wenn mir die Sprüche von damals einfallen.

»Die em Osten, de Kommuniste, weißte, do weeden de Kinder de Eldere noch als Babys direk wegjenomme. Do dürfe sich de Eldere nit ens öm ihr Pänz kömmere. Die mösse all arbeide jonn, un de Kinder kummen en Heime.«

Diese Vorstellung: Mama in Kittelschürze bei Stollwerck, Papa im Hafen bei den schweren Jungs um Frank Pullems Vater, und ich den ganzen Tag mit fremden Fräuleins eingesperrt. Ohne Ryssels, ohne Glotze und dem Ponderosa-Clan. Horror!

Auch die Zeitungen und das Fernsehen waren ja voller harter Storys. Besonders gut erinnere ich mich an die Fernsehserie: »So weit die Füße tragen.« Die Geschichte des Wehrmachtssoldaten Forell, gespielt von Heinz Weiß. Forell bricht aus einem russischen Kriegsgefangenenlager aus und schlägt sich durch das eisige Sibirien zurück in die Heimat Deutschland. Dieser Film packte mich. Da wurde mir klar: Der Krieg kann ja noch gar nicht so lange vorbei sein. Die Figuren im Film laufen ja fast so rum wie wir heute, und es gibt auch schon Autos. Und dann war die Sache ja höllisch spannend. Der ehrliche, gute Deutsche, der nichts Böses getan hatte und nur nach Hause wollte, gegen eine Horde von unmenschlichen, hinterhältigen und blutrünstigen Russen. So wirkte das damals jedenfalls auf mich.

Und dann der Mauerbau in Berlin. Daran erinnere ich mich noch ganz genau. August 1961. Sommerferien mit meiner Mutter in Italien. In Diano Marina. Das war prima. Den ganzen Tag in der Sonne braten, dösen, im Sand spielen und im Meer baden. Der Strand war zum Teil in deutscher Hand. Italien war als Urlaubsparadies entdeckt. Und wir mittendrin. Ein Schönheitsideal bestand damals darin, fett zu sein. Feiste Gesichter und fettige Hüftschwimmringe waren der Beweis für den erlangten Wohlstand. Die ersten Bikinis waren sittsame Riesenteile. Richtige Unterhosen statt Tangas, und Oberteile bis zum Bauchnabel. Ein paar ganz mutige Mädels öffneten schon mal, auf dem Bauch liegend, den Busen fest in den Sand gepreßt, das Oberteil. Dann sah man weiße Striemen im krebsroten Fleisch und wartete auf den Moment, wo sie vielleicht doch mal eine ungeschickte Bewegung machten. Abends tranken die Erwachsenen Chianti aus Bastkorbflaschen. Die leeren nahmen sie mit nach Hause. Das gab schöne Nachttischlampen. So vergingen die Tage. Aber plötzlich gab es eine große Aufregung. Die deutschen Touristen quasselten aufgeregt durcheinander und steckten gleich zu mehreren ihre roten Birnen in deutsche Zeitungen. Ich schnappte Worte wie »Mauer« und »Ostzone« auf. Ich verstand nur Bahnhof. Also fragte ich meine Mutter. Aber sie konnte es mir auch nicht richtig erklären. Wahrscheinlich irgend etwas in der Art: daß die in der Ostzone jetzt eine Mauer gebaut haben, weil sonst alle in den Westen abhauen, weil sie genug vom Kommunismus haben. Weil sie da zum Beispiel nichts besitzen dürfen, oder die Story mit den Kindern, die ihnen weggenommen werden, weil sie alle arbeiten müssen. Kapiert hab ich es nicht, aber mir war klar: Da ist etwas ganz Furchtbares passiert.

Trotzdem, der Italienurlaub war ein Hit. Weg von Köln und weg von der Schule. Ich war nämlich mit einem Riesenfrust in die Ferien gefahren. Seit Ostern ging ich auf das Schiller-Gymnasium am Kartäuser Wall und kriegte es überhaupt nicht auf die Reihe. Nichts klappte mehr, und ich verstand das nicht. In der Volksschule war ich immer sehr gut gewesen. Sogar so gut, daß ich mal in eine höhere Klasse gesteckt wurde. Und wenn ein Lehrer wegmußte, dann hieß es oft: »Niedecken, komm du mal vor und übe solange mit der Klasse Rechnen.« Oder Rechtschreiben. Aus Platz- und Lehrermangel waren damals verschiedene Klassenstufen in einem Raum. Und manche Lehrer unterrichteten auch zwei Klassen gleichzeitig und pendelten dann zwischen den Zimmern hin und her. Dieses Chaos hatte mir nichts ausgemacht. Ich war bestens mitgekommen. Aber jetzt im Gymnasium checkte ich nichts mehr. Ich machte genauso meine Hausaufgaben wie früher und wurde trotzdem immer schlechter. Die Aufgaben waren so schwer, und meine Eltern konnten mir nicht helfen. Den ganzen Tag standen sie im Laden, und keiner von beiden hatte eine höhere Schule besucht.

Eines Tages, beim Abendessen, fiel dann die Entscheidung. Ich sollte ins Internat. In das Konvikt St. Albert in Rheinbach bei Bonn.

Kuba und Pommes

Im Internat

Ich bekam die Nummer 10. Wäschenummer 10. Rote Ziffer auf weißem Grund. Ein Leinenband. Eine ganze Rolle davon, hatte meine Mutter gekauft, und in jedes Kleidungsstück nähte sie nun die Nummern. Aus Organisationsgründen. So stand es in dem Schreiben des Internats, das meinen Eltern die Aufnahme ihres Sohnes mitteilte. Außerdem eine Liste der mitzubringenden Dinge: Wäsche zum Wechseln, Sonntagskleidung, feste Schuhe, Hausschuhe, Schreibzeug, Wäschebeutel. Kein

Taschengeld. Internat Vollpension. Alles, was der Zögling braucht, bekommt er im Konvikt.

Ich sah der ganzen Sache gelassen entgegen. Auf der »normalen« Penne packte ich es ja nicht, und ich wollte eigentlich schon ein guter Schüler sein. Das Internat war vielleicht die Lösung. Ich wußte ja nicht, was auf mich zukam. Irgendwie hatte dieses Fremde ja auch etwas Abenteuerliches.

Ich las damals wie ein Bekloppter die Enyd-Blyton-Bücher. »Fünf Freunde auf der Insel«, »Fünf Freunde im Zeltlager«, »Fünf Freunde –« weiß der Geier wo. Und diese Fünf erlebten in ihren Ferien ja immer die Superabenteuer. Mysteriöse Geheimnisse. Große Gefahren. Am Ende dann immer der Geheimgang. Das war die Rettung. Der Böse gestellt und verhaftet. Fünf Freunde, die Helden. Ich verschlang diese Bücher, bis mir der Geheimgang am Ende zum Hals raushing. Diese Fünf, das waren ja auch Internatskinder. Über ihre Zeit im Internat erfuhr man zwar nichts, aber wenn die in den Ferien so geile Sachen erleben, dann …, dachte ich mir. Na ja, dann erleb ich das vielleicht auch so ähnlich. Reichlich unlogisch das Ganze. Kinderromantik.

Nach den Osterferien 1962 gings los. Meine Eltern brachten mich mit ihrem bermudagrünen Opel in das Konvikt St. Albert in Rheinbach bei Bonn. Das Internat wurde von Palottinerpatres geführt. Gestalten in langen schwarzen Kutten mit seidigen Schärpen. Die Neuankömmlinge wurden persönlich begrüßt und die Eltern angeschleimt. »… können versichert sein, ihr Kind in besten Händen … bla, bla, … Kameradschaft … persönliche Betreuung … bla, bla … viel wert auf sportliche Ertüchtigung … bla, bla, … im christlichen Sinne und Nächstenliebe … bla, bla, Schleim, Schleim.« Als erstes führte man uns in den Schranksaal, direkt unter dem Dach des Hauses. Ich bekam Spind Nummer 4, und zusammen mit meinem Schreibtisch, meinem Schuhfach und meinem Bett würde das für die nächsten Jahre meine ganze Privatsphäre sein. Denn das Internat bestand vor allen Dingen aus Sälen. Studiensaal, Speisesaal,

Schranksaal, Schuhsaal, Schlafsaal, Tischtennissaal. Immer hing man mit der ganzen Bande irgendwie rum. Nie konnte man sich mal zurückziehen und alleine sein. Ich würde mein eigenes Zimmer noch sehr vermissen. Aber noch war ich guter Dinge. So viele neue Eindrücke und Gesichter. Ich war gespannt.

Schon nach den ersten Tagen kam die Ernüchterung. Mir fehlte mein »Ponderosa-Clan«. Ich war wirklich kein Nesthäckchen und hatte nie am Rockzipfel meiner Mutter gehangen, aber hier im Internat hatte ich niemanden. Als »Neuer« gehört man ja noch nicht dazu. Und die Alteingesessenen, die hatten schon ihre festen Regeln und Hierarchien. Da gab es bestimmte Cliquen, Anführer und Underdogs. Und als »Neuer« wird man erst mal beobachtet und getestet. Aber das Schlimmste war die Einsamkeit. Ich konnte ja nirgends hin mit meinen Sorgen und Nöten. Die Erzieher, die Patres, das waren unnahbare Aufsichtspersonen. Null Ahnung von Pädagogik und null Einfühlungsvermögen. Denen kam es nur darauf an, daß Ordnung und Disziplin herrschte und der Laden reibungslos lief. Und Kumpels hatte ich natürlich auch noch nicht. Ich merkte also: Ab jetzt bist du ganz auf dich allein gestellt. Jetzt mußt du selbst klarkommen. Und wenn jemand was von dir will, wenn dir jemand Prügel androht, dann gibt es keine Mama, keinen großen Bruder Heinz oder eine kumpelhafte Verkäuferin aus dem Laden. Und schon war das Heimweh da. Es kam aus der Einsamkeit, und wegen der Einsamkeit konnte man damit nirgends hin. Das war ja tödlich für jeden »Neuen«. Denn zuerst mußte man mal zeigen, daß man tough war. Ein echter Indianer kennt keinen Schmerz. Und so heulte ich dann nachts Rotz und Wasser. Preßte die Tränen und Seufzer ins Kopfkissen, denn wir schliefen ja zu acht in einem Schlafsaal. Und niemand sollte es merken. Eigentlich wollte ich da nur noch weg. Weg! Nach Hause! Nur alle 3 Wochen durften wir zu unseren Eltern. Eine schier endlose Zeit. Das Heimweh war hartnäckig, auch wenn ich mich immer mehr an das Internat gewöhnte und es manchmal vergaß. Aber wenn was passierte, rumms: Dann war die Panik da.

Oktober 1962, ich hatte mich gerade etwas eingewöhnt. Da ging ein Gerücht durchs Internat: Krieg. Es droht Krieg. Kuba. Atomwaffen. Amis. Russen. Krieg. Genaues erfuhren wir nicht. Wir hatten in dem Laden ja weder Zeitungen noch die Tagesschau.
Aber unsere Großen, die 17-, 18jährigen, die checkten ja schon so halbwegs, was politisch so abging, und die sprachen dann von dieser Kuba-Krise. Natürlich erfand da jeder noch was dazu. Prinzip: Stille Post. Aber mir reichte schon das Wort »Krieg«. Ich hatte die totale Angst. Denn spätestens seit »So weit die Füße tragen« wußte ich, daß Krieg etwas Grauenhaftes war. Es war der reine Horror. Ich überlegte: »Wie schaff ich es zu meinen Eltern.« Denn wenn es losging, und daß es losging, davon war ich überzeugt, mußte ich bei meinen Eltern sein. Aber das schaffst du nie, dachte ich. Die 50 Kilometer bis Köln waren für mich eine Weltreise. Mit dem Bus bis Bonn. Dann umsteigen. Weiter mit dem Zug. Das klappt nie im Leben. Davon war ich überzeugt. Höchstens bis Bonn. Und dann? Horror. Ich mußte sofort an meine Eltern rankommen. Die mußten mich hier abholen. Aber wie? Wir durften nicht telefonieren, und schreiben ging auch nicht. Die Post wurde von der Heimleitung gelesen. Die durften natürlich nichts erfahren. Dann würden die erst recht aufpassen, daß wir nicht rechtzeitig abhauen. Da fiel mir meine Briefmarkensammlung ein. Das war die Rettung. Ich klebte, wild durcheinander, alle möglichen nicht abgestempelten deutschen Marken und ein rotes »Per Eilboten« Etikett auf das Kuvert. Der Inhalt: Kurz und bündig: »Holt mich sofort hier raus! Wenn der Krieg losgeht, muß ich bei Euch sein!« Dann schlich ich mich durch den Haupteingang aus dem Internat und steckte den Hilferuf in den nächsten Briefkasten. Tatsächlich kamen dann meine Eltern. Ich war gerettet. Natürlich nahmen sie mich nicht mit. Aber sie beruhig-

ten mich. Noch gäbe es keinen Krieg. »Aber sobald etwas passiert«, das versprachen sie, »holen wir dich sofort ab.«

Die Lösung der Kuba-Krise kriegte ich dann gar nicht mehr richtig mit. Die Angst war weg, und das Internatsleben lenkte auch reichlich ab.

Wir hatten einen festen Tagesablauf. Mit einer dröhnenden Schelle holten die Patres uns morgens um sieben aus den Betten. Wehe, man blieb nur eine halbe Minute länger liegen, dann setzte es was. Von acht bis eins gingen wir ins Gymnasium in Rheinbach. Auch da war der Schulweg für die Kleinen fest vorgeschrieben. Oben am Waldrand, am Gräbach vorbei. Die Innenstadt war verboten. Nach dem Mittagessen dann 2 Stunden Freizeit. Meistens Fußball oder unter Aufsicht durch den Wald spazieren bzw. Indianerspielen. Im Sommer gingen wir auch manchmal ins Schwimmbad. In Begleitung eines Paters natürlich. Das war die oberpeinliche Veranstaltung. Der Aufmarsch der Zöglinge unter den Fittichen eines Pfaffen. Nach der Freizeit dann die Studierzeit mit Hausaufgabenkontrolle. Abendessen. Noch eine Studierzeit. Da durfte man auch mal lesen oder zeichnen, aber nur wenn alle Hausaufgaben erledigt waren. Und dann gings zum Nachtgebet in die Kapelle. Jeden Tag dieselbe Leier: »Weer – nuur – deen – liiie-been – Goott – lääßt – waalteen.« Dann Schuhsaal: Schuhe putzen. Waschsaal: waschen. Schlafsaal: Schlafanzug. Bett. Licht aus. Im Winter um neun. Im Sommer um halb zehn. Und dann die absolute Nachtruhe bis zum Alarm um sieben.

Und wehe, man hielt sich nicht daran und wurde erwischt. Es gab ein ausgeklügeltes Strafsystem. Das ist erlaubt – das ist verboten. Das blüht euch, wenn ihr das anstellt. Beim Mittagessen rumblödeln, zum Beispiel Kartoffeln durch die Gegend flitschen: Gartenarbeit, Kohlen schaufeln oder Kartoffeln entkeimen. Durch die Stadt zur Schule gehen: Straße fegen. In der Stadt bei einer »Exkursion« erwischt werden: am Heimfahrwochenende im Internat bleiben. Das war bitter. Samstagnachmittag stand man dann im Hof und sah zu, wie die anderen von ihren Eltern abgeholt wurden oder zum Bahnhof gingen. Vor einem selbst lag ein einsames Wochenende mit Straßenfegen, Lateinvokabeln, Gebeten und einem grauenhaften Schweinefraß statt Sonntagsbraten, Mamas Wärme, alte Freunde und Fernsehen.

Das waren die Einfachvergehen. Wiederholungstaten und schwere Fälle wurden mit gnadenlosem Auswendiglernen von Lateintexten bestraft. Wenn die anderen ins Bett gingen, mußte man noch Vokabeln pauken oder einen Absatz Caesar auswendig lernen. Da gab es kein Pardon. Da hing man dann gottverlassen und einsam, in Schlafanzug und Bademantel, im leeren Speisesaal und versuchte sich die Worte zu merken. Nickte dabei ein, fror im Winter, wenn die Heizung schon abgeschaltet war, und sah kein Land. Völlig übermüdet war man ja nicht in der Lage, sich zu konzentrieren oder irgendwas zu merken.

Dieses Strafregister gabs natürlich nicht schriftlich. Mündliche Überlieferung mit gehörigem Interpretationsspielraum der Patres. Aber die meisten Pfaffen und vor allem der Direktor waren in Ordnung. Die hielten sich an die Regeln. Klares Vergehen, faire Bestrafung. Das war zwar immer noch hart, aber man konnte damit umgehen. Aber es gab einen Pater, der nützte seine Stellung gnadenlos aus. Dem war man ausgeliefert. Man wußte nie, woran man war. Man wußte nur, es wird schrecklich. Der Typ war pervers und ein Sadist. Aber damals rafften wir das ja nicht. Das war unser Präfekt, so hießen die Erzieher-Patres, dem hatten wir zu gehorchen. Es begann manchmal ganz harmlos. Zum Beispiel Straßenfegen. Eine üble Falle. Man kann es machen wie ein Straßenfeger: besenrein. Bei unserem Direktor war das O.k. Aber man kann auch verlangen, daß die Straße so sauber sein muß, daß man davon essen könnte. Das schafft keiner. Man mußte scheitern. Dann rastete dieser Präfekt aus. Und dann gab es Prügel. Zuerst mußte man selbst in den Park und den Stock für die Züchtigung schneiden. Er bestimmte vorher die Stärke und Art des Stocks. Dann stand man mit zitternden Knien bei ihm im Zimmer, und los gings. Runtergebeugt über seinen Schreibtisch, die Hosen stramm, und rumms. Jeder Schlag saß. Die ersten brannten am meisten, da spürte man das Blut pulsieren, die Fingernägel krallten sich ins Holz. Die Tränen schossen einem in die Augen. Irgendwann spürte man nichts mehr. Rücken und Po wie betäubt. Manchmal gabs auch Tatzen. Schläge auf die Handinnenflächen. Das hinterließ keine Spuren, aber ein grausames Ziehen. Stundenlang konnte man dann keinen Stift mehr halten.

Aber unser Spezialpater hatte noch mehr drauf. Im nachhinein denke ich mir manchmal: Der ging richtig systematisch vor. Der überlegte sich morgens sein Tagwerk. Eine Strafaktion. Das begann mit dem Abfragen von Lateinvokabeln am Nachmittag. Wenn man sie nicht konnte, gabs erst mal Prügel. Weiter lernen. Die anderen durften ins Bett. Weiter lernen. Er fragte sie noch mal ab. Bei Vokabeln gibts immer genügend Möglichkeiten, sie so abzufragen, daß man keine Chance hat. Dann gabs wieder Prügel und noch 15 Zeilen Caesar auswendig lernen dazu. Dann wieder Abfragen, wieder Strafe. Wenn es schon sehr spät war, durfte man ins Bett. Aber man konnte kaum einschlafen. Man lag da mit dem totalen Horror. Denn die Show konnte weitergehen. Dann kam der Typ mitten in der Nacht und holte einen aus den Federn. Erneuter Vokabeltest. Zitternd stand man dann vor ihm, in seinem miefigen Büro, und versuchte sich krampfhaft an jedes Wort zu erinnern. Dann kam sein Angebot, wobei er plötzlich scheißfreundlich wurde: »Junge, komm doch mal her. Komm, setz dich auf meinen Schoß.« Das nahm man gerne an. Nur um den Prügeln zu entgehen. Und dann begann er mit seinem »Aufklärungsunterricht«. Er legte den Arm um einen herum und quasselte los. »Ja, mein Junge, du kommst jetzt auch bald in das Alter, wo sich bei dir einiges verändert. Da wirst du zum Mann. Du wirst erwachsen, deine Stimme wird tiefer, und da unten, da sprießen dir dann Haare, und da tut sich auch was. Manchmal. Ohne daß du es willst. Aber man muß sich davor in acht nehmen. Du weißt ja, was im sechsten Gebot steht: Keuschheit.« Und dabei tätschelte er einem an den Schenkeln herum und machte sich an der Hose zu schaffen. »Vor allem muß man sich dann immer gut waschen dort unten. Richtig sauber. Damit es nicht juckt und man nicht in Versuchung kommt.« Und schon war seine Hand in der Hose. »Dort mußt du dich besonders gut waschen.« Und er ging zur Sache. Anschauungsunterricht. Der Typ war echt eine Sau. Aber wir wehrten uns nicht, denn wir hatten eine wahnsinnige Angst vor ihm. Und obendrein waren wir auch noch so verklemmt, daß wir niemanden davon erzählen konnten. Ich wollte nicht, daß das jemand erfährt.

An einem Wochenende zu Hause flog die Geschichte dann doch auf. Ich stand in der Badewanne in meinem Zimmer und hatte die Striemen der letzten Züchtigung schon vergessen. Mein Vater seifte mir den Rücken ein und entdeckte die blauen Flecken und roten Streifen. Er wollte nichts wissen von dahergefaselten Ausreden. Für ihn war die Sache klar. Er war empört. Kein Mensch hatte das Recht, sein Kind zu verprügeln. Er selbst hat mich nie geschlagen. Er fragte: Wer? Warum? Wie oft? Nach und nach erzählte ich ihm alles. Die Prügel. Der »Aufklärungsunterricht«. Das Grabschen. Und ich erzählte ihm von einem anderen Jungen, von dem ich wußte, daß er dasselbe erlitt wie ich. Mit dessen Vater fuhr mein Vater noch am nächsten Tag ins Internat. Der Prügelpater mußte weg. Allerdings geschah das alles mehr oder weniger unter der Hand. Die Figur verschwand einfach. Schwamm drüber. Keine Aufklärung. Kein Skandal. Keine Entschuldigung. Nur nicht auffallen!

Als dieser Sadisten-Pater dann weg war, kam ich mit dem Internatsleben besser klar. Ich hatte dort meine Freunde und meine Clique. Und das Überwachungssystem des Direktors und der 2 Präfekten über 60 Zöglinge konnte gar nicht so perfekt sein, daß man nicht doch noch seinen Spaß haben konnte. Am span-

nendsten waren unsere sogenannten Exkursionen. Wir durften
ja nicht ohne Aufsicht in die Stadt. Also mußten wir heimlich
ausbüxen. Wir hatten hinter großen, dichten Hecken Löcher in
den Zaun geschnitten. Nur ein paar aus unserer Clique wußten
das. Und dann gings ab in die Stadt. Rheinbach war ja nicht
gerade ein heißes Pflaster. Außer unserem Laden gabs noch eine
Klosterschule für Mädchen, das Lyzeum, und ein verschärftes
Ordensinternat für Jungen. Wer da drin steckte, der sollte auch
mal Pfaffe werden. Außerdem eine Kaserne und ein Knast. Irgendwie paßt das ja alles zusammen. Aber es gab dort vor allem
zwei Pommesbuden. Und die waren der Hit. Denn Pommes,
das war die neueste Freßsensation schlechthin. Und eine der
beiden Buden machte die Pommes außerdem mit einem uto-
pisch aussehenden Pommesautomaten. Da kam irgend so ein
Pulver rein, und unten dann lauter gleiche Fritten raus. Die
wurden dann ganz normal im Öl ausgebacken. Die andere Bude
schnitt die Pommes noch aus echten Kartoffeln, und wahrscheinlich schmeckten die wesentlich besser. Aber für uns kamen nur die Automatenfritten in Frage. »Einmal rot-weiß, aber
bitte mit Schaschlik-Soße«. Die warmen Pappschüsselchen in
der Hand, hingen wir dann vor der Bude herum und markierten
die großen Männer. Coole Sprüche, abenteuerliche Geschichten vom letzten Wochenende zu Hause und genußvoll Pommes
für Pommes in den Mund schieben. Das war das Superfeeling.
Es war Übermut und Galgenhumor. Wir hatten es geschafft,
vor den Patres abzuhauen. Und gleichzeitig hatten wir Bammel,
erwischt zu werden. Aber in dem Moment konnte uns niemand
unsere Fritten und so 'ne Art Gefühl von großer Freiheit wegnehmen. Außerdem war so eine gelegentliche Frittenration absolut lebensnotwendig. Rein futtermäßig. Denn wir schoben
eigentlich immer Kohldampf. Der Fraß im Internat war das absolute Grauen. Erst mal der Milchkaffee. Dreimal täglich, zu
jeder Mahlzeit diese braune Brühe. Die Reste wurden immer
wieder zusammengeschüttet und aufgewärmt. Dann die Brat-
würste. Ein Stich mit der Gabel, und enorme Fettfontänen wa-

ren garantiert. Und dann die Wochenschau. Meistens samstags. Eine Art Eintopf mit sämtlichen Resten der vergangenen Tage. Horror! Aber selbst da gab es noch Unterschiede. Bei der normalen Wochenschau konnte man die einzelnen Bestandteile wenigstens noch identifizieren. Aber wenn Fleisch, zum Beispiel Leber übriggeblieben war, dann drehten die den Scheiß durch den Fleischwolf. Auf den Tisch kam eine stinkende schwarze Brühe. Mahlzeit, und der Pfaffe betete: »Komm Herr Jesus, sei unser Gast und segne, was du uns bescheret hast.« Da kamen wohl so manchem die ersten Glaubenszweifel.

Und dann der Rhabarber. Das Zeug wucherte wie blöd in unserem Garten. Und solange der wuchs, also den ganzen Frühsommer, gab es drei Mal täglich Rhabarber. Morgens als Marmelade, Mittags als Kompott. Abends Marmelade oder Kompott. Wer strafversetzt im Garten ackern mußte, hatte gemäß Ehrenkodex den absoluten Auftrag sämtlicher Mitschüler, eine Rhabarbervernichtungsaktion zu starten. Natürlich heimlich. Ein paar gezielte Schläge mit dem Spaten unterhalb der großen, ekligen Blätter in die Wurzeln. Das sah man nicht sofort, und das Grauen welkte dahin. Ich habe fast 15 Jahre keinen Rhabarber mehr angerührt.

In der Schule, dem eigentlichen Grund für mein Internatsdasein, mogelte ich mich dann weiter so durch. Ich stand auf die Laberfächer Deutsch, Geschichte, Erdkunde, Religion und natürlich Musik. Da war ich nicht schlecht. Aber Latein, davon muß man gar nicht sprechen. Wer haßte das nicht! Und dann noch Mathe und Physik und dieser ganze analytische Kram. Davon kapierte ich rein gar nichts mehr. Ich war aber auch einfach gnadenlos faul. Wenn ich aber mal einen tiefen moralischen Anfall bekam und mir dachte: »So, jetzt wird gelernt«, dann war es meistens schon zu spät. Nicht mehr aufzuholen. Ich hab dann angefangen abzuschreiben und kaum noch eine Aufgabe selbst gelöst. Noch heute habe ich manchmal den Mathe-Alptraum. Immer derselbe: Gymnasium Rheinbach. Klassenzimmer mit Kippfenster. Sechste Stunde. Mathe-Klassenarbeit. Vor mir ein weißes Blatt. Dann wache ich schweißgebadet auf. Das einzige, was mir seit der Volksschule wirklich Spaß machte, das war der Mal- oder Kunstunterricht. Das war einfach toll. Farben und Papier, und ich konnte alles um mich herum vergessen. Als ganz kleiner Junge soll ich mal einen Holztieflader gemalt haben. Angeblich absolut perfekt und voll perspektivisch. Man konnte alle vier Räder sehen und die Schnittstellen der Baumstämme. Sogar die Maserung war zu erkennen. Das hat meinen Vater der Überlieferung nach total beeindruckt, und er soll gesagt haben: »Dä määt wohl ens irjendjet met moohle.«

You really got me

Erste Bands

Ein Schweinestall war unser erster Proberaum. Der umgebaute ehemalige Schweinestall des Internats. Mit Klavier, dem einzigen brauchbaren Instrument. Aber viel wichtiger war mein »Dual-Mono«-Plattenspieler mit Lautsprecher im abnehmbaren Deckel. Da legten wir die heißen Scheiben auf und spielten Beatband. Zum Playback rockten wir 13-, 14jährigen uns einen ab. Kurz zuvor noch hatten wir Indianer gespielt. Im Wald, mit Pfeil und Bogen auf der Jagd nach dem Schatz im Silbersee. Jetzt standen wir da mit durchgeschütteltem Kurzhaar in Topffrisur und selbstgebauten Holzteilen in der Hand, die irgendwelche Gitarren darstellen sollten. Ich hatte irgendwo im Internat eine alte Geige ausgegraben und den Hals abgesägt. Ein paar Drähte drübergespannt. Jetzt sah das Ding aus wie Paul McCartneys Höfner-Bass. Jedenfalls in meiner Vorstellung. Das war der Hammer. Wir waren eine Band und nannten uns *The Convicts*, die Gefangenen. Es ging Schlag auf Schlag.

Am Anfang waren die Platten mit dem kleinen grünen Label: »Odeon«. Mit Titeln wie »From Me To You« oder »Ask Me Why«. Und die Band hieß *The Beatles*. Von denen sprach jetzt die halbe Welt, und ihre Hits liefen in Radio Luxemburg und BFBS. Das waren die Jungs mit den unverschämt langen Haaren. Den Pilzköpfen. Heute würde ich sagen, das war der Punk schlechthin. Obwohl, so wie die auf ihren ersten Plattencovern rumhingen, mit hochgeknöpften Trachtenjacken, weißen Hemden und schwarzen Krawatten, gingen die auch gut als Tanzband in der Eckkneipe durch. Aber damals war das die reine Anarchie. Und es folgten die Hits »I Wanna Hold Your Hand« und »She Loves You«. Die Beatles wurden zu Superstars.

Karneval. Das Großereignis für jedes Kölner Kind. Endlich mal in den richtigen Klamotten alle Abenteuer dieser Welt erleben. Cowboy, Indianer, Chinese, Hexe, Prinzessin. Ich wollte ein echter Musketier sein. Mit Feder am Hut, Degen und Umhang. D'Artagnon pur. Meine Mutter nähte das Kostüm. Es war grandios. Ich rannte damit das Karnevalswochenende durch die Südstadt und fühlte mich unbeschreiblich.
Dann Karnevalssonntag: »YEAH YEAH YEAH«! Der erste Beatles-Film im Kino. Natürlich war ich dabei. In voller Musketiermontur. Feder am Hut. Peinlich, peinlich. Ich hab mich echt in Grund und Boden geschämt. Sofort nach Hause. Musketierklamotten in die Kiste und Sonntagssachen angezogen die wenigstens einigermaßen beatlesmäßig aussahen. Das war natürlich nicht so toll. Sah eher ziemlich normal aus. Niemand erkannte mich als »Beatle«. Aber ich fühlte mich wie John Lennon.

Im Internat lief dann die Sache mit *The Convicts* voll an. Mittlerweile kannten wir Scheiben von den »Searchers« und »Gary & The Peacemakers« und natürlich von den »Kinks«. »You Really Got Me«. Das war ein weiterer Urknall. Das war das erste Heavy-Riff überhaupt. So was hatten wir vorher nie gehört. Und dann noch die Stones. Die Post ging ab.

Anselm Doktor saß am Klavier. Der einzige mit Musikunterricht. Der einzige, der auch so etwas wie eine Melodie spielen konnte. Auf dem Dachboden des Internats fanden wir dann noch so eine Art Schlagzeug. Das war die Traumentdeckung, aber alles andere als ein Drumset. Ich riß es mir sofort unter den Nagel. Bei der Bass-Drum fehlte das Pedal. Ich mußte immer dagegen treten und gleichzeitig aufpassen, daß mir das Ding nicht abhaute. Dann gab es noch zwei Drums. Eine mit Kette. Die wurde zwischen die Beine geklemmt und war die Snare. Für die andere bastelten wir einen Ständer. Sie klang dumpf. Das war das Stand-Tom. Das Becken kam auf die Bass-Drum. Abenteuerlich befestigt. Aber im großen und ganzen hielt das Zeug. Auch wenn die Treterei gegen die Bass-Drum auf Dauer ziemlich nervig war. Der Gesang lief über das Mikro eines Tonbandes, das der Sänger mitgebracht hatte. Gitarren hatten wir auch besorgt. Von den Pfadfindern. Wanderklampfen. Allerdings waren die nicht mehr zu hören, wenn Anselm am Klavier loslegte und ich gegen die Bass-Drum trat. Aber egal! Es war der Beat. Es hat wahrscheinlich mörderisch geklungen, aber wir waren eine Band.

Jetzt fehlte uns nur noch ein echter Gig. Der erste. Natürlich im Internat. Der Namenstag von Pater Direktor. Die Patres fanden das eh ganz nett, daß ein paar von ihren Jungs Musik machten. Das gabs vorher nicht. Wir spielten vor versammelter Mannschaft im Speisesaal. Es war ein infernalischer Lärm. So was hatten die noch nie gehört. Sie waren erstaunt und entsetzt zugleich. Aber sie applaudierten höflich, und unsere Kumpels zeigten sich ab jetzt gerne mit »ihrer« Band in der Stadt.

Das Internat zeigte damals schon die ersten Zerfallserscheinungen. Die Patres mußten das Konvikt in zwei Jahren schließen. Die Bundeswehr wollte in das Gebäude rein. Und so verflog bei den Pfaffen auch der Ergeiz, uns zu braven deutschen Christenbürgern zu erziehen. Nur bei den Haaren, da kannten sie kein

Pardon. »Lange Haare, kurzer Verstand!« Das war der Standardspruch, und die Haarverordnung war eindeutig. Nicht über die Ohren und nicht über den Hemdkragen. Pater Direktor prüfte das persönlich beim Mittagessen. Lief durch die Reihen, und wer frisörfällig war, den zog er heftig am Haaransatz im Genick. Das tat ziemlich weh. Und das tat er so lange, bis man sich beim Frisör wieder einen sauberen Faconschnitt eingehandelt hatte. Aber wir arbeiteten natürlich mit allen Tricks. Im Internat, genannt der »Kasten«, kämmten wir die Haare alle nach hinten und machten einen extremen Außenscheitel, um wenigstens ein paar Fransen behalten zu können. Sobald wir in der Stadt waren, schüttelten wir den Kopf und schafften so eine Art Pilzkopf. Bei der Scheitelversion war der dann allerdings auf der einen Seite nur ohrenlang.

Mittlerweile hatten wir auch schon ein paar E-Gitarren, einen Verstärker und spielten tatsächlich nur noch selbst. Wenn die Großen, die Abiturienten, eine Party machten, fragten die uns, ob wir spielen würden. Das war natürlich der Wahnsinn. Denn die durften Mädels aus der Stadt einladen. Und bei denen waren wir 15jährigen dann die Hähnchen im Korb. Denn wir waren ja eine Beatband. Und bei uns ging das gerade los, daß wir Mädchen nicht doof, sondern höchst interessant fanden. Wir zogen uns die Foto-Love-Storys in der Bravo, die im Kasten verboten war, rein und ritzten Herzchen und Namen von begehrten Mädels in die Schulbänke. Aber als Internatsschüler kamen wir nicht so einfach an die Mädels ran. Einmal spielten wir sogar im Mädchenpensionat. Das war die Sensation, denn »Männer« waren hier streng verboten. Auf den Feten lief natürlich nicht die Bohne, außer ein bißchen Stehblues. Aber selbst da hätte man noch locker das Kursbuch der Bundesbahn zwischen uns durchschieben können. Ein Kuß auf die Wange war das Maximum. Die Patres und Nonnen ließen uns zwar in Ruhe feiern, aber sie machten immer wieder überraschende Kontrollbesuche. Meine erste Flamme hieß Hildegard. Sie war 2 Jahre älter und ging ins Mädcheninternat. Ich sah sie mit Freundinnen in einer Eisdiele. Herzklopfen, aber ich traute mich. »Darf ich mich zu euch setzen?« Die Torten kicherten sich einen ab, und ich hatte wahrscheinlich eine knallrote Birne. Nach ein paar Minuten absolut peinlicher Stille gab ich mir dann noch einen Ruck. Ich sagte Hildegard, daß ich sie schon mal samstags im Bahnbus nach Bonn gesehen hatte. »Klar«, sagte sie, »da wohne ich. Ich fahre jeden Samstag. Wir können ja mal zusammen fahren.« Mir blieb fast die Spucke weg. Von dem Tag an »gingen« wir dann zusammen. Das heißt: Wir fuhren jeden Samstag mit dem Bus bis Bonn. Einmal sogar händchenhaltend. Das wars auch schon.

Die nächste hieß Mercedes. So alt wie ich. Fünfzehn, und auch aus dem Mädcheninternat. Sie wohnte in Köln. Also gleiche Masche wie mit Hildegard. Jeden Samstag. Aber diesmal schaffte ich sogar ein Rendezvous. Mit den Fahrrädern fuhren wir wie die Bekloppten einen ganzen Nachmittag durch den Kölner Stadtwald. Kreuz und quer. Hin und her. Wir wollten zwar wahrscheinlich beide was voneinander, aber wir wußten noch nicht so richtig, wie und was. Am Abend verabschiedeten wir uns an der Straßenbahnhaltestelle Müngersdorfer Stadion, und sie küßte mich auf die Backe. Das war die Granate. Ich war wie von Sinnen.

Unsere Band hieß jetzt *The Troop*, also die Truppe. Wir konnten jetzt auch sogar schon leidlich ein paar bekannte Nummern nachspielen. Und ich kam gelegentlich an ein richtiges Schlagzeug. Mein bester Freund, Dave, hatte einen Vetter, der in so einer Tanzmuckerband auf der Kirmes oder bei Hochzeiten spielte, und der wiederum besaß ein kleines Sonor Jazzschlagzeug. Ein ziemlich merkwürdiges Ding, aber ein richtiges Drumset. Das konnte ich mir manchmal ausleihen. Natürlich nervte ich auch meine Eltern mit der Band. Ich schleppte immer wieder meine Mutter zu »Musik Oehl« in der Sternengasse und zeigte ihr mein Lieblings Drum-Kit. Aber ich hatte keine Chance. Trotzdem wollte ich unbedingt ein eigenes Instrument

The Troop

haben und landete schließlich bei einem sechssaitigen Gitarren-Banjo. Gitarren törnten mich irgendwie noch nicht an, und bei diesem Banjo lerne ich ja die gleichen Griffe, dachte ich mir. Aber das Teil brachte es auch nicht. Es war nur höllisch laut, aber eigentlich doch ungeeignet für *The Troop*.

Irgendwann drehte sich dann mein ganzes Leben nur noch um die Band. Ich lernte ganz neue Leute kennen. Typen aus der Stadt, die nichts mit dem Internat zu tun hatten. Wir probten inzwischen auch nicht mehr im Internat, sondern in der »Offenen Tür«, kurz O.T. Das waren die Vorläufer der Jugendzentren. Beatband, das war kein Spiel mehr, sondern ein Lebensstil geworden. Und so eine Band, das war ja wie früher die Cliquen, die Banden. Man machte zusammen Musik, interessierte sich für dieselben Sachen, dachte und redete dasselbe und hatte gemeinsame Gegner. Wir waren zwar alles andere als Bürgerschrecks oder Revoluzzer, aber das bißchen, was wir taten, reichte aus für einen mittelmäßigen Aufstand der Alten zu Hause und im Internat. Das begann mit den Haaren. Wir trugen nun Frisuren, damit käme man heute locker in die Vorstandsetage der Deutschen Bank. Trotzdem gab es Streß. Aber ich setzte mich durch. Die Haare blieben, und die Musik wurde immer härter. Beatles hörten wir schon lange nicht mehr. Die waren ja schon gesellschaftsfähig. Da freundeten sich sogar meine Eltern mit an. Die Stones waren angesagt. Das war einfach ein Kulturschock, die fanden wir super, denn die machten einfach, was sie wollten. Und je wilder die sich aufführten und je geschockter die Alten waren, desto besser. Das paßte damals einfach alles prima zusammen. Pubertät, da will man eh Aufstand gegen die Alten machen. Und diese Beatbands waren da ja die besten Vorbilder. Lange Haare, verrückte Klamotten. Geile Musik und die schärfsten Schüsse im Arm. Was wollte man mehr? Das war doch alles sehr vielversprechend. Wenn ich an den Wochenenden zu Hause war, dann dröhnte ich meine Eltern mit Stones-LPs voll. Abwechselnd »Out Of Our Heads« und »Aftermath« rauf und runter. Meine Mutter reagierte mitunter ziemlich genervt: »Saach ens, lööß du jetzt nur noch dä janze Daach lang dä Heinz Drache laufe?« Heinz Drache kannte sie aus unzähligen Edgar-Wallace-Filmen. Bis heute weiß keine Sau, warum meine Mutter ausgerechnet Heinz Drache und Mick Jagger in einen Topf warf. Die müssen wohl irgendwie ähnliche Stimmen gehabt haben.

Bei *The Troop* spielte ich inzwischen Bass, der Dave selber das Schlagzeug seines Vetters, und Peter Schulte war unser Sänger, aber der schmiß die Sache irgendwann hin. Wir waren ratlos. Wer sollte jetzt singen? Niemand traute sich. Ich auch nicht. Aber einer mußte es ja machen. »O.k. dann mach ich das«, sagte ich schließlich. »Super, du bist genau der Richtige.« Die anderen waren einfach nur froh, einen Blöden gefunden zu haben.

Bass und Gesang, das ging vielleicht bei Paul McCartney zusammen, bei mir jedenfalls nicht. Also holte ich noch einen weiteren guten Kumpel in die Band. Hein Pelzer bekam meinen roten, kunstlederbezogenen Quelle-Bass, und ich sang nur noch. Aber das war mir dann auch wieder zu wenig. Warum nicht zweite Gitarre, wie John Lennon bei den Beatles? Also schleppte ich meine Mutter wieder zu »Musik Oehl«. Ich bekam eine halbakustische Gibson-Kopie, eine Aria-Diamond. Sänger und Rhythmus-Gitarrist. Dabei bliebs dann, bis heute. Fehlte noch das Lieder-Schreiben. Das begann auch damals, und zwar auch im Zusammenhang mit unserem Ex-Sänger Peter Schulte.

Wir standen in der großen Pause auf dem Schulhof herum und erzählten uns wahrscheinlich den üblichen Schwachsinn. Peter, der »Apollo«, war noch bei uns in der Band, und er war einfach ein Stück weiter als wir. Er quasselte damals ständig von Gruppen, deren Namen wir nicht mal kannten. Das wäre die wirkliche Musik, alles andere sei nur zweitklassig. Wir kicherten dann immer ein bißchen verlegen rum, taten interessiert und dachten uns: »Ja, ja der kluge Peter aus der Untersekunda.« Doch an dem Tag, da legte er plötzlich los. »Kennst du das?« fragte er mich und sang A-Capella die erste Strophe von »Like A Rolling Stone«. Überlegen und gelangweilt sah er mich an. »Mann, sing weiter! Von wem ist das?«
»Bob Dylan.«
»Bob Dylan, kenn ich nicht. Aber klingt gut. Sing weiter!«
Peter Schulte erzählte mir dann was von einem New Yorker Songwriter. Der Typ wäre das Kolumbusei selbst. Eigentlich so eine Art Folksänger, hätte der die Wanderklampfe an den Nagel gehängt und sich eine E-Gitarre geschnappt. Und statt dämlicher Lagerfeuerlieder mit romantischen Sonnenuntergängen und irgendwelchen unglücklichen Lieben namens Molly Melone aus dem Canyon hinter den Sieben Bergen textete der hintergründige und witzige Balladen mit viel Ironie und knallhar-

ter Gesellschaftskritik. Die Platte mußte ich haben. Immer wieder zog ich mir »Like A Rolling Stone« und andere Songs rein. Der Dylan, das war schon ein toller Typ. Der gefiel mir. Man konnte ja auch mit Texten ganz schön was anstellen. Nicht immer nur »She Loves You, Yeah, Yeah, Yeah.« Und so kam ich auf die Idee, auch selber Songs zu schreiben. Mein Bruder Heinz hatte an den Wochenenden zu Hause mit mir die 3 Standardgriffe geübt: C, F und G7. Und damit schrieb ich meine ersten Texte auf englisch. Aber die Band war nicht besonders begeistert von der Idee, eigene Stücke zu spielen. Damit könnte man beim Publikum mit Sicherheit keinen Blumentopf gewinnen. Die wollten »My Generation« und »Satisfaction«. Je perfekter nachgespielt, desto besser. Es gab damals so Beat-Wettkämpfe. Und alle Bands, die da mitmachten, spielten die berühmten Hits nach. Ich war zwar sauer, daß die meine Stücke nicht spielen wollten, aber ich gab nach. Die Band ging vor. Denn wir waren inzwischen provinzmäßig schon eine erfolgreiche Band. Wir hatten unser Publikum. Wir mußten nicht mehr um Auftritte betteln. Die Leute wollten uns tatsächlich hören. Auf Schulfesten, Dorffesten und in Jugendclubs. Im Umkreis von 25 km um Rheinbach grasten wir die ganze Eifel ab. Wir spielten in Turn- und Festhallen und natürlich in spießigen Festsälen der Dorfgasthäuser. Das war schon recht kurios. Da stand man dann, umrahmt von Tischen mit karierten Deckchen, Strohblumen und obligatorischem »Vierergewürzset«: Pfeffer, Salz, Maggi und Fondor. An den Wänden die Wimpel der Vereine. In den Vitrinen klirrten die Pokale. Die Festbeleuchtung wurde mit Buntpapier abgeklebt. Aber dann: Die 2 Gesangsboxen aufgedreht, und wir waren die Stones für ein paar hundert Dorfkids. Und während wir hinten beateten, diskutierten die Alten in der Wirtsstube am Stammtisch die verschiedensten »Lange Haare – Rübe ab«-Theorien. Nach ein paar Monaten waren die Wochenenden ausgebucht. 3 Auftritte, und pro Gig bekamen wir 300 Mark. Das war eine Menge Kohle. Einen Teil steckten wir in die Anlage, und nach Abzug aller Unkosten wie Benzin und Spesen blieb für jeden sogar noch ein Hunni übrig.

Schule und Internat waren natürlich zur absoluten Nebensache geworden. Da hatte man nun wirklich keinen Bock mehr drauf. Im Unterricht lasen wir Musikzeitschriften, Hausaufgaben wurden eh nicht gemacht. Nach der Schule hing ich meistens bei Dave Bogen oder Hein Pelzer rum. Wir hörten Musik, probten und träumten vom großen Leben als Popstars. Im Internat ließ ich mich nur gelegentlich blicken. Die Patres waren mittlerweile nur noch ein Schatten ihrer selbst. Strafen und feste Regeln gab es kaum mehr. In wenigen Monaten war der Laden dicht. Sie hatten resigniert.

Und dann tauchte Hille auf. Die erste große Liebe. Ich verknallte mich sofort in sie. Sie roch nach einer seltsamen Mischung aus 8 × 4 und Wrigley's Spearmint-Gum. Ich nehme an, es war nicht dieser Geruch alleine. Sie war das erste Mädchen, auf das ich abfuhr. Sie kam aus Ramershoven, einem Kaff bei Rheinbach. Dave hatte sie kennengelernt und brachte sie gelegentlich mit zu unseren Proben. Und natürlich war Dave auch scharf auf die Hille. Die erste Entscheidung fiel beim »Tanz in den Mai« im Clubheim »St. Martin« in Rheinbach. Wir spielten damals immer 5 Stücke, dann gabs Disco vom Band. Und das war der Startschuß. Absolut obercool, »nur ja nix anmerken lassen«, aber entschlossen und hastig flitzten Dave und ich um die Wette zur Hille. Ich gewann die erste Runde. Ein Stehblues: »Ferry Cross The Mersey«, und diesmal hätte kein Seidenpapier mehr zwischen uns gepaßt. Heißer Atem, Küsse, verschwitzte Körper. Ich war hin und weg. Ich »ging« jetzt mit Hille.

Genau drei Wochen. Dann hatte Dave sie angebaggert. 2 Wochen. Dann schmuste sie wieder mit mir herum. Hin und her ging das. Die Hille war echt ein Biest. Sie genoß es, daß gleich zwei Typen aus der angesagten Band an ihr baggerten. Und dabei blieb es nicht. Hille stand außerdem noch auf andere

Jungs. Ich war zwar irgendwann ihr Haupt-Typ, aber mußte mir trotzdem diverse Nebenaffären gefallen lassen. Hille begleitete uns jetzt immer auf die Gigs. Ich rockte dann oben auf der Bühne rum und hatte schon einen ganz dicken Hals, weil ich mir ziemlich sicher sein konnte, daß sie jetzt gleich irgendeinen Typen aufs Parkett schleppen würde, um direkt vor meinen Augen mit ihm rumzumachen. Horror. Haß. Aber nach außen natürlich die coole Nummer: »Laß die sich mal austoben. Das kriegen wir schon hin.« Innerlich kochte ich, die Eifersucht fraß mich fast auf. Ich war total in sie verliebt. Sex spielte da zum ersten Mal eine wichtige Rolle. Denn Hille war die erste, die mich wirklich antörnte. Wir waren gerade sechzehn und konnten uns natürlich nicht einfach irgendwo ins Bett legen. Alles mußte heimlich geschehen. Also spazierten wir mit einer Decke unter dem Arm in den Wald. Das war schon der halbe Orgasmus, denn wir wußten ja, was gleich passieren würde. Nackt im Dickicht auf einem kratzigen Wollteppich. Alles egal. Heavy Petting. Da ging bei mir die Sonne auf. Manchmal trieben wir es auch in einem grünen Simca, dem Auto von Hilles Mutter. Hille war so dreist und nahm sich die Karre einfach, obwohl sie mit 16 natürlich noch keinen Führerschein hatte. Aber für Kinder aus der Landwirtschaft war das ziemlich normal. Die fuhren während der Ernte schon mit 10 Jahren Traktor. Unsere fahrbare Liebeslaube war natürlich der Knaller. Wir taten ja nicht nur etwas, das uns besonders Spaß machte, sondern es war ja auch in höchstem Maße verboten. Und das ausgerechnet im Wagen ihrer Mutter, die ihr den Umgang mit diesem »Versager aus dem Krämerladen« verboten hatte. Außerdem war es Herbst und dann Winter geworden, und da war die Wolldecke im Wald nicht mehr so angesagt. Bei einem dieser Autotreffs »schliefen« wir dann auch das erste Mal richtig zusammen. Wir hatten es uns nicht vorgenommen, es geschah einfach. An einem bitterkalten Tag in der Nähe des Rheinbacher Waldkapellchens auf dem Rücksitz des grünen Simcas von Mutter Giesers. Die absolute Drehbuchvorlage für »American

Graffiti«. Anschließend hatten wir natürlich den totalen Bammel. Wenn Hille jetzt schwanger würde. Prompt kam dann auch ihre Periode nicht pünktlich. Drei Wochen lang hingen wir in der Luft. Wir wußten nicht, wohin mit unseren Sorgen. Internat und Eltern kamen ja nicht in Frage. Und ich hatte eigentlich keinen so echten, dicken Freund, dem ich das hätte erzählen wollen. Hille und ich hingen in der Zeit viel zusammen. Wir mochten uns wirklich, aber plötzlich war alles so ernst geworden. Diese drohende Schwangerschaft drückte ganz schön auf unsere Laune. Irgendwie paßte das alles nicht zu unserer jugendlichen Aufbruchsstimmung. Wir hatten miteinander geschlafen und fühlten uns schon ganz schön erwachsen, aber insgeheim wußten wir, daß wir nur Teenager waren. Endlich bekam sie dann doch noch ihre Tage, großes Aufatmen. Wir blieben auch weiterhin zusammen. Ich bis über beide Ohren in Hille verknallt, sie immer nur mit dem Spruch: »Erst mal testen.«

Testen. Ausprobieren. Aufmucken. Den Alten nichts mehr glauben. Selber seine Erfahrungen machen. Antiautoritär. Lustprinzip. Gegen die Eltern. Gegen die Schule. Gegen die Pfaffen. Gegen die Spießer. Gegen den Vietnamkrieg.

1967, und ich mittendrin und trotzdem am Rand. Regelmäßig verfolgte ich jetzt die Nachrichten. Zynische GIs schleppten da einen toten Vietcong mit ihrem Schützenpanzer durch den Dschungelschlamm. Kiesinger und Brandt bildeten eine große Koalition. Die dürre Twiggy wurde über Nacht zum angesagten allgemeinen Schönheitsideal, wenn auch nicht zu meinem. Bunte Hippies predigten »Make Love not War.« Schahbesuch. Prügelnde Jubelperser und demonstrierende Studenten. Polizistenschüsse auf Benno Ohnesorg. Ich war geschockt. Gefühlsmäßig war ich für die Studenten, für die Hippies. Gegen das Establishment. Auch so ein aufgeschnapptes Wort. Tatsächlich hatte das wenig mit politischem Bewußtsein zu tun. Ich war einfach noch ein Jahr zu jung für diese beginnende »68er Bewegung«, aber ich bekam es irgendwie mit. Peter Schulte und

Hans-Gerd Lanzerath, der Gitarrist aus der ersten TROOP-Besetzung waren eine Klasse über mir und politisch schwer aktiv. Die druckten die, für Rheinbacher Verhältnisse, revolutionäre Schülerzeitung »Hexenturm« und radikale Flugblätter. Natürlich quatschte man darüber und fand das, was die da machen und wollen, schon unheimlich gut und wichtig. Ich stand dahinter, aber ich gehörte nie dazu. Die waren 18, und ich gerade mal 17. Und Jimi Hendrix im Beat-Club reizte mich mehr als Mao-Zitate im Diskutierclub.

Aber dann kam 68 und bei mir die große Verwirrung. Überall wurde jetzt protestiert. In Frankreich, in Deutschland, in den Staaten. Gegen die eigene Regierung, gegen die Gesellschaft überhaupt. Gegen den Kapitalismus, gegen den Imperialismus. Es gab Rassenunruhen und Generalstreiks, intelligente Reden von Dutschke und spaßige Einlagen von Fritz Teufel und Konsorten. Immer ging es gegen den Vietnamkrieg. Und dann ging in Prag plötzlich auch die Post ab. Moment mal, dachte ich mir da: Die sind doch schon links. Irgendwas stimmt da nicht. In meinem Kopf herrschte ein großes Durcheinander: Stalinismus, Maoismus, Che Guevara und Fidel Castro, Ho Chi Minh und Angela Davis. Ich wollte es jetzt genauer wissen. Ich wollte rauskriegen: »Was ist links-O.K. was ist links-nicht O.K.« Jetzt machte ich auch mit bei der Schülerzeitung, besuchte Teach-Ins und war natürlich gegen den Vietnamkrieg.

Aber mein Hauptagitationsfeld »68« war der elterliche Eßtisch. 68 war eigentlich für jeden Jugendlichen ideal. Man mußte sich in der Pubertät sowieso mit den Alten anlegen, und 68 lieferte einem da gute Argumente. Das war mehr als einfach nur »Scheiß Spießer. Scheiß Alte. Ich will anders sein.« Ich hatte also meinen Vater aufs Korn genommen. Der war für mich ein stockkonservativer Opportunist und Adenauer-Fan. Und er hatte sich schon zweimal bei mir grausamst disqualifiziert. Zum Attentat auf Rudi Dutschke hatte er gesagt: »Dä Kääl hätt jo och nit de Muhl esu wigg opriehße mösse ... selver schuld!« Und er wollte nicht anerkennen, daß Cassius Clay wegen seiner

Bapp Niedecken im Ladeneingang

Weltanschauung plötzlich Muhamed Ali hieß, den Kriegsdienst verweigerte und in den Knast ging. Daß er aus guten Gründen seine Boxkarriere opferte. Für mich waren das Helden. Dafür mußte mein Vater lange bluten.

High Noon beim Sonntagsfrühstück. Es war richtig bösartig und für meine Mutter einfach grauenhaft. Die ganze Woche über brütete ich darüber nach, wie ich ihn fertig machen konnte. Und ich bereitete mich gewissenhaft darauf vor. Die Themen standen in der Zeitung. Rassendiskriminierung. Notstandsgesetze, Vietnamkrieg. Das Übliche. Zack, zack, zack, knallte ich ihm die Argumente an den Kopf. Zwischen Brötchen, Frühstücksei und Kaffee. Systematisch verdarb ich ihm den Appetit. Er hatte keine Chance. Ich wußte besser Bescheid, und vor allem konnte ich besser labern als er. Ich quasselte ihm so lange die Birne voll, bis er nicht mehr weiterwußte. Dann fühlte ich mich ganz groß. Dem hatte ich es mal wieder gegeben! Tatsächlich fühlte ich mich aber auch wirklich im Recht. Mein Vater mußte nun für alles herhalten, was mir irgendwie nicht paßte. Er war zur Personifizierung für alles, wo ich mich irgendwie gegen behaupten wollte, wo ich mich von absetzen wollte. Wahrscheinlich hatte der Arme gar keine Lust und kein Interesse, sich mit mir über diesen ganzen politischen Kram zu streiten. Ich hab es ihm einfach aufgezwungen.

The Troop spielte mittlerweile auch einen Song von mir. »The Bomb«. Es war der Lokalhit der Troop-Fans, die uns im 20-Kilometer-Umkreis an den Wochenenden sogar nachreisten. Ein ziemlich platter Polit-Text, der mich heute erröten läßt.
> *»Bombs are made for every nation.*
> *Bombs are made to win a war.*
> *Bombs are made for Representation.«*

Und so weiter. Der Endreim mußte auf alle Fälle irgendwie mit »-ation« sein. Sensation. Frustration. Compensation. Das alles in a-Moll. Die Nummer ging für unsere Verhältnisse echt gut ab. Aber insgesamt stand die Band meinen Text- und Komponierkünsten doch immer noch eher skeptisch gegenüber. Ich hörte mittlerweile Biermann-Songs wie: »Das kann doch nicht alles gewesen sein«, oder Degenhardts: »Spiel nicht mit den Schmuddelkindern.« Ich zog mir die Texte rein, ... aber deren Musik, das konnte es ja nun wirklich nicht sein. Dieses Lagerfeuer-Wanderklampfengeklimper. Nein danke! Ich stand auf Dylan, Donovan und Barry Mc Guire, die machten das auch anders. Und vor allem Ray Davis und die Kinks.
Akustische Gitarre *und* Beat-Band. Vor allem aber gute Texte. So mußte es klingen. Aber die Band zog nur widerwillig mit.
Und dann kam Johnny Brauweiler, unser neuer Solo-Gitarrist. Der hatte tierisch was drauf. Der spielte den Blues. Der machte den Hendrix, den John Mayall, und Jimmy Pages Gitarrenläufe von der ersten »Led Zeppelin«-LP waren für ihn nur ein Übungsproblem. Er spielte die Songs Ton-für-Ton nach, und ich sollte singen. Aber ich hatte keine Chance. Meine Stimme reichte einfach nicht. Sie war damals schon zu tief für eine Robert-Plant-Kopie. Und von meinen selbstkomponierten Stük-

ken hielt Johnny überhaupt nichts. Unsere Nachmittage waren plötzlich keine lockeren Jam-Sessions mehr, sondern angestrengte Sitzungen. Wir hingen vor dem Plattenspieler und lauschten den Raffinessen irgendwelcher Superstars. Die sollten wir uns einprägen. Wir taten das, so gut es ging, und *The Troop* rockte weiter. Mittlerweile bis Bonn.

In Bad Godesberg gab es einen Hippie-Schuppen namens »Underground.« Einer dieser typischen Freakläden. Alles ziemlich düster, mit vielen Teppichen, Sofas und Matratzen, Räucherstäbchen und diesem obligatorischen Kifferposter. Ein Mädel im Afrolook, Typ Uschi Obermeier, im Schneidersitz, den Monsterjoint ehrfürchtig erhoben in ihren gefalteten Händen. Das alles in wilden psychodelischen Neonfarben.
Die meist bekifften Langhaarfreaks, die das Underground schmissen, hatten über Jahre hinweg eine ziemlich coole Nummer drauf. Sie klebten in Bonn und Umgebung Plakate mit der Ankündigung: »Am Samstag im Underground NEKTAR oder STEAMHAMMER oder SWEET SMOKE plus VORPRO-GRAMM.« Das Vorprogramm waren wir oder sonst eine Provinzband. Nach unserem Gig erschien dann in der Regel einer dieser Hippies vollstoned auf der Bühne und schleimte soft ins Mikro: »Also Leute, tut uns echt leid, aber NEKTAR, die haben echt leider die Fähre verpaßt.« Wahlweise auch: »Sind mit ihrer Anlage an der Grenze festgehalten worden«, oder »Der Sänger von Steamhammer ist seekrank geworden« etc.pp. Wir finden das auch total beschissen. Aber wir können da auch nichts machen.« Die hatten natürlich nie im Leben einen Vertrag mit einer dieser Bands. Ich kenne Dutzende von Musikern, die alle mal im »Underground« als sogenannte Vorgruppe von NEKTAR und Konsorten gespielt haben. Der Schuppen war auf alle Fälle immer rappelvoll, und die Hippies kassierten 10 Mark Eintritt. Wir bekamen unsere normale Gage, den Rest sackten die ein.

Der Knall kam im Frühjahr 1969. Ich kam aus Köln nach Rheinbach zurück. Unter dem Arm einen Packen *The-Troop-*Plakate von »Coca-Cola«. Die ließen für Amateurbands die Dinger umsonst drucken. Man mußte dann nur noch mit Filzstift Ort und Datum des Konzerts eintragen. Ich ging mit dem Paket zu Hein Pelzer. Wir wollten eigentlich noch einen Gig besprechen, aber dazu kam es nicht mehr. Hein war ziemlich durcheinander: »Wolfgang, du bist aus der Band geflogen.« Ich hörte wohl nicht recht. Ich, aus meiner eigenen Band ... gefeuert? »Spinnst du, oder was? »Nein! Dave und Johnny wollen nicht mehr, daß du in der Band singst. Ich finde das auch daneben. Aber die haben mich überstimmt. 2:1. That's it.«

Das war die volle Härte. Ich hatte *The Troop* aufgebaut. Das war meine Band. Und da spielten meine besten Freunde. Dave und Hein. Mit denen hing ich ja auch sonst immer zusammen. *The Troop* war mein Leben. Alles andere interessierte mich nicht. Außer Hille natürlich. Vielleicht war das sogar der Grund. Daves späte Rache. Wenigstens hatte der Hein zu mir gehalten. Ich fühlte mich echt verraten und verkauft. Ich war am Ende. Aber das sollten die mir büßen.

Die Lösung hieß *Goin' Sad*, unsere Konkurrenzband in Rheinbach. Wir waren eigentlich richtig verfeindet. Wir hatten die letzten Jahre um jeden Gig gekämpft. Jeder wollte der Größte im Revier sein. Zu denen gehen, das war im Grunde genommen Hochverrat. Überlaufen zum Feind. Aber *The Troop* hatte ja mich im Stich gelassen. Ich grübelte eine Woche lang. Dann ging ich einfach zu den Jungs. Die waren überrascht, aber happy. Deren Frontman war nämlich gerade eingezogen worden, und somit paßte ich also prima in die Band. Und die machten obergeile Musik. Da wurde improvisiert. *Goin' Sad* war mehr so eine Hippie-Band à la Greatful Dead oder Colosseum. Außerdem gefielen ihnen meine Stücke. Sie mochten sie wirklich und spielten sie gerne. Mein Bandwechsel ging natürlich auch sofort durch die Rheinbacher Szene. »Haste schon gehört, Wolfgang spielt jetzt bei *Goin' Sad*.« Meine Fans wechselten mit mir das Lager. *The Troop* verlor dadurch einen großen Teil des Stammpublikums, und schon nach zwei Monaten machten die ihren Laden dicht. Sie waren zerstritten. Was für eine Genugtuung!

Bei *Goin' Sad* ging dann wirklich die Post ab. Hein Pelzer, der mich ja nicht verraten hatte, stieg kurz darauf auch bei uns ein. Und dann kam noch ein Saxophonist dazu, der später sogar für BAP die Initialzündung geben sollte. Der »Saxello«. Wir wurden richtig gut. Wir waren eine echte Live-Session-Band. Höhepunkt jedes Gigs war eine dreiviertelstündige Version von »G.L.O.R.I.A.«, der uralten »Them«-Nummer. Keiner blickte mehr durch, was hinten und vorne war. Aber es war ein oberamtliches Feeling. Bühnenekstase. Zwischendurch kreiste der Joint. Obercool klemmte man das Gerät oder wenigstens eine Kippe an den Gitarrenhals zwischen die Saiten. Meditatives Schramm, Schramm, Schramm. Dann ein tiefer Zug an dem ausgelutschten Stick, Augen zugekniffen und tief durchgeatmet, den Kopf leicht nach hinten, die Telecaster hochgerissen und »Joing, Joing, Joing« ab ins nächste Solo. Das Publikum beatete auch nicht mehr, sondern bewegte sich eher in sanften Kreisbewegungen um die eigene Achse. Die Arme leicht ausgestreckt in langen indischen Kleidern, Jesuslatschen, Hennahaaren und Stirnband. Die Hälfte war mindestens genauso stoned wie wir.

Goin' Sad war so eine Art Familienunternehmen des Fischer-Clans. Roland war unser Drummer. Seine Brüder Gerfried, Armin und Ludwig managten den Laden. Sie hatten zwei VW-Busse und kümmerten sich um Auftritte. Und plötzlich zogen sie den großen Fisch an Land. »Rennaissance«, die neue Band des Ex-Yardbird-Sängers Keith Relf, war auf Deutschland-Tournee. Im Gepäck ein Top-Ten-Hit in den britischen Charts. Und wir sollten deren Vorgruppe in Nordrhein-Westfalen werden. Das war gigantisch, kaum zu glauben. Nicht zu fassen. Da tingelten wir 18jährigen Provinzboys mit echten englischen Rockstars durch die Lande. Abends Konzert vor 1000 Leuten,

GOIN' SAD
folk-rock-music

Wolfgang Niedecken
    vocals, guitar
Monika Frickenstein
    lead vocals
Hein Pelzer
    bassguitar, flute
Karl Nücken
    organ, vocals
Roland Fischer
    drums, percussion

über: G. Fischer
    5308 Rheinbach
    Eichendorffweg 53
    Tel. (02226) 3464

und dann mit den Stars im selben Hotel. Abends an der Bar, morgens am Frühstückstisch. Wir haben die natürlich total bewundert und ehrfurchtsvoll zu denen aufgeschaut. Die waren wirklich nett zu uns und nicht die Bohne arrogant. Deshalb weiß ich bis heute nicht, warum die uns plötzlich nicht mehr auf ihrer PA spielen ließen. Die übliche Geschichte. Beim Gig in Krefeld waren wir besser angekommen als der Hauptact. Was passierte? Am nächsten Tag in Neuss mußten wir unsere Popelanlage Marke Fischer-Eigenbau aufbauen. Das Ergebnis war natürlich der totale Klangmatsch, wir stanken ab. Rennaissance waren wieder die Stars. Die Rangordnung stimmte wieder. Wir tourten zwar nur durch Mönchengladbach, Krefeld, Bad Godesberg und Neuss, aber vom Feeling her war das gigantisch. Wir kamen als Rockstars zurück nach Rheinbach. Logo: Wer tourt, ist Rockstar.

Und dann das erste Plattenangebot. Klingt gut, war aber mies. Ein Politiker in Bonn sponserte einen Sampler für junge Amateurbands. Wir könnten auch mitmachen. Welcher Politiker, welche Partei? Na ja. Der Oberbürgermeisterkandidat der CDU. Daniels oder so ähnlich. »Meine Fresse!« dachte ich mir. Das konnte ja wohl nicht wahr sein. Ich schrieb linke Polit-Rock-Texte und fetzte mich mit meinem Vater wegen dessen CDU-Vorliebe, und dann sollte ich mich auf einer CDU-gesponserten Platte verewigen lassen? Allein schon die Blamage, wenn das mein Vater erführe. Absolut unmöglich. Andererseits, eine eigene Scheibe. Schwarzes Vinyl, und auf Label und Cover unser Name. *»GOIN' SAD«*. Das Angebot war zu verlockend.

In den »Cornett Studios« auf der Aachener Straße in Köln nahmen wir dann eine Nummer auf: »Satin Rose«. Ich hatte das Stück geschrieben. Der Toningenieur war gnadenlos gelangweilt. Nach zwei Stunden war alles vorbei. Das wars schon? Dachten wir, denn sensationell fühlten wir uns nicht gerade. Wir waren noch immer dieselben Jungs der Provinzband *Goin' Sad* aus Rheinbach. Und die Platte nahm keine Sau zur Kenntnis. Nur dieser CDU-Daniels hatte einen guten PR-Gag gelandet. Clevere Imagepflege.

Unser Internat hatte mittlerweile dichtgemacht. Ich sollte aber in Rheinbach noch mein Abi machen. Und so bekam ich eine eigene Bude. Ich war gerade 18, und es wurde die absolute Boheme. Es war ein Dachzimmer mit kleiner Küche und Toilette auf dem K.A.B.-Ring, gegenüber vom Knast. Das Zimmer hatte eine grausame, fast abstrakte Blümchentapete. Als ich dort das erste Mal kiffte, verwandelte sich das Muster in lauter Rasierklingen, die plötzlich auf mich zurasten. Meine wichtigsten Möbel waren der altbewährte »Dual-Mono«-Plattenspieler und mein Bett. Über dem Bett hing das der »Let It Bleed« beigelegte Stones-Poster, und die Platte orgelte von morgens bis abends. In der Küche hatte ich noch ein altes Sofa, obligatorisch, das Sofa in der Küche, einen Tisch und einen 2-Platten-Herd. Aber wenn ich auf der Bude war, lag ich meistens im Bett. Und meistens mit der Hille. Sie studierte zwar schon in

Bonn Jura, aber die meiste Zeit hing sie bei mir ab. Wir machten so richtig auf wilde Ehe. Die Rheinbacher Spießer waren geschockt. So langsam wuchs mir auch eine echte Matte, ziemlich Cream- oder Hendrix-mäßig, und ich lief nur noch in zerfetzten Jeans und Parka durch die Gegend. Niemand kontrollierte mich mehr, niemand kommandierte mich herum. Und das nach diesen ganzen Internatsjahren. Hille und ich verbrachten die meiste Zeit in der Poofe. Wir standen auf, wenn wir Lust hatten, und nicht etwa, wenn ich zur Schule mußte. Die Rolläden blieben oft bis mittags geschlossen. Nach ausgiebigem Frühstück brachte sie mich dann mit dem Simca, noch immer der grüne ihrer Mutter, in die Penne. Demonstrativer Abschiedskuß vor dem Fenster des Lehrerzimmers, und dann schlappte ich so in der dritten oder vierten Stunde in den Unterricht, um mal abzuchecken, ob da was abging. Wenn's mir zu langweilig war, der Pauker zu doof oder ich einfach keinen Bock mehr hatte, ging ich wieder. Hippie-like eben.

Seit ich die Bude hatte, tat ich überhaupt nichts mehr für die Schule. Es ging einfach nicht. Ich hatte keine Zeit. Ich *mußte* in einer Rockband spielen. Ich *mußte* abends in der Kneipe stehen, bis sie dichtmachte. Ich *mußte* kiffen. Ich mußte mit der Hille oder anderen Mädchen rumhängen. Ich *mußte!* Darauf kam es an. Diese Art zu leben törnte mich total an. Ich tat einfach nur noch das, wozu ich Lust hatte, und mit der Band verdiente ich auch genügend Taschengeld für die ausgiebigen Kneipentouren und Dope-Rationen. Ich war sowieso schon ein völlig unmotivierter Schüler. Wie sollte da der trockene und langweilige Unterricht gegen dieses phantastische Leben anstinken. Keine Chance. Und über die Sprüche: »Ihr lernt nicht für die Schule, sondern für das Leben.« Darüber lachten wir uns doch nur weg.

So rutschte ich also immer weiter ab. Anfangs retteten mich noch die Laberfächer Geschichte, Erdkunde und vor allem Religion. Quatschen konnte ich ja, und den Stoff fand ich gar nicht so schlecht. Aber Mathe, Physik, Chemie. Da hatte ich

absolut den Zug verpaßt und eigentlich überall eine Dauer-
Sechs verdient gehabt. Aber der alte, strenge Bischof, unser
Lehrer in den naturwissenschaftlichen Fächern, war gnädig und
gab mir immer Noten, die ich mit den Laberfächern gerade
noch ausgleichen konnte. Aber die meisten anderen Lehrer am
Rheinbacher Gymnasium waren gnadenlos. Ich war für die ein
rotes Tuch. Ein linker Bazillus. So etwas mußte ausgemerzt
werden, bevor es die anderen sprießenden Pflänzchen infiziert.
Einige von denen hatten ein recht merkwürdiges Klassenbe-
wußtsein und den Sozialdarwinismus mit Schöpfkellen gefres-
sen.

Das eigentliche Unglück begann dann mit meiner großartigen
Gedichtinterpretation. Es war im Winter 1969, und unser
Deutschlehrer hatte anscheinend gerade mal einen progressiven
Anfall. Wir sollten eine Arbeit schreiben zum Thema: »Das
Gedicht, das mich am meisten beeinflußt hat.« Freie Auswahl.
Sowas galt ja damals als sensationell fortschrittlich. Er vertraute
wohl auf unseren guten Geschmack, Bildung, gute Kinderstube
oder was weiß ich. Er rechnete wohl mit erbaulichen Sätzen zu
Goethe, Heine oder Schiller. Schon Brecht war ja im Unterricht
eine Persona non grata. Aber ich triebs noch weiter. Ich inter-
pretierte meinen Lieblingssong von der vorletzten Stones-LP
»Beggars Banquet«. »Sympathy For The Devil«. Ich weiß
nicht, welcher Teufel mich damals ritt. Fein säuberlich schrieb
ich den Liedtext ins Heft und übersetzte ihn. Und dann kam die
gnadenlose Interpretation. Das Ganze war absolut abstrus.
Aber darauf kam es wohl schon gar nicht mehr an. Unser
schöngeistiger Deutschlehrer bekam wahrscheinlich schon
einen mittleren Herzinfarkt, weil der Name Rolling Stones in
einem Deutsch-Klassenarbeitsheft stand. Aber Rocktexte mit
Literatur gleichzusetzen, das hat ihn fast umgebracht. Und
mich wahrscheinlich um meine Schulkarriere. Ich sackte plötzlich auch in den Laberfächern ab, konnte nicht mehr ausgleichen und knallte durch die 12. Klasse. Meine Eltern waren ge-

schockt. Wie konnte das passieren? Warum ausgerechnet ich? Dabei hätten sie mich nur mal richtig angucken müssen, und mein Vater war im Prinzip schon auf dem richtigen Dampfer: »Die Band ist Schuld.« Natürlich nicht allein, aber mit der Band, mit der Musik kam ja auch das ganze andere Zeug. Die Musik war für mich jedenfalls so eine Art Initialzündung auch für den ganzen 68er Protestkram. Jedenfalls ganz entschieden für eine andere Art zu leben. Und wenn es eben Gammeln war. Das war in meinen Augen auch völlig korrekt.

Außerdem wollte ich das Abi eigentlich sowieso nur noch meinen Eltern zu Liebe machen. Ich würde aber keinesfalls Jura oder Betriebswirtschaft studieren. Das wünschte sich zwar mein Vater. Aber für mich war allein der Gedanke daran schon das nackte Grauen. Ich war fest entschlossen, Kunst zu studieren. Kunst oder Musik. Aber in Musik hatte ich keine Chance. Ich hatte ja nie richtig ein Instrument gelernt. Noten konnte ich auch keine, ganz zu schweigen von Harmonielehre. Also keine Chance für die Aufnahmeprüfung. Aber im Kunstunterricht war ich immer ein As gewesen. In der Klasse und im Internat war ich der Maler vom Dienst. Gabs was zu tun, hieß es: »Niedecken, komm mal her. Niedecken, mach mal.« Und in unserer heißen Vietnam-Protestzeit malte ich den ganzen Kumpels mit Filzstift die großen Peace-Zeichen und den sonstigen Blümchen- und Ornament-Kram auf die Armyjacken. Mittwochmorgens im Tennishäuschen, wenn die anderen in die Schulmesse gingen. Jedenfalls die Kunstaufnahmeprüfung traute ich mir schon eher zu.

So ging auch der zweite Anlauf in der 12. Klasse voll in die Hosen. Es blieb eigentlich alles beim alten. Naturwissenschaft eine Katastrophe. Laberfächer wieder etwas besser, aber dann ritt mich die Lateinlehrerin total in die Scheiße. Obwohl ich viermal eine 4 und nur einmal eine 5 geschrieben hatte, gab die mir eine 5. Das war das Ende. Abitur ade. Schule fertig. Für immer.

Ich hatte ja auch echt keinen Bock mehr auf die Penne. Aber zweimal in derselben Klasse hängenbleiben, das wurmte mich doch. Niedecken – Totalversager. Scheiße. Und wie sollte ich das nur meinen Eltern beibringen. Sie hatten wirklich ihre ganzen Hoffnungen in mich gesetzt. Und sie hatten wirklich viel für ihr Nesthäkchen getan, damit es die höhere Schule besuchen konnte. Daß dies schon längst nicht funktionierte, daß ich mich auch schon längst für einen ganz anderen Weg entschieden hatte, ich glaube das wurde mir und meinen Eltern erst klar, als die Schule sagte: »Niedecken, nein danke.«
Auf jeden Fall hatte ich ziemlich Schiß, nach Hause zu kommen und es ihnen erklären zu müssen. Ich saß stundenlang auf der Steintreppe vor dem Bonner Bahnhof. Traurig und allein. Ich konnte nicht vor und nicht zurück. Aber ich mußte nach Hause. Wo sollte ich denn sonst hin. In den Charts war gerade »In The Ghetto« von Elvis. Eine herzzerreißende Nummer. Die ging mir an diesem Tag nicht mehr aus dem Kopf. So kam ich mir vor. Allein im Ghetto. Allein vor dem Bonner Hauptbahnhof, an derselben Stelle, an der später der »Ausgeflippte« in der Verfilmung von Bölls »Ansichten eines Clowns« saß. Und ich wußte nicht, wie es weitergehen sollte.

Pop-Art und New York statt Algebra

Kunststudium

»Wat soll uss dämm Jung nur weede?« Meine Eltern zerbrachen sich den Kopf, und ich saß auf dem Dach unseres Hauses und zeichnete. Denn ich wußte es. Ich wollte Kunst studieren. Ich mußte Kunst studieren. Und ich stand total unter Druck. Ich mußte meinen Eltern beweisen, daß ich nicht der absolute Versager war. Ich arbeitete den ganzen Sommer hindurch fieberhaft an meiner Bewerbungsmappe für die Fachhochschule für bildende Kunst in Köln. Ich wußte, daß es nur ein Viertel der Bewerber schafft. Ich mußte dabeisein. Ich zeichnete und malte Stilleben und so perspektivischen Kram wie »Blick aus dem Fenster«, »Dächer der Südstadt«, »Severinstor von hinten«. Der ehemalige Direktor der Kunsthochschule, Prof. Friedrich Vordemberge, gab mir Tips für die Mappe. Ich kannte ihn seit meiner Kindheit aus dem »Invalidendom«, der Stammkneipe meines Opas Hermann Platz. Und ich bestand die Aufnahmeprüfung. Ich war total high. Das war für mich die Bestätigung und die große Freiheit. Keine nervige Penne mit ihren dämlichen Lehrern und Formeln mehr. Statt dessen staatlich anerkannte Lieblingsbeschäftigung: Malen. »Nie mehr Algebra«, ging es mir in den ersten Monaten immer wieder durch den Kopf. Ich war glücklich.

Bei der Aufnahmeprüfung lernte ich den »Schmal« kennen, Manfred Boecker, wie er richtig hieß. Vom Sehen kannte ich ihn schon. Lange, dunkelblonde Locken, 1,90 m groß, hager, schlacksig. Klar: Das war der Drummer der Kölner Band »Action Set.« Wir wurden sofort dicke Freunde. Schmal machte auch Musik. Schmal war in derselben Klasse und in denselben Fächern wie ich durchgerasselt. Und Schmal wollte jetzt auch Kunst studieren. Das erste Semester bestand aus Aktzeichnen, Stilleben, Werkstattkursen, Vorlesungen. Ziemlich verschult; aber das war O.k. Es sollte zwar Kunst sein, aber trotzdem auch »nützlich«. Was Handfestes. Ich wollte damit schließlich mal Geld verdienen, um meinen Eltern nicht weiter auf der Tasche zu liegen. Und ich wollte meinem Vater beweisen, daß man auch ohne Medizin – oder Jurastudium und ohne Banklehre gut über die Runden kommt. Graphik-Design war das Zauberwort. Hätte mir damals jemand gesagt: »Du bekommst später mal einen Job als Graphiker beim WDR«, dem wäre ich vor Begeisterung um den Hals gefallen.

Aber auch das änderte sich alles nach dem ersten Semester. Schmal und ich fühlten uns nämlich von diesem Zeitpunkt an als »richtige« Künstler. Und dann mußten wir uns plötzlich entscheiden, denn wir mußten wählen: Entweder verschulte und angewandte Studiengänge wie Bühnenbild, Graphik- oder Foto-Design oder freie Malerei und Graphik. Entweder Anpassung und sicherer Job oder künstlerische Entfaltung und das Risiko des freien Künstlers. So sah das damals für uns aus. Uns interessierten die berufsvorbereitenden Klassen nicht die Bohne. Also freie Malerei. Wir landeten in der Klasse von Prof. Dieter Kraemer. VW-Käfer waren sein Thema. Er hatte es anscheinend auf die Karren abgesehen. Er soll mal Ende der sechziger Jahre bei einem Unfall mit einem Käfer schwer verletzt worden sein. Jedenfalls malte der nur noch VWs. Jahrelang dieselbe Karre. Bildfüllend, realistisch. Der einzige Professor an der Schule, der realistisch malte. Der Stil der beginnenden siebziger Jahre. Das fanden wir Spitze. In anderen Klassen, beim Marx beispielsweise, saßen lauter kleine Francis Bacons, und beim Dank die »klassische-Maltechnik«-Fetischisten. Langweilig, dachten wir. Schnee von gestern. Wir fingen jetzt aber auch nicht sofort an, den Kraemer nachzumachen. Wir fanden ihn zwar O.k., aber Autorität und Übervater, das war ja nun gar nicht angesagt. Und das war damals eigentlich auch das Beste an ihm. Er war ein absolut toleranter Mensch. Er setzte niemanden unter Druck. Wir konnten rumprobieren, er ließ uns Zeit. Hauptsache, wir arbeiteten. Meine ersten Bilder dann: surrealistisch. »Dali goes Polit.« Meistens waren es irgendwelche sattgrünen Ebenen und darüber dunkle Wolkenhimmel, die bedrohlich nach Gewitter aussahen. Am Himmel gab es weder Mond, Sonne noch Sterne. Dafür dümpelte dort die Erde. In der Ebene wuchsen eigenartige Pflanzen. Kreuzungen zwischen dorischen Säulen und Palmen mit enormen Wucherungen an der Spitze, und die warfen dann mörderische Schlagschatten. Diese Wucherungen sollten wohl das Böse schlechthin symbolisieren. Ansonsten gabs da noch weitere unübersehbare symbolische Zaunpfähle. Irgendwelche Trümmer wie etwa eine Severinstorruine oder die Büste eines ausgehungerten Negerkindes. Die Säulen-Wucherungen drangen von hinten durch den Kopf und kamen zu den Augen, Ohren und Nase wieder heraus. Mich schüttelt es heute noch, wenn ich an diese »großartigen« Kunstwerke denke. Irgendwann habe ich sie leider alle vernichtet. Aber damals hielt ich sie für große Kunst. Das war ja auch voll angesagt: Dieser ganze Surreale-, Psychodelic-, Floureszier-Popfarben-, Meditation-, Indien-, Märchen-, Träum-Träum-Kram. Haschisch und LSD. Ich hab da zwar drogenmäßig nicht mehr mitgemacht, denn mit Rheinbach war auch meine Kifferzeit zu Ende, aber irgendwie war dieses Feeling immer noch in der Luft. Zeitgeist, würde man heute sagen. Außerdem war das ein Stil, in den man alles reinpakken konnte. Die wüstesten Ideen, die einem im Kopf rumspukten, verbunden mit den ersten Fachkenntnissen aus der Kunstschule. Denn man wollte eigene Bilder malen und gleichzeitig beweisen, daß man auch was gelernt hatte. Und das alles auf einer Leinwand. Das mußte natürlich ein totaler Wust werden. Das Kunststudium, die Malerei, hatte mich jetzt voll gepackt. Musik war Nebensache. Ich machte mit Goin' Sad noch ein paar Gigs, aber der Laden löste sich langsam auf, das spürte man. Die anderen studierten auch oder machten Zivildienst und mir ging die Fahrerei nach Rheinbach inzwischen ziemlich auf die Nerven. Das absolute Aus für Goin' Sad war dann aber doch kurios. Wir probten im Keller der Fischer-Familie. Und Vater Fischer war Funktionär in einem Vertriebenenverband. Eines Samstags jammten wir da unten herum, der Alte saß in seinem Wohnzimmer, und zunächst ertrug er den Lärm wie immer. Wir spielten eines von meinen selbstgeschriebenen Stücken. Die hatten inzwischen deutsche Texte. Polit-Rock mit Revolutionsromantik. Harter »Agit-Pop«. Starker Tobak für den alten Fischer. Der saß im Sessel, und plötzlich dröhnte,

»... nur ab und zu, wie progressiv!
fordert er höhere Lohne
und schimpft anschließend
über das Gefasel seiner roten Söhne,
und dabei merkt er nicht,
daß man ihn nur mundtot macht,
weil – wie man weiß – ein sattes Tier
niemals Revolutionen macht ...«
durch seinen flauschigen Teppichboden im Wohnzimmer.
Und da stand er auch schon mit hochrotem Kopf, geifernd
und brüllend im Proberaum. Zunächst sah ich nur seine
Mundbewegungen. Es dauert ja immer ein bißchen, bis auch
der letzte in einer Band aufhört zu spielen. Vor allem wenn die
Alten auf dem Parkett erscheinen. »Was fällt dem ein, so was
zu singen?« schrie er seine Söhne an. »Der soll doch nach drüben gehen. Da gibts noch mehr von dieser Sorte.« Ich bekam
jedenfalls Hausverbot, und damit war Goin' Sad gestorben.
Aber es war mir auch egal. Ich wollte eigentlich sowieso nur
noch malen und verkaufte mein ganzes Equipment. Leider
auch meine erste heißgeliebte Telecaster. Ich könnte mich
heute dafür noch in den Arsch beißen. Für das Teil hatte ich
68 die ganzen Sommerferien durchgejobt und sämtliche Er-
sparnisse zusammengekratzt. 1 200.– Mark kostete dieses
Traumgerät damals schon. Was würde ich dafür geben, diese
Gitarre wiederzukriegen. Leider weiß keiner, wo die gelandet
ist.

An der Kunstschule hatte ich mittlerweile auch schon meinen
festen Clan. Eine Clique von eingeschworenen Jungkünstlern.
Schmal, Christian Maiwurm, Theo Lambertin und Rainer
Gross, genannt »Mötz«. Schmal kannte ihn schon lange, denn
Mötz hatte auch mal Musik gemacht. Er hatte vor Jahren mal
bei den Kölner »Poor Boys« getrommelt, allerdings mit recht
eigenwilligem Taktgefühl. Weil er öfters schon mal den Einsatz
verschlafen hatte, wurde er von der Band »Schloof-Mötz« ge-

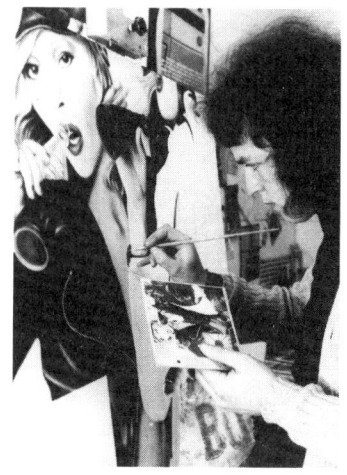

W. N. mit der ersten Telecaster   W. N. malend

Schmal, Mötz und W. N. beim Picknick

68

tauft. Der Mötz war genauso drauf wie Schmal und ich. Ein Klartext-Typ mit kölscher Schnauze. Wir drei hingen fast nur noch zusammen. Wir fühlten uns super, und wir sahen dementsprechend »super« aus. Pflicht-Outfit: Feincordjacken, aber nicht im Jeans-Schnitt, sondern Jackett. Am besten ein ganzer Feincordanzug. Meiner war bräunlich mit Tendenz ins Aubergine, Schmal trug einen dunkelgrünen. Außerdem die Totalmatten mit dicken Backenbärten. Mötz sah aus wie Rainer Langhans, Schmal glich Peter Frampton und ich Casey Jones, dem Lokomotivführer aus dem Wilden Westen. So verbrachten wir die Nächte an den diversen Kneipentresen. Mötz der Nichtraucher, Schmal und ich mit Pfeife. Logo: Pfeife mußte sein. Im »Petrus« am Zülpicher Platz, im »Bepi« in der Breitestraße, im »Exil« am Griechenmarkt, aber meistens im »Podium« an der Zülpicher Straße. Wir waren fast jede Nacht auf der Piste und dröhnten uns die Kölsch rein. Je später der Abend, desto abenteuerlicher die Geschichten. Musik, Mädels (»Ich finge schöne Frauen schöner!« – Originalton Mötz) und natürlich Kunst. Wir dachten: Davon haben wir Ahnung, und das sollte natürlich auch jeder hören. Dabei haben wir massenhaft Schwachsinn gefaselt, aber egal – wir standen ja schließlich noch am Anfang. Wir bekamen ja erst so langsam eine Ahnung, was Kunst sein könnte. Ich rannte jedenfalls immer mit einem Marcel-Duchamp-Buch durch die Gegend. Allein über ihn konnten wir uns stundenlang ereifern. Und außerdem prasselten noch jede Menge anderer Sachen auf uns ein. Da waren noch die 68er Ausläufer, die endlosen Diskussionen »Ist die Kunst jetzt tot, oder muß sie tot sein?« »Muß Kunst politisch sein?« »Darf Kunst schön sein?« »Was ist schön? Was ist Ästhetik?« Wir fragten uns oft: »Welche Funktion soll Kunst jetzt haben.« Ich erinnere mich noch an die platte Immendorffsche »Politkunst im Dienste der revolutionären Arbeiterklasse unter Führung der Marxistisch-Leninistischen KPD« aus dieser Zeit. Ich stand fassungslos vor seinen naiven »Städtebildern«. Aufrechte, Flugblätter verteilende Vietnam-Demonstranten im

Hamburger Hafen und dankbare, solidarische Arbeiter. Oder das Köln-Bild: Ein Rheindampfer vor der erleuchteten Uferpromenade. Dunkler Hintergrund mit schwarzem Dom. Und dazu der Druckbuchstabentext: »Köln im Zeichen der Aktivitäten des nationalen Vietnam-Komitees ... bla, bla«, und in roter Schrift unter dem Bild: »Alles für den Sieg des kämpfenden vietnamesischen Volkes!« Die Härte. Dieses Bild war vor allem revolutionär schlecht gemalt. Nicht zum Aushalten. Eine naive, romantisierende Nachtansicht von Köln. So ein Bild wünschte sich »Lieschen Müller« über dem Kanapee. Natürlich ohne diesen Text und besser gemalt. Ich kapierte diesen Mann nicht. Meinte der das ernst, oder war das der totale Zyniker? Aber immerhin: Der malte wenigstens noch. Ansonsten machten sie ja jetzt alle in Konzeptkunst. Malen, das war hier, wenigstens zu der Zeit, absolut verpönt.

So redeten wir uns Nacht für Nacht die Köpfe heiß. Wir fanden ja viele dieser neuen Sachen gut. Christo oder Kienholz beeindruckten uns schwer, Beuys verstanden wir noch nicht. Aber für uns als Studenten war dieser Objektkram nicht zu gebrauchen. Ich wollte Bilder malen, und ich war der Meinung: Ich muß auch noch viel mehr übers Malen lernen. Und dann war das letztendlich auch eine Geldsache: Es war einfach nicht drin, so »mal eben« eine kleine Materialschlacht für eine Installation oder eine Performance zu veranstalten. Ich hatte beispielsweise damals so eine Art Maleinheit: eine mittelgroße Leinwand pro Monat plus Farben. Das konnte ich mir leisten. Und daran werkelte ich tatsächlich einen Monat herum und hatte dann auch was zum Vorzeigen, wenn der Kraemer zum monatlichen Kolloquium zu uns ins Atelier kam.

Tagsüber arbeiteten wir hart und zäh an der Staffelei. Zehn Stunden am Tag. Von morgens um zehn bis abends um zehn. In den Pausen zischten wir in die Mensa oder zum »Prima Grill-Center« auf der Bonner Straße. Currywurst mit Pommes. Unser Fraß war abenteuerlich: Junk-Food, Fischkonserven. Kaffee. Bier. Wenn wir mal selbst kochten, dann die Junggesellen-

Schmal, W. N. und Joe Cocker beim Mötz in New York, 17 Jahre später

Standardküche rauf und runter. Rührei mit …! Und dann natürlich meinem legendären Linseneintopf. Damals erfunden, ist er noch heute ein Hit auf den Tischen meiner Freunde. Ich war damit in New York erfolgreich, und mittlerweile verlangen sogar schon meine Kinder dieses Gericht: Eine Flasche Gemüsesaft, aber nur den aus dem Reformhaus, 1 Dose Linsen mit Suppengrün (Keine Linsensuppe!) und pro Person eine Mettwurst in Stücke geschnitten und pikant mit Essig, Curry, Oregano und Pfeffer aus der Mühle, in der Pfanne angebraten und rein in die Suppe. Fertig!

Schmal und ich hatten uns in der Kunstschule ein eigenes Atelier unterm Dach ergattert. Mötz hing auch meistens bei uns herum. Er hatte ein Semester nach uns angefangen und noch keinen festen Arbeitsplatz in einer Klasse gefunden. Außerdem wußte er auch noch nicht so recht, was er denn nun eigentlich wollte. Kunst und Leben schienen zu der Zeit an ihm vorbeizulaufen. Wir diskutierten gerade die abendliche Kneipenroute, da tauchte völlig überraschend der Kraemer auf. Er war auf der Suche nach einem Assistenten für einen amerikanischen Maler: »Kanovitz heißt der, Howard Kanovitz. In Amerika ist der eine ziemlich große Nummer. Der hat hier in Köln demnächst eine Ausstellung in der Galerie Thelen und bezieht ein Atelier in der Roonstraße. Der braucht für die nächsten Monate einen Assistenten. Einer, der ihm die Leinwände aufspannt, Malzeug einkauft, ihm die gängigen Läden zeigt, etc. Der läßt auch was springen. Hat jemand Lust, den Job zu machen?« Schmal und ich winkten ab. Kanovitz: Den Namen hatten wir noch nie gehört, und außerdem waren wir ja schließlich selbst Künstler. Wir hatten keine Lust, für so einen Ami-Freak den Leo zu machen. Mötz überlegte einen Moment und sagte dann ziemlich gelangweilt: »O.k., Meister. Ich maach dat!« Eine Schicksalsentscheidung für den Mötz. Er ist noch immer in New York. Schmal und ich latschten damals mindestens einmal die Woche durch irgendwelche Ausstellungen: Auf der Schule hatten wir kaum Kunstgeschichtsvorlesungen, aber die Sache interessierte uns. Mit der Zeit verstanden wir immer mehr. Querbeet grasten wir Museen und Galerien ab. Und plötzlich entdeckten wir in der Sammlung Ludwig ein Bild von Howard Kanovitz. »The Opening« hieß es. Ein großes Format. Es zeigte Leute auf einer Ausstellungseröffnung. Fotorealistisch gemalt. Und das hing in einem Kölner Museum. Wir waren beeindruckt. Dieser »Nobody« war also ein ganz Großer. Wer beim Ludwig hing, der hatte es geschafft. Und wir hatten die Chance, so jemanden kennenzulernen.

Howard Kanovitz selbst, das war für uns die Entdeckung, das Erlebnis. Er behandelte uns ganz normal, beinahe wie Kollegen. Das war kein Anschauungsunterricht: »Wie muß man Bilder malen«, oder die Stirn in Falten und Nase gerümpft: »Wir da oben und ihr da unten, wir machen Kunst, und ihr müßt lernen«, wie wir es von den meisten Profis aus der Kunstschule kannten. Nein, Kanovitz machte selbstverständlich seine Arbeit, und wir konnten uns damit auseinandersetzen. Wir gingen bei ihm ein und aus. Wir lernten ihn kennen. Wir sahen ihn essen und trinken, malen, zeichnen, diskutieren. Wir kannten seine Kunst, und wir wußten, wie er lebt. Und da entstand so etwas wie eine Einheit. Da war der Kanovitz mit seinem Kram, und wir konnten ihn einordnen im Riesendurcheinander der Museen und Galerien, Stile und Epochen, Ansprüche und Aussagen, Wirkungen und Verständnis. Das häufige Kopfschütteln. Da war plötzlich ein Faden drin. Wir ahnten, wo es langging.
Kanovitz war einer der Top-Fotorealisten in den Staaten. Anfang der siebziger Jahre war das dort der letzte Schrei; absolut Hip und avantgardistisch. In Deutschland war dieser Stil verpönt. Das war für uns schon Grund genug, jetzt auch fotorealistisch zu malen. Außerdem hatte der Kanovitz uns natürlich schwer beeindruckt. Aber es war eben auch die volle Provo-Schiene. Das mußte wenigstens mal ausprobiert werden. Schmal und ich waren die einzigen an der ganzen Kunstschule,

die dann fotorealistisch malten. Der Kraemer ließ uns machen. »Jedem seine Erfahrungen. Hauptsache, ihr arbeitet.« Aber bei den anderen Dozenten eckten wir natürlich an. Für die waren wir rote Tücher. Die Realisten, die Abstrakten, die Halbgegenständlichen. Die zuckten zusammen, wenn wir sagten: »Alles ist würdig, gemalt zu werden«, und hinter uns an der Wand ein perfekt abgekupfertes Postkartenmotiv hing. »Schaut mal, ein realistisches Bild.« Wir: »Grins, grins!« Und die hatten dann schon Schaum vor dem Mund. Je mehr wir diese Kunst-Beamten provozierten, desto mehr fühlten wir uns als wirkliche Künstler. Inhaltlich ging uns da anfangs gar nicht so viel durch den Kopf. Fotorealismus und das Privileg, Kanovitz zu kennen, das war einfach auch eine Chance, mit gutem Gewissen Bilder zu malen und trotzdem hip zu sein. Außerdem schult dieser Stil ungemein. Da mußte man wirklich perfekt sein. Und das wollte ich ja. Mit der Zeit verstanden wir die Überreaktion unserer Kritiker immer weniger. Wollten die einfach die Ironie nicht verstehen, die hinter diesen Arbeiten steckte? Realität abbilden, das ist ja ein Trugschluß. Man trifft immer nur einen Augenblick, dessen Eindrücke von jedem verschieden wahrgenommen werden. Das Bild eines Malers ist ja auch schon eine Interpretation. Und auch ein Foto ist nur eine Momentaufnahme. Nix Realität. Und wenn jetzt die Fotorealisten hingehen und das vermeintlich authentische Bild aufblasen und perfekt abmalen, dann ist das schon allein von daher nichts als Ironie. Eigentlich traurig, aber trotzdem lustig war dann später das kaufende Kunstpublikum: »Klasse, endlich mal wieder ein richtig gut gemaltes Bild. Auch handwerklich perfekt. Da sieht man doch, daß Kunst doch was mit Können zu tun hat!« Was sollte man dagegen noch sagen? Die hatten es halt auch nicht kapiert und hängten sich den Kram über ihre neue »Braun Stereo-Anlage.« Modern, Modern. Aber die zahlten wenigstens.

Von zu Hause hatte ich mich ziemlich abgenabelt. Ich jobbte bei einer Werbeagentur, die für den WDR Graphiken machte.

Das brachte ganz gut Kohle. Bei meinen Eltern im Laden durfte ich »verbilligt« einkaufen. Und ich war bei meinen Eltern ausgezogen. Mein Vater hatte in der Teutoburgerstraße noch ein Mietshaus. Da wurde eine Wohnung frei, und ich überredete meinen »Bapp«, mir und dem Schmal die Bude zu vermieten. Er machte den Deal. Es war im Winter 71, wir renovierten wie die Weltmeister. Es war eine Katastrophe. Ohne Heizung und der absolute Syph. Mit Flüchen und einer Laune zwischen Galgenhumor und dem vollen Abtörn wühlten wir uns durch zentimeterdicke Tapetenschichten und Linoleumböden. Aber es lohnte sich. Wir hatten eine Vier-Zimmer-Wohnung. Jeder eine Bude zum Wohnen, und zusammen ein für damalige Verhältnisse großzügiges Atelier. Was wollten wir mehr?

Abends war auch weiterhin der Tresen angesagt. Das Übliche: Bier, Frauen, Kunst, Musik. Und dann begann unsere Zeit als beliebte Partyband. Immer wenn wir irgendwo auf einer Fete auftauchten, standen da »rein zufällig« Gitarren und Bongos in der Gegend herum. Unsere Partysessions waren superbeliebt. Zwischen »In A Gadda Da Vida« und »Samba Pa Ti« mußte dann »Gruppe Schizzo« auftreten. Der Name hatte sich für uns ergeben. Eine Theken-Idee von Mötz. Er, eines abends im »Podium«: »Schizzo, dat ess jeil. Klingt noh Schizophrenie, un schizzo simmer 100 pro!« Das war »Gruppe Schizzo«. Akzeptiert, obwohl keiner so genau wußte, warum. Denn tatsächlich schizophren fühlten wir uns eigentlich ganz und gar nicht.
Diese Partymusik fand just for fun statt. Das hatte nichts mit unseren alten Bands zu tun. Da wurde rumgeschrammt und getrommelt, meistens waren wir dabei auch schon ziemlich angetüdelt. Im Verlauf so einer Fête kreierte der Mötz auch das – meines Wissens – erste »Kölsch-Rock-Stück« überhaupt. Der »Fritten-Blues«, so eine Art Talking-Blues auf kölsch. Absolut gnadenlos:

»Jestern Ovend als ich heimkohm, de Fritten stunden ald om Desch. Ich saare Baby, wo ess dat Salz? Dat Salz ess fott, dat Salz ess fott!«

Und so weiter, und so weiter. Der Text war der Hammer. Im Slang besangen wir diesen Typen, der immer wieder zur Frittenbude latschte, um den nächsten Junkfood abzuholen, und zu Hause angekommen dann wieder loslallte: *»Baby, wo ess dä Paprika?«*, um die Antwort zu erhalten: *»Dä Paprika ess fott.«* So ging das mitunter stundenlang, denn jeder konnte mitmachen. Jeder konnte was dazuerfinden. Der absolute Schwachsinn, irgendwo ziemlich DADA-verdächtig. Aber es machte echt Laune. Ein weiterer Party-Hit auf kölsch war: »Fahre mer noh Brühl.« Und dann noch jede Menge alte Schlager von Manuela, Drafi, Graham Bonney und die Titelsongs der legendären Fernsehserien »Flipper« oder – »Tammy, das Mädchen vom Hausboot.« Es war ein echter Jux, keiner von uns nahm das ernst. Gelegentlich wurde man von irgendwelchen Figuren angelabert. »Du, das find ich echt gut. So auf kölsch. Macht doch da mal weiter.« »Lauter Bekloppte«, dachten wir damals.

Kanovitz hatte in Köln mittlerweile ausgestellt und zog weiter nach London. Der Mötz sollte ihn als Assistent begleiten. Das war das Traumangebot. Logo. Mötz ging mit. Was sollte er auch in Köln? An der Kunstschule hatte er ja noch gar nicht richtig angefangen, und von Kanovitz konnte er eine Menge lernen. Dachte er jedenfalls. Er malte zwar selbst kaum noch, aber der tägliche Kontakt zum großen Meister müßte ja irgendwann mal abfärben. Außerdem konnte der Kanovitz dem Mötz bestimmt so manche Klinke in die Hand drücken. Kontakte, von denen Schmal und ich nur träumten. Aber bevor der Mötz nach London abhaute, gings erst mal zusammen in die Türkei. Die Reise war schon lange geplant. Juli 1972: Start in den Wahnsinnstrip.

Unser Fahrzeug war ein uralter, klappriger, blauer VW-Bus, Typ: »Freakbrothers.« Aus Obstkisten und Matrazen hatten wir eine Liegefläche gebastelt. Hier konnten prima drei Leute knacken, während zwei vorne fuhren. Schmal, Mötz, Hille, ihr 16jähriger Bruder Hans-Peter und ich. Die erste Panne schon nach fünf Kilometern, am Kölner Verteilerkreis. 2 Liter Wasser in den Kühler, und der Bus lief wieder. Diesmal immerhin 350 Kilometer. Genau bis zur Autobahnausfahrt Geiselwind zwischen Würzburg und Nürnberg. Ein Mechaniker reparierte das Auto, und weiter gings. Der Bus hielt durch. Bis in die Türkei. Wir waren volle Pulle durchgebrezelt. Nur ein nächtlicher Auffahrunfall, vor Zagreb, hatte uns kurz aufgehalten. Die Reise wurde zum Roadmovie. Meistens fuhr Hilles kleiner Bruder. Mit 16 und ohne Führerschein, was irgendwie in der Familie zu liegen schien. Aber die »Gruppe Schizzo« war ihm dankbar. Wir lagen meistens hinten auf den Matratzen und zogen uns entspannt die Biere rein. Superlaune! Superwetter! Supersound! Und dann noch dieses Wahnsinnsland. »Der geheimnisumwitterte Orient.« Touristisch kaum erschlossen, wir erlebten täglich neue Überraschungen.

In Denizili, mitten in Anatolien, blieb der Freakbus dann endgültig stehen. Kolbenfresser. »He, Männ ... 'mer hann der Sound en der Kess!« sagte der Mötz. Die Typen von der Tankstelle winkten ab. Eine Reparatur käme teurer, wie der ganze Wagen wert wäre. Aber wir hingen an dem Bus, notgedrungen, denn wir mußten ja schließlich wieder nach Hause kommen. Also begannen die Jungs an der Tankstelle zu schrauben. Da war nichts mit Motor tauschen. Die Karre wurde regelrecht zerlegt. Dann fuhr einer der Mechaniker per Linienbus nach Izmir, um die Ersatzteile zu besorgen. Und das sogar zweimal, weil er beim ersten Mal die falschen geholt hatte. Und wir saßen die ganzen Tage in der Kneipe bei der Tankstelle und warteten. Um die Zeit zu vertreiben, schütteten wir Unmengen von Bier und Raki in uns hinein. Die Leute im Dorf und auf der Tankstelle waren sehr freundlich. In deren Augen waren wir natürlich eine mittlere Sensation. Vier Männer und eine Frau. Immer

wieder luden uns Leute zu sich nach Hause ein, wollten, daß
wir bei ihnen übernachten. Das war uns peinlich, denn wir sahen, wie ärmlich und beengt die meisten Familien lebten. Wir
dachten uns immer neue Ausreden aus. Aber einmal mußten
wir eine solche Einladung doch annehmen. Frauen und Kinder
räumten für uns ihre Betten. Wir bekamen frische Bettwäsche
und wurden fürstlich bewirtet. Es war eine Gastfreundschaft,
wie wir sie nie zuvor erlebt hatten.

Die Rechnung der Werkstatt war dann allerdings der absolute
Wucher. 2 000 Mark! Wir tobten, aber wir hatten keine Chance.
Die zogen uns sauber über den Tisch. Für die waren wir natürlich wohlhabende Deutsche. Eigentlich konnte man es ihnen
nicht mal übelnehmen.

In Tekirdag am Marmara-Meer gab es dann direkt am Hafen
eine prima Kneipe. Die schien auch der Treffpunkt der Einheimischen zu sein. Wir saßen dort täglich und tranken Tee und
Raki. Eines Abends war dort die Hölle los. Im Saal spielte tür-
kische Musik, die halbe Stadt war versammelt. Sie tanzten, pala-
verten; lachten. Es war ein richtiges Volksfest. Aber wir kapierten nicht, was die feierten. Als wir bezahlen wollten, antwortete
uns der Kellner in gebrochenem Deutsch: »Heute nix zahlen.«
Und er gestikulierte wild mit den Armen. Wir sollten in den
Saal gehen, ganz nach vorne zur Band. Neugierig waren wir ja.
Wir hatten uns vorher nur nicht getraut. Also latschten wir los.
Und dann blieb uns erst mal die Luft weg. Ich mußte sofort
wegkucken, denn ich konnte schon damals kein Blut sehen. Wir
waren auf einem Beschneidungsfest gelandet. Mahlzeit! Dabei
war das natürlich nur für uns »zivilisierte« Westeuropäer ein
Schock. Für die elf-, zwölfjährigen Jungs war die Beschneidung
ein Riesen-Freudenfest. Sie waren die Chefs. Von dem Tag an
galten sie als Männer. Die Kids waren echt gut drauf. Sie waren
festlich geschmückt, trugen rosa und blaue Gewänder mit Bro-
katschärpen und goldenen Schulterklappen. Keiner zeigte irgendwelche Schmerzen. Sie saßen da, schleckten Eis und lachten. Es sah wirklich rührend aus. Und die Band spielte abenteu-

78

erliche Musik auf türkischen Instrumenten. Teilweise waren die sogar elektrisch verstärkt, oder besser: zum Jaulen verzerrt. Jedenfalls in unseren Ohren. Wir fühlten uns fremd. Um uns herum wogte das Fest, floß der Raki, tuschelten die verschleierten türkischen Frauen über Hilles Kleidung, klatschten die Männer in die Hände und forderten uns auf mitzufeiern. Wir aßen und tranken bis zum Anschlag. Es wurde immer später, und wir natürlich immer betrunkener. Es war eine eigenartige Mischung von Fremdheit und Anziehung. Wir waren Gäste und gehörten doch nicht so recht dazu, aber man versorgte uns so gut und herzlich, daß wir es auch nicht schafften, nach einer gewissen Zeit, die die Höflichkeit vorschreibt, zu verschwinden. Außerdem wollten wir uns auch gerne bedanken. Am besten, dachten wir, mit Musik. »Schizzo« auf einem türkischen Beschneidungsfest in Anatolien. Es war ziemlich kurios.

Die Türken warteten gespannt auf unseren Auftritt. Sie hatten ja keine Ahnung, was kommen würde. Ich erinnere mich noch an Rock n' Roll Nummern wie: »Johnny Be Good« »Wild Thing«, unser späteres »WAHNSINN«, und »For Your Love« von den Yardbirds. Wir blickten in erstaunte Gesichter. So was hatten die wohl noch nie gehört. Ein paar von ihnen vielleicht mal im Radio. Aber live! Trotzdem, es schien ihnen zu gefallen. Der Raki floß weiter, und irgendwann fühlten wir uns trotz aller Fremdheit sehr wohl. Es war so eine Art weltumspannendes Glücksgefühl entstanden. Die Verbindung der beiden so verschiedenen Kulturen. Der Song »Neppes, Ihrefeld und Kreuzberg« auf der ersten LP handelt von dieser Geschichte. Das Ende des Festes liegt im Dunkeln. Filmriß.

Auf unseren endlosen Autofahrten begeisterten uns immer wieder die riesengroßen, handgemalten Reklametafeln an den Landstraßen. Enorme Traktorenreifen, überdimensionale Zigarettenschachteln gigantische Kaffeedosen. Das erinnerte uns stark an den amerikanischen Maler James Rosenquist. Wir hatten in der Kölner Kunsthalle kurz zuvor eine Ausstellung von ihm gesehen und waren ganz hingerissen von seinen Bildern.

Rosenquist war ursprünglich am Broadway Großplakatmaler gewesen. Irgendwann hatte er dann angefangen, nur noch Ausschnitte seiner Großplakate zu malen und diese neu zusammengesetzt, collagiert. Aus Werbung wurde Kunst. Für mich war er der große Maler der Pop-Art. Aber die Grundlage seiner Arbeit, die gemalten Großplakate, gabs ja in Deutschland schon seit den fünfziger Jahren nicht mehr. Und hier standen sie noch überall in der Gegend herum. Fünfzehn Jahre später hatte ich in China ein ähnliches Aha-Erlebnis. Hier wird auch heute noch alles von Hand gemalt. Diese Technik hat den dramatischen wirtschaftlichen Umbau des Landes überdauert. Statt revolutionärer Mao-, Marx- und Engels-Portraits jetzt allerdings blitzende, verchromte japanische Autos, zischende Cola-Flaschen und edle High-Tech-Geräte. Dieser Türkeitrip war für uns alle eine abenteuerliche Reise zwischen Karl Mays »Durchs wilde Kurdistan« und James Rosenquists »Horse Blinders«.

Wieder in Köln zurück, packte Mötz seinen Kram und zog mit Kanovitz nach London. Und schon zwei Monate später nach New York. Schmal und ich saßen in Köln. Das Übliche. Malen und Kneipenstehen. Irgendwie bewunderten wir den Mötz und seine Courage. So einfach in die USA überzusiedeln. Dazu brauchte man schon eine Menge Power. Und wir vermißten ihn natürlich in unserer eingeschworenen Runde. Eines Abends klingelte das Telefon. »Jungs, ene Kumpel vum Howard, och ene Möler, söök och ene Assistent. Wenn einer vün üch dä Job hann will, kann'e morje en New York ahnfange.« Larry Rivers hieß der Kumpel. Einer der richtig großen Malerfürsten in den Staaten. Mötz machte anscheinend gute Arbeit bei Kanovitz, und das hatte sich in der Szene in New York herumgesprochen. Rivers suchte gerade dringend einen Assistenten. Aber die amerikanischen Kunststudenten, die sich bei den arrivierten New Yorker Malern gegen Freie Kost und Logis und ein paar Dollars Taschengeld durchschlugen, waren meistens recht unzuverlässig. Rivers wollte deshalb auch so einen »eifrigen, fleißigen, deutschen« Assi haben. Und Mötz hatte die Chance für uns erkannt.

Das Angebot klang verlockend. New York, das war ja nun wirklich die große Welt. Aber ich packte es nicht. Ganz weg aus Köln. Das konnte ich mir nicht vorstellen. Schmal überlegte nicht lange, packte seine Koffer und nahm den nächsten Billigflug nach N.Y. So saß ich jetzt also alleine in Köln. Es war etwas eigenartig. Meine besten Kumpels, mein Clan war weg. Ich fühlte mich einsam. Tagsüber pinselte ich lustlos herum, und abends hing ich im »Podium« am Tresen und drückte in der Music-Box »Sebastian« von Cockney Rebel. Der Schmal und der Mötz: Die standen jetzt mit ihren Meistern im Loft eines alten Lagerhauses oder einer Fabrik und machten große Kunst. Oder sahen zumindest zu, wie sie gemacht wurde. Sie waren im Traumland der modernen Kunst. Und ich mußte mich hier mit den Kunst-Ignoranten herumschlagen. Und wenn ich mich nachts nach Hause schlich, dann zogen die gerade los. Zum Mafia-Italiener in Little Italy. Karrierte Tischdecken, Pasta, Rotwein. Und wenn ich morgens aus den Federn kroch, dann hingen die bestimmt noch auf einer phänomenalen Künstler-Musiker-Schreiberling-Szene-Fete oder amüsierten sich mit den Bräuten in irgendwelchen Bars und Musikschuppen. So stellte ich mir das jedenfalls vor. Manchmal war ich ganz schön traurig, und Steve Harley and the Cockney Rebel sangen:

> »Radiate simply, the candle is burning so low for me ...
> come to a strange place, where we talk,
> of old times, we never spied ...«

und dann der satteste Schlagzeugeinsatz aller Zeiten und zum ersten Mal seit »Itchycoo-Park« von den Small Faces wieder Keyboards mit Jet-Effekt und Steve Harleys gänsehauterzeugende Stimme:

»*SOMEBODY CALLED ME SEBASTIAN.*« ... Wahnsinn! Diese Nummer zog ich mir bis zum Exzeß rein, wenn ich den Sentimentalen hatte. Ich hinterließ ein kleines Vermögen in der

Music-Box. Aber Mötz und Schmal wirbelten unterdessen schon. Sie wollten mich in New York haben. Nach kurzer Zeit hatten sie sogar zwei Angebote für mich aufgetan. Bei Lowell Nesbit und Malcolm Morley. Nesbit kam nicht in Frage. Dessen Bilder fand ich beschissen. Er malte Blumen, meistens Lilien, von oben fotografiert. Aber so wie er sie malte, waren das gespreizte, feuchtschimmernde Mösen. Nichts dagegen, aber die Bilder waren technisch sturzschlecht und wegen der ständigen Wiederholung auch noch stinklangweilig. Malcolm Morley, das war schon eher o.k. Seine Bilder gefallen mir übrigens noch immer. Ich wußte nicht, was ich tun sollte. Am besten antesten, dachte ich mir dann. Ein paar Wochen ausprobieren.

Schon die Ankunft in New York war ein Ereignis, denn am Zoll mußte ich ein Einreiseformular ausfüllen, eine New Yorker Adresse angeben, und ich hatte nur die Adresse von Larry Rivers. Also schrieb ich: »C/O Larry Rivers, 404 East Fourteenth Street.« Der Zöllner sah mich völlig perplex an. »You mean *that* Larry Rivers?!« Logo, wen denn sonst. Der Zöllner packte es echt nicht. Larry Rivers war eine bekannte Figur in der Stadt. Das war, als ob in Köln am Hauptbahnhof jemand zum Taxifahrer gesagt hätte: »Fahren sie mich mal zum Heinrich Böll. Bei dem wohne ich.« »*Der* Heinrich Böll?!« Larry Rivers war also tatsächlich ein Star. Ich war gespannt.

Alles war so, wie man es sich vorstellte, wie man es sich heute noch vorstellt, wenn es heißt: »Maler in New York.« Obwohl heute keiner mehr die Mieten bezahlen kann. Außer er heißt Julian Schnabel oder ist ein ähnliches Kaliber.

Rivers, Kanovitz und die anderen, sie wohnten alle im East-Village. Damals konnte man sich dort noch recht billig geräumige Fabriketagen mieten. Larrys Loft war einen Block, also etwa 130 m lang und 15 m breit. Ein paar Trennwände markierten Küche, Bad, Wohnraum, Schlafzimmer. Hier lebte und hier arbeitete er. Das war seine Welt, sein Spielzimmer. Er verließ das Loft nur im äußersten Notfall. Larry war der Vollkünstler schlechthin. Anfangs habe ich wirklich gestaunt. Man hat ja so

Klischees im Kopf vom Künstler, der nur für die Kunst lebt, leicht abwesend, leicht abgedreht. Oder die Legenden der großen alten Meister. An der Kunstschule hatte ich eigentlich fast nur Kunstbeamte kennengelernt. »From Nine to Five; Achtstundentag.« Larry aber arbeitete bis zum Umfallen. Dann nahm er irgendwelche Tabletten, und weiter gings. Wenn er schlafen wollte, nahm er andere Tabletten. Und manchmal fanden wir ihn, eingepennt vor einem seiner Bilder. Larrys Welt war seine Kunst. Wenn er dann doch irgendwann mal raus auf die Straße mußte, dann wurde das für ihn regelrecht zum Abenteuer. Dann war er zunächst schon mal ratlos, was er anziehen sollte. Er hatte panische Angst davor, aufzufallen. Sein Problem, auch wenn er es nicht gerne zugab, war: »Wie komm' ich bis zum St. Marks Place oder in die Neunte Straße, ohne daß mir die Kinder hinterherlaufen?« Das war keine Koketterie. Das war ernsthaft. Denn es war für ihn wirklich schwer. Er, der überall beliebte Bohemien, hatte ja eigentlich gar keine Ahnung vom durchschnittlichen New Yorker Every-Day-Life. Er wußte beispielsweise wirklich nicht, was er anziehen mußte, um nicht aufzufallen. Eine lila-gelb gestreifte Jacke mit roter Hose, das fand er ganz normal. Und dann hatte er außerdem noch ein Problem mit seinen Zehen. Er konnte es nämlich nicht vertragen, mit ihnen von innen ans Leder zu stoßen. Für Schmal, Mötz und mich war es also nichts Außergewöhnliches, daß Larry seine neuen Schuhe immer erst mal vorne absägte. Dann wurden Holzstücke druntergenagelt, und so schlappte er dann durchs Atelier. Aber so konnte er natürlich nicht auf die Straße. Wir spielten dann Outfit-Berater und sprühten ihm erst mal die Schuhe schwarz. Dazu schwarze Socken, und schon fielen seine Spezialtreter kaum noch auf. Larry war aber trotz oder gerade wegen seiner exzentrischen Lebensweise absolut locker und total gutmütig. Und er hatte wirklich keinerlei Starallüren. Es war zum Beispiel selbstverständlich für ihn, daß ich als Schmals Freund auch mit in seinem Loft wohnte und den Kühlschrank leerte. Ich hatte nämlich kaum Geld. Ich lebte damals von

1000.– Mark im Monat. Das war meine Einheit. Aber diese
1000.– DM waren in New York gerade noch ein Drittel wert.
Larry kriegte das mit und gab mir kleine Jobs. Aufzugstür streichen, Schlafzimmer renovieren, im Haushalt was erledigen, und
dafür bezahlte er mich so, daß ich zurechtkam.
Im East Village war Larry einer der Einheimischen. Jeder
kannte ihn. Wenn Schmal einkaufen ging, wurde er oft ange-
sprochen: »How's Larry?«, und in den Geschäften wurde nie
bar bezahlt. »Put it on Larry's Account.« Jeder vertraute ihm.
Larry gehörte zum East Village wie der italienische Pizzabäk-
ker, der koschere Metzger, der Asiate aus dem Drugstore. Nur
Larry war eben Maler und nicht Bäcker oder Metzger oder
Kneipier.
New York war wirklich der Wahnsinnstrip. So bunt, so leben-
dig. Allein diese vielen verschiedenen Menschen. Schwarze,
Chinesen, Inder, Ukrainer, Hispanos. Und trotz dieser ganzen
Unterschiede schien es zu funktionieren. Jedenfalls im East-
Village, Greenwich Village und Soho. Bis heute kenne ich
eigentlich nur diesen Teil von New York. Und obwohl New
York ja ein Wahnsinns-Moloch mit 13 Millionen Menschen ist,
hatte ich im East-Village immer so eine Art »Südstadtgefühl«.
Dieses Vertraute unter den Leuten im Viertel. Alle schienen
sich zu kennen. Und die Türsteher der Clubs grüßten einen
schon, wenn man zum dritten Mal aufkreuzte. Natürlich zog
ich mir auch das ganze Uptown-Museums-Set rein. Guggen-
heim, Modern Art, National Gallery. Und in Soho eröffneten
die ersten neuen Galerien. Mittlerweile alles etablierte Schuppen und viel Touristennepp. Aber die meiste Zeit hing ich mit
Schmal und Mötz und ihren Gurus in deren Ateliers. Und
abends machten wir zu dritt das »Kölner-Programm«: Abhän-
gen in der Kneipe. »Max's Cansas City« war ein guter Musikschuppen mit Live-Acts. Einmal spielte da eine Band, die sahen
aus wie eine Jugendausgabe der »Who«. Also eher Pilzkopfbe-
satz denn Matte. Und diese Crew war der letzte Schrei. Wir
konnten das nicht begreifen. Für uns war das alles noch nicht so

weit weg, daß wir so eine Art »Who-Revival« schon wieder hätten hip finden können. »But that's N.Y.« In dem Laden kellnerte auch eine hübsche blonde Lady. Deborah Harry, die spätere »Blondie«.

Trotz allem törnte mich New York nicht so an, daß ich unbedingt bleiben wollte. Schmal und Mötz, das alte Feeling. Aber deren Arbeit als Assistenten überzeugte mich überhaupt nicht. Die ackerten sich für ihre Chefs ab. Die bespannten und grundierten Leinwände, besorgten das Material, machten die Vorzeichnungen mit Projektoren, manchmal sogar die ganzen Bilder, nach genauen Instruktionen der Gurus. Aber sie kamen kaum noch bzw. gar nicht mehr dazu, was Eigenes zu machen. Schmal hatte ganz aufgehört zu malen, und Mötz wurde immer mehr zu einem Mini-Kanovitz. Das war mir ein Greuel. Ich wollte weiter meinen eigenen Kram machen. Selbst bei den Ignoranten in Köln. Denen würde ich es schon zeigen. Für mich war das nichts. Außerdem sorgte ich mich mal wieder um die Hille. Ich war zwar immer noch ihr Haupttyp, aber sie hatte auch immer noch die diversen Techtelmechtel mit anderen Jungs. Monogamie und Eifersucht waren ja nicht angesagt. Trotzdem mußte ich mich mal wieder blicken lassen. Denn für Hille galt: »Aus den Augen, aus dem Sinn« und »Eifersucht ist emotionaler Geiz.« Jedenfalls was ihre Freiheiten betraf.
Die frühen siebziger Jahre. »68« war endgültig vorbei, die radikalen Linken wieder verschwunden in ihren Hochschulen, sektiererischen K-Gruppen, oder sie privatisierten. Auf der Suche nach sich selbst in Workshops, Landkommunen und Wohngemeinschaften. Aber es hatte sich auch was bewegt. Die SPD regierte. Willy Brandt, die Symbolfigur. Später Helmut Schmidt, der die Schrauben wieder anzog, nach rechts drehte. Entspannung, Ostverträge, Reformpolitik. Bildung für alle. Paragraph 218. Ein Land in Aufbruchstimmung nach jahrelangem CDU-Mief. Willy Brandt auf den Knien in Polen. Aussöhnung mit dem Osten. Das zog alles mehr oder weniger an mir vorbei.

Es berührte mich nicht sonderlich. Ich fand die Ostpolitik zwar in Ordnung, aber die Euphorie darüber ziemlich kleinkariert. Ich war nicht unpolitisch geworden, »Monsieur macht jetzt in Kunst« oder so. Nein: Im Gegenteil, ich war einfach radikaler. Diese SPD-Reformpoltik war doch nichts als eine bürgerliche Verflachung von wirklich guten Ideen. Die saugten alles in sich hinein, machten einen Mords-Wind, aber wirklich verändern? Niente! Von der SPD kam der »Radikalenerlaß gegen vermeintliche Staatsfeinde im öffentlichen Dienst«. DKP-Lehrer: Raus aus den Schulen. DKP-Eisenbahner: Weg von den Lokomotiven und Signalen. Sonst fahren die unsere Züge womöglich noch in den Osten. Wie lächerlich und wie grausam, dieser Erlaß! Außerdem kochten die mit großem Pomp ihre Ostpolitik- und Reformsuppe, und um uns herum explodierte die Welt. Der Vietnamkrieg eskalierte. Die Amis bombten die anrückenden Nordvietnamesen und Vietcong wieder in den Busch zurück. In Chile wurde das vielversprechende linke Experiment von Salvador Allende mit brutaler Gewalt und Hilfe des CIA geradezu im Blut ertränkt. Wer erinnert sich nicht an die Bilder der Gefangenen im Fußballstadion von Santiago. An die zerschmetterten Arme des Volkssängers Victor Jara. Diese internationalen Sauereien, diese globale Politik interessierten mich schon immer viel mehr. Auf irgendwelchen Umwegen steckt doch da auch immer die Bundesrepublik mit drin. Und verglichen mit dem, was auch derzeit in der Welt so abgeht inklusive der Umweltzerstörung, da ist doch diese ganze deutsch-deutsche Verbrüderungsbesoffenheit nicht mehr als ein schlechter Witz. Es ist natürlich großartig, daß die in der DDR nicht mehr unter einem stalinistischen Regime leiden müssen. Daß die endlich die Klappe ohne Angst aufreißen können. Und daß sie sich auch mal was kaufen können. Geackert haben die genug. Aber was ist das im Vergleich zu einem Afrika, das mehr und mehr durch unsere Schuld verhungert? Einem Südafrika, in dem noch immer die weißen Herren die Schwarzen knechten, auch wenn sie Mandela frei gelassen haben? China, UdSSR, die Mullahs im Iran?

Statt zur Kundgebung mit Willy Brandt ging ich dann schon eher zur Großdemo gegen den Vietnamkrieg nach Bonn. Vietcong-Fahnen und Ho Chi Minh-Parolen vor den malerischen Fassaden der Bürgerhäuser. Wir fühlten uns stark, aber es war vor allem auch ein hochgradig romantisches Gefühl. »Wacht auf, Verdammte dieser Erde«, und »Ho, Ho, Ho Chi Minh!« Wir schwenkten die Fahnen und reckten die Faust. Und dann auch noch Rudi. Rudi Dutschke. Das war unser Idol. Da stand er in einem bunten selbstgestrickten Wollpullover und schwarzer Lederjacke und sprach zu uns. Ich hörte gar nicht recht zu, was er sagte. Ich dachte nur fortwährend. »Er spricht zu uns!« Rudi Dutschke vor dem Bonner Rathaus, und ich war dabei. Plötzlich versuchten ein paar radikale Demonstranten die Rathaustreppe zu stürmen. Das gab natürlich Ärger mit der Polizei. Ich war total sauer auf die Typen. Ich wollte gegen den Vietnamkrieg demonstrieren und keine Randale.

Die siebziger Jahre. Die Zeit der RAF oder der Baader-Meinhof-Bande, wie man sie damals nannte. Das ließ natürlich niemanden kalt. Und für mich war das ein harter Clinch. Anfangs überwogen bestimmt die Sympathien. Ulrike Meinhof, diese scharfzüngige Kolumnistin bei »Konkret«. Die schrieb doch Sachen mit Hand und Fuß. Die hatte doch auch diesen Internationalismus drauf. Die zeigten doch mit Recht, daß wir »kapitalistischen Westler« überall unsere Finger mit drin hatten. Von Vietnam bis zum Iran. Und ich grübelte viel. Warum ging diese intelligente Frau in den Untergrund? Was hatte sie getrieben? War es das Gefühl der Machtlosigkeit gegen eine übermächtige Staatsgewalt? Mit Kolumnen, Flugblättern, Vietnamgruppen und Demos war eben nichts zu reißen, und man lief trotzdem Gefahr, als Radikaler eingestuft zu werden. Ich hatte Verständnis für die Verzweiflung, die aus so einem Frust erwächst.

Aber dann kamen die ersten brutalen Bombenattentate, später die Entführungen und Morde. Ich war geschockt. Diese Gewalt konnte ich nicht mehr verstehen, sie erschien mir absurd. Aber ich war auch geschockt über die einsetzende Volkshetze gegen die RAF. Die Boulevardpresse schrie: »Blut um jeden Preis«. Das Volk leckte daran. Und Heinrich Böll schrieb: »Die verlorene Ehre der Katharina Blum.« Ein Super-Buch. Das brachte die Stimmung genau auf den Punkt. Ein so wahres Buch. Es half mir, selbst wieder Position zu beziehen.

Helmut Schmidt wurde 1974 Kanzler, durch die Republik ging ein Rechtsruck, und ich driftete nach links. Das hatte nichts mit der RAF zu tun, aber ich verachtete diese Kumpanei zwischen SPD und CDU. Das war doch alles derselbe Quatsch. Gesetze wurden verschärft, Polizei und BGS aufgerüstet, der Verfassungsschutz schnüffelte sogar in Hochschulen und in der »Szene« herum. Alle sprachen sie vom »Trockenlegen des Sympathisantensumpfes«. Schon bald war von der Brandtschen Aufbruchstimmung und Reformpolitik nichts mehr zu spüren. Die etablierten Parteien arbeiteten Hand in Hand. Mich widerte das an. Und außerhalb gab es auch nichts, was mich interessierte. Die DKP war indiskutabel wegen des »Experiments DDR«, und die K-Gruppen? Auf die konnte ich wirklich verzichten. Bei denen mußte man an der Garderobe mit dem Mantel auch die eigene Meinung abgeben. Anschließend Schulung in Marxismus-Leninismus und um 5 Uhr morgens bei Ford die Flugblätter an die revolutionäre Arbeiterklasse verteilen und sich anhören müssen: »Geh doch nach drüben.« Ich kann es bis heute nicht ausstehen, mich irgendeinem Dogma, einer Doktrin, einer Ideologie oder einem Apparat unterordnen zu müssen. Ich stürzte mich also weiter auf die Kunst. Meine Bilder wurden politischer, allerdings leider auch vordergründiger, platter.

Ich malte weiter fotorealistisch. Ich hatte es auf Werbung abgesehen. Ich kombinierte immer schwarz-weiße und farbige Motive auf einem Bild und schrieb darüber mit Schablonenschrift Facts aus der Arbeitswelt. Zum Beispiel irgendwelche absoluten Traumfrauen aus Modezeitschriften, makellose Schicksen und daneben eine knackig-fruchtige »Mon-Cherie-Kirsche« oder irgendwelches Obstzeug. Das ließ sich so wunderbar glatt malen und sah so verführerisch, anmachend aus und sollte nahtlos in die Mädels übergehen. Die schonen Damen, ebenso konsumierbar wie dieses Freßzeug. Der Mensch als Ware. Darüber setzte ich dann spielverderberisch Texte wie: »Die durchschnittliche weibliche Arbeiterin in der BRD arbeitet im Monat soundso viel Stunden und verdient so viel Geld.« Alles eben heavy sozialkritisch. Eine Verbindung von amerikanischem Realismus und Pop-Art mit wohl typisch deutschem linkem Denken. Dabei hatte ich keineswegs die Illusion, mit meinen Bildern groß was in Bewegung zu setzen. Photo-Realismus war mittlerweile auch hier ziemlich in Mode gekommen, aber natürlich ohne solche Texte. Ich wollte die schönen Bilder kaputtmachen. Ich wollte rumnerven. Niemand sollte sich daran aufgeilen, sie als Pin-Up's für Schlaue in die Eigentumswohnung hängen können. Die Models waren meistens nur in leichte Seidenteile gehüllt und mit irgendwelchen Strapsfummeln ausgerüstet, schon recht erotisch. Aber diesen Spaß wollte ich den Leuten mit meinen erschütternden, moralin-sauren Sprüchen verderben. Die Bekehrung mit dem Zaunpfahl. Heute gebe ich zu, daß es beim Malen manchmal ganz schön geil war, so in das eine oder andere Detail zu gehen. Auf jeden Fall war die Arbeit an diesen akribischen Bildern eine gute Augenschule, ein gutes Fingertraining. Zwischendurch fabrizierte ich auch immer wieder mal irgendwelche Objekte. Zum Beispiel eine Plexiglaskiste (Plexiglas war sowieso tierisch angesagt) mit schwarzem, rotem und gelbem Plastikobst. (Plastik war auch sehr angesagt.) Darüber ein Cassettenrecorder, der dudelte nonstop die deutsche Nationalhymne zusammen mit einer Kinderstimme meines Neffen Harald. Der konnte gerade lesen und leierte endlos den Artikel 22 des Grundgesetzes herunter: »Die Bundesflagge ist schwarz-rot-gold.« Dazu gab es eine gerahmte Anweisung zur Benutzung: »Ins Wohnzimmer stellen und betrachten.«

Schmal war inzwischen wieder aus New York zurückgekommen. Zusammen mit ein paar Freunden, Heinz Zolper, Theo

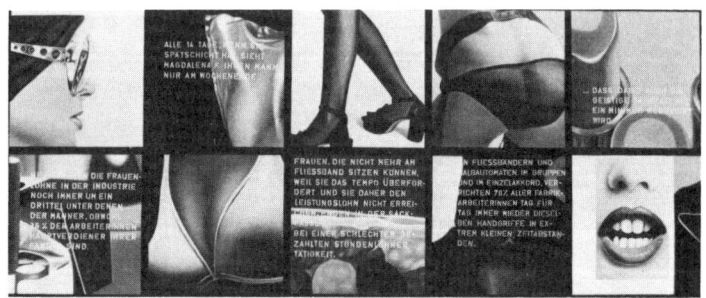

10-teiliges Bild »Notizen, Zitate, Ausschnitte II.«
1973, 100 × 250 cm, Öl auf Leinwand

Lambertin, Christian Maiwurm und anderen Kollegen aus der
Kunstschule, bildeten wir die Produzentengemeinschaft A.R.S.
Wir waren eine reine Interessengemeinschaft, keine Künstler-
gruppe mit gemeinsamem Programm. Es gab da verschiedene
Cliquen. Schmal und ich waren die einzigen Fotorealisten in
dem Verein. Der Zusammenhang war ziemlich locker. Wir besuchten uns zwar gegenseitig und sprachen über unsere Arbeiten; aber das eigentliche Ziel der Produzentengemeinschaft
P.G.A. war es, Ausstellungsmöglichkeiten aufzureißen. Als
Gruppe versprachen wir uns bessere Chancen auf dem abge-
zockten Kunstmarkt. Ganz zufällig fanden wir dann tatsächlich
sogar eine Galerie für unsere Pläne. Auf dem Weg ins »Podium« sahen wir in der Zülpicher Straße einen neuen Laden
»Galerie Witte«. Im Schaufenster hingen recht eigenartige Sachen. Der ist noch ziemlich unbedarft, dachten wir uns. Bei
dem könnten wir es mal versuchen. Am nächsten Tag besuchten wir ihn. Wir machten ihm ein Angebot. Beteiligung an der
Miete und künstlerische Beratung durch die P.G.A. Im Klartext: »Wir stellen hier alle aus und geben dir Tips für dein weiteres Programm. Wir liefern die Kunst und löhnen einen Teil
der Miete, und du machst den Galeristen.« Der Witte ging sofort auf den Deal ein. Der Typ hatte allerdings keinen blassen
Schimmer. Wir stellten dann dort reihum aus. Sogar Mötz

schickte seine Bilder aus Amerika. Zumindest ich habe bei meiner ersten Ausstellung recht viel verkauft, allerdings zu absoluten Dumpingpreisen. Trotzdem war ich stolz wie Oskar. Ein Bild zu verkaufen, das war Anerkennung, und das weckte Hoffnungen. Als freier Künstler zu überleben, davon träumten wir alle. Wir dachten, vielleicht finden wir sogar ein paar Sammler, die auf uns abfahren. Dann wären wir fürs erste einigermaßen saniert gewesen. Aber der Laden lief nicht besonders, die Produzentengemeinschaft zerbrach. Die meisten Einzelausstellungen liefen nicht so gut wie meine oder gar nicht, aber der arme Witte mußte ja trotzdem von der Galerie leben. Um halbwegs über die Runden zu komnmen, stellte er dann scheußliche, pseudoantike Kupferstiche für die Spießerwohnzimmer neben unsere progressive Kunst ins Schaufenster, und wir waren dermaßen avantgardemäßig drauf, daß wir ihm am liebsten den Hals dafür umgedreht hätten. Aber der Junge konnte einem schon leid tun. Es war ein Dilemma.

Im Sommer 74 leiteten Schmal und ich dann so langsam unseren Abgang von der Kunstschule ein. Am Tag des berüchtigten Fußball-WM-Wasserspiels Deutschland–Polen in Frankfurt hatten wir Examen. Es war ziemlich kurios. Schmal und ich, die einzigen Fotorealisten an der Schule, wurden mal wieder verwechselt. Einer der Prüfer fragte mich: »Herr Boecker, wie lange waren sie denn als Assistent von Larry Rivers in New York?« Ich grinste nur und überließ dem Kraemer die Aufklärung. Und mit dem Schmal wollten sie sich über meine »Kreuzigungsgruppe« unterhalten. Egal. Wir schafften beide das Examen. Die Kreuzigungsgruppe »Golgotha« war meine letzte rein fotorealistische Arbeit. Es waren drei kreuzförmige Leinwände, zwei Meter hoch und eins fünfzig breit. Und auf diese Kreuze hatte ich Ausschnitte aus drei verschiedenen Süßigkeiten-Reklamen gemalt. Haargenau, fotorealistisch kopiert. Das Schokoladen-Gummibärchen-Pralinen-Kekse-Golgotha: Und diese Kreuzigungsgruppe verursachte später sogar noch richtigen Wirbel an der Kunstschule.

Ich war nach dem Examen als Meisterschüleranwärter bei Kraemer geblieben, und so um die Weihnachtszeit hatten wir eine Klassenausstellung. In demselben Raum sollte aber auch die Weihnachtsfeier der »Freunde der F.H.B.K.« stattfinden. Alles honorige Leute, die gelegentlich schon mal ein paar Mark für die Schule lockermachten. Nun hing mein Süßigkeiten-Golgotha aber genau hinter dem Rednerpult, und das war der Schulleitung zu riskant. Die Bilder wurden abgehängt. Ich fand das gelungen. Richtig toll. Endlich hatte ich mal was erreicht. Die »Kunstignoranten« reagierten. Naserümpfen allein reichte nicht mehr.

Das Examen war mir nicht besonders wichtig. Für einen freien Künstler zählt das sowieso nicht besonders viel. Aber es war ein gutes Gefühl, nach Hause zu kommen, mit einem Wisch in der Hand, der den erfolgreichen Abschluß eines Studiums bestätigte. Sogar meine Eltern waren relativ happy. Nicht der Doktor, nicht der Banker, aber immerhin: Ja, was immerhin? »Der Junge arbeitet für den WDR.« Den freien Künstler ignorierten sie lieber. Aber WDR, das klang gut. Dieser Wisch entspannte das Verhältnis zwischen mir und meinen Eltern schon enorm. Mit dem Examen durften wir dann auch an die Uni. Schmal und ich waren begeistert. Wir belegten Kunstgeschichte, Visuelle Kommunikation und Soziologie in Bonn. Aber wir drehten da nur eine äußerst kurze Runde. Das war das totale Schnarchstudium. Die fingen echt in der Steinzeit an, und um uns herum tummelten sich regelrechte Kinder, frisch vom Gymnasium. Und wir waren ja schon gestandene Künstler mit New-York- und Galerie-Erfahrung. So fühlten wir uns wenigstens. Aber das nutzte uns wenig. Unsere Kunst brachte nämlich nichts ein. Immerhin hatte ich ja wenigstens diesen WDR-Job. Aber gerade diese »WDR-Existenz« entwickelte sich nach dem Studium zum absoluten Horror. Während des Studiums war das nie ein Problem gewesen. Hauptberuf: Kunststudent. Nebenjob: Kunsthandwerker. Aber jetzt: Hauptberuf: Brotloser Künstler, angewiesen auf irgendwelche Schwachsinnsgrafiken, nur um zu überleben. Das hat mich fertiggemacht. Ich merkte, wie nach und nach meine ganzen hehren Vorstellungen von der Kunst, meine Träume und Erwartungen von neonfarbenen WDR-Emblemen und Schriftzügen für Titel und Trailer verschüttet wurden. Ich hatte Schiß vor der Aussicht, bald keine Kunst mehr zu machen, sondern als Fließband-Grafiker beim WDR am Schreibtisch zu verenden.

REAL LIFE

Zivildienst

Die Oma war glücklich, wenn ich kam. Immer Mittags, zur selben Zeit. Die unzähligen Treppen hochgestapft bis unters Dach. Ihre Wohnung war ein Verschlag, direkt unter den rohen Ziegeln. Durch die Ritzen schimmerte das Tageslicht. Im Sommer war dort eine Bullen-Hitze, so daß man kaum Luft bekam. Im Winter war es so bitterkalt, daß ich die Winterklamotten erst gar nicht auszog und fortwährend auf dem knarrenden Bretterboden umherging, während sie ihr »Essen auf Rädern«-Menü verspeiste. Aber die Oma war glücklich. Weniger über das Essen: aufgewärmtes Gemüse, Matschpüree und Gummifrikadellen oder Labskaus-Eintopf, der unserer »Wochenschau« im Internat sehr nahe kam. Sie freute sich, daß überhaupt mal jemand bei ihr auftauchte. Ich war ihr Draht zur Welt. Diese alte Frau hatte man einfach vergessen. Ich war verbittert. Ich war zornig. Ich hatte nicht gedacht, daß es solch ein Elend, solch eine Not noch gäbe. Nicht bei uns, im vielgerühmten Wohlfahrts- und Sozialstaat. Ich war plötzlich mitten im Leben. Der Zivildienst hatte mich gepackt. Mich herausgerissen aus dem »Easy-Living« eines jungen Künstlers.
Dabei hatte ich schon längst nicht mehr damit gerechnet, daß

die mich noch einziehen würden. Wie oft hatten wir uns amüsiert, wenn Mötz die Geschichten seiner diversen Zivildienstverhandlungen erzählte:

»Herr Gross, warum wollen sie den Dienst mit der Waffe verweigern. Warum wollen sie nicht zur Bundeswehr?«

»Ja, wissen Sie, ich habe gehört, daß man bei der Bundeswehr immer so klobige Stiefel und weite Hosen anziehen muß. Da steh ich nicht so drauf. Ich trage lieber Jeans und Hush Puppies.«

»Ja, Herr Gross, das ist ja sehr lustig. Aber jetzt mal im Ernst. Warum wollen Sie nun wirklich nicht zur Bundeswehr?«

»Also gut. Eigentlich ist es so: Ich schlafe morgens immer sehr lange. Wie man in Köln sagt: bis in die Puppen. Und bei der Bundeswehr muß man ja immer so früh aufstehen. Also wirklich, daß bring ich nicht.«

Logo: Der Mötz wurde zweimal abgelehnt. Aber er hatte seinen Spaß. Bei der dritten Verhandlung lies er dann nichts mehr anbrennen. Er erschien mit Anwalt. Tough und cool. Immer die korrekte Antwort. Und er wurde als Kriegsdienstverweigerer anerkannt.

Ich war sicher, die hatten mich vergessen. Wie zum Hohn hatte ich die letzten Monate sogar bei der Deutschen Friedens-Gesellschaft/Vereinigte Kriegsdienstgegner mitgemacht. Eher aus prinzipiellen und politischen Gründen. Ich dachte nicht im Traum daran, daß es mich noch treffen würde. Ich war dort Berater und ging gelegentlich mit Kriegsdienstverweigerern zur Verhandlung.

Und jetzt mußte ich selbst da hin. Kein Problem, dachte ich. Du weißt ja, wie das so abläuft. Im Prinzip mußte man sich einfach als vollkommen weltfremden Traumtänzer hinstellen. Soft und einfach gestrickt. Immer die Diskutiermasche drauf, auch in Situationen, in denen sogar der letzte Pazifist zur Faust oder zur Knarre greifen würde.

Beliebte Frage, die Tyrannenmord-Nummer: »Was, wie, wo und warum hätten Sie getan, wenn sie zur Nazizeit gelebt hätten? War damals das Attentat gegen Hitler, die Waffengewalt, nicht gerechtfertigt? Und wenn nein, warum nicht?«

Antwort: »Unvorstellbare Situation. Glücklich in freier Demokratie zu leben. Tue alles um mit friedlichen Mitteln diesen Zustand zu erhalten. Es ist gegen meine Überzeugung, Religion, Erziehung und Natur. Man muß die Menschen mit Argumenten überzeugen.«

Frage: »Sie gehen mit ihrer Freundin/Schwester im Wald spazieren. Es kommt ein Trupp feindlicher Soldaten. Sie wollen ihre Freundin/Schwester vergewaltigen. Durch Zufall kommen sie an eine Waffe. Was würden Sie tun?«

Antwort: »Im Zweifelsfalle weiß man nicht, wie man sich verhält. Deshalb tut man alles, um diese Situation nicht herbeizuführen. Also im Kriegsfall nicht im Wald spazierengehen. Vorher alles daransetzen, daß es keinen Krieg, keine feindlichen Soldaten gibt.«

Nachfrage: »Nun versetzen Sie sich doch mal in die Situation. Sie wissen doch, was dann passiert?«

Antwort: »Man muß mit ihnen reden. Man muß sie an die eigene Schwester/Freundin erinnern. Man muß ihnen die Tragweite ihres Tuns erläutern.«

Bla, bla, und so weiter. Diese Fragen waren an der Tagesordnung.

Ich zog die Christennummer ab. Mein Vater hatte mir erstaunlicherweise eine Art »Gesinnungsattest« geschrieben. »Im christlichen Sinn pazifistisch erzogen.« Katholisches Internat. Bergpredigt. Die Verhandlung lief gut, und ich war nun meiner Sache total sicher. Ziemlich flapsig antwortete ich dann ganz am Schluß auf die Inquisitionsfrage:

»Was würden Sie tun, wenn Sie nach dieser Verhandlung zu ihrem Auto kämen und Rocker wären gerade dabei es zu demolieren?«

»Dann würde ich mich freuen, denn dann hätte ich wenigstens
endlich ein Auto. Ich besitze nämlich bislang keines.«
Ich knallte durch die Verhandlung. Aber ich glaube, es war
nicht wegen dieser Antwort. Ich war einfach der Letzte vor der
Mittagspause gewesen. Ich hatte es eigentlich schon vorher gewußt, denn wir kannten diese Geschichte bei der DFG/VK.
Die hatten nämlich ihre vorgeschriebenen Durchfallquoten.
Die ersten wurden anerkannt. Dann mußten ein paar durchfal-
len. So einfach. Und genauso einfach lief dann auch meine
zweite Verhandlung: Ich war der erste morgens. Ich erschien
brav im grauen Flanellanzug, wurde fast nichts mehr gefragt,
sondern ohne großes Aufheben anerkannt.
Meinen Zivildienst machte ich dann bei der Altentagesstätte des
Deutschen Paritätischen Wohlfahrts-Verbands in der Alteburg-
ger Straße, direkt bei mir um die Ecke. Essen auf Rädern für
verarmte alte Menschen. Morgens um zehn das Staniol-Fertig-
food in den Ofen geschoben, in Styropor-Warmhaltekisten ver-
packt, ins Auto verfrachtet und hochgebracht zu den »Kun-
den«. Und da erfuhr ich dann die härtesten Geschichten, die
mir je zu Ohren gekommen waren. Da war dieser alte, liebe
Kommunist, den die Nazis kassiert und im Krieg in ein Strafba-
taillon gesteckt hatten. Zum Verheizen vorne an der Front. Der
Mann desertierte zu seinen russischen Genossen. Die nahmen
ihn gefangen, glaubten ihm kein Wort und steckten ihn nach
Sibirien. Er überlebte und kam Ende der fünfziger Jahre zurück
nach Köln. Und wieder hatte er keine Chance. Als alter Kommunist war er aktenkundig, und die alten Nazis mischten wieder kräftig mit, im deutschen Adenauer-Erhard-Wirtschafts-
wunder. Dieser Mann war immer der Dumme gewesen. Ich
fühlte mich entsetzlich ohnmächtig, wenn er seine Geschichten
erzählte. Und er war nicht der einzige. Ich wurde wütend,
wenn ich diese vergessenen, abgeschobenen Menschen in ihren
Wohnlöchern mit Außentoilette, Kochnische und ohne anständige Heizung sah.
Der Zivildienst war sehr wichtig für mich. Er holte mich aus

meinem Elfenbeinturm der Kunst mit den »ach so wichtigen, aufklärerischen« Bildern, »die sich die Upper-Class-Sammler mal an die Wand hängen sollten«.

Ich hatte mich da schon recht behaglich eingerichtet. Ich lebte inzwischen in meiner Bilderwelt, und meine Realität beschränkte sich auf das Viereck der Leinwand und alles, was irgendwie mit der Kunstszene zu tun hatte. Zusammen mit dem Schmal hatte ich auch endlich die ersten Erfolge. Ein paar Bilderverkäufe und eine Ausstellung im Kunstkaleidoskop, das vom Wirtschaftsverband Bildender Künstler in der Messehalle veranstaltet wurde. Davon hatten wir immer geträumt. Da gab es diesmal sogar eine strenge Auswahl. Und wir bekamen jeder eine Einzelkoje. Kritiker und Galeristen begannen sich für uns zu interessieren. Meine Bilder hatten sich sehr verändert. Erst verschwanden die klugen Sprüche, dann die Bildmotive und Collagen aus der bösen Konsumwelt. Meine Kunst entfernte sich meilenweit von einem realen politischen Bezug, selbst von einem klaren Standpunkt. Ich hatte mir da so meinen eigenen kleinen Mythos gebastelt. Ziemlich abgehoben, geheimnisvoll und auch ein bißchen zynisch. 1974 malte ich: »Die Beschaffenheit des Künstlers«. Ein Künstler an der Staffelei, er malt ein Mädchen im Badeanzug. Man sieht das Modell, und man sieht den Maler, wie er dem Mädchen auf der Staffelei in den Ausschnitt glotzt. Magritte hatte ja Bilder zum Thema »Aufhebung der Realitätsebenen« gemalt. Die Landschaft, in der ein Künstler mit seiner Staffelei steht, wieder dargestellt auf seiner Leinwand. Mit meinem Bild wollte ich diesen bedeutenden belgischen Surrealisten und seine bürgerlichen Fans auf den Arm nehmen. Da war ich schon ziemlich abgedreht, aber ich wollte ja Karriere als Künstler machen. Und dann kam die Einberufung, und ich war stinkesauer: »Jetzt hast du in der Kunst-Abteilung endlich halbwegs den Fuß in der Tür, da kommen diese Ärsche und reißen dich da einfach raus.« Da gabs nur ein Mittel, nämlich: trotzdem weitermalen. Und zwar genau so viele Bilder wie während des Studiums. Und das hielt ich tat-

Die Beschaffenheit des Künstlers
1974, 150 × 200 cm

sächlich durch. Aber damit habe ich mich letztendlich selbst
verarscht. Quantität statt Qualität. Ich malte die schlechtesten
Bilder meines Lebens.

Aber mir fehlte auch jede Orientierung. Die Fotorealisten waren gegessen, wie sollte ich weitermalen? Sigmar Polke. Der gefiel mir. Der ging mit der Malerei einfach anders um. Das war
frech und lustig. Der hatte keine Scheu vor trivialen Motiven.
Der scheute sich nicht vor vordergründig stümperhafter Darstellung. »Mehl in der Wurst«, ein kleines Bild von ihm. Da
hatte er eine gräßliche Illustration aus den fünfziger Jahren lin-
kisch nachgepinselt. Die verblichene Dauerwurst im Rauten-
muster. Eigentlich waren das Bilder des Grauens für jeden
Fotorealisten. Aber für mich waren das Bilder, die etwas erfri-
schend Neues hatten. Und ich konnte über sie lachen. Die mei-

sten der anderen 70er-Jahre-Künstler waren ja bloß bierernste Konzeptfreaks. Denen standen die Vierecke, Kreise und Kuben schon in den Pupillen wie Onkel Dagobert die Dollarzeichen. Später kam dann Penck mit den Strichmännchen, Buthe mit seinen trivialen, pseudoexotischen Materialien, und Paeffgen war überhaupt die absolute Lachnummer. Das waren Arbeiten voller Lebensfreude und Power. Ich bewunderte diese Jungs, aber ich schaffte den Sprung nicht. Ich hätte es nie übers Herz gebracht, so entschlossen Glitter auf die Leinwand zu streuen, ohne nicht doch noch irgendwie mein erlerntes »Können« einzubringen. Und dann auch noch der Zivi-Alltag. Täglich dieses Elend vor Augen, und zu Hause war man dann plötzlich wieder der freie Künstler mit Ambitionen auf den abgefuckten Kunstmarkt. Ich hatte keine Lust mehr, Bilder für die Wohnzimmer zu malen.

Dem Schmal ging es ganz ähnlich. Er machte auch gerade seinen Zivildienst. Kunst, Anspruch und Wirklichkeit brachte auch er nicht mehr so richtig auf eine Reihe. Wir hatten beide die Schnauze gestrichen voll von unseren abgehobenen Theorien, die wir im Cordanzug und mit Pfeife am Tresen zusammengelabert hatten. Plötzlich gingen wir nicht mehr in die Szenekneipen. Wir hatten den »Artushof« entdeckt. Aber keine Sau nannte diese Kneipe so. Man ging zum »Otto«. Und Otto war ein echter Spanier. Ein Patron. Wohlbeleibt. Die Frau in der Küche, die drei hübschen Töchter und der Sohn Angelito, unser späterer Roadie abwechselnd hinter dem Tresen. Otto war super, und seine Kneipe war der Bringer. Früher hätten uns da wahrscheinlich keine 10 Pferde hineingekriegt, denn der »Artushof« war eine ganz normale, stinkbürgerliche, spießige Eck-Kneipe. Und wir landeten da auch eher zufällig. Denn »Otto« hatte das naheliegendste frisch gezapfte Bier. Nur 20 Meter von unserer Wohnung entfernt. Die Kneipe gefiel uns immer besser. Wir waren gierig auf das sogenannte normale Leben. Und da standen sie alle am Tresen. Die Leni, der Willi, der Toni, der Eddi, der Paul und die Moni.

Dort standen sie mit ihrem Leben: Die hohe Miete, die niedere Rente, die Reise nach Mallorca, die Sorgen mit den Kindern, der Streß mit dem Chef, das dauernd überzogene Konto. Sie tranken Kölsch und Kabänes, debattierten über die neuesten Express-Stories und natürlich über den 1. FC Köln. Gierig zogen Schmal und ich uns diese Situation rein. Wir gehörten bald dazu und fühlten uns sauwohl. Das war »Real Life«! Den Leuten aufs Maul geschaut, da wußte man wenigstens gleich Bescheid. Am Wochenende ins Fußballstadion. Einmal 1. FC, am nächsten Wochenende Fortuna. Am Anfang, weil's so exotisch war, dort oben auf den Stehrängen unter den Fans. Aber bald war ich selbst einer. Ich fieberte mit »meiner Mannschaft«. Am Wochenende *konnte* ich einfach nicht mehr malen. Ich *mußte* zum Fußball.

Die Zeit des Zivildienstes hat mich aufgerüttelt und geprägt. Ich kam runter vom hohen Sockel des Künstlers und des schlauen Beobachters des »Weltgeschehens«. Ich interessierte mich plötzlich für den Alltag, das Leben in meiner direkten Umgebung. Und mir wurde klar: Das geht dich direkt an. Ich suchte nach neuen Ausdrucksmöglichkeiten. Zunächst Bilder. Musik spielte vorläufig keine Rolle. Sie beschränkte sich auf den guten alten »Dual-Mono« und die alten LPs von den Stones, Dylan und Kinks.

Dylan für Arme

Kneipengigs

Es war ein mörderischer Morgen. Die typischen Fußball-Nachwehen. Fernseh-Fußball-Nachwehen. Brummschädel. Lichtblitze. Geräuschempfindlichkeit. Am Abend zuvor hatten wir uns beim Otto das Fußball-EM-Endspiel BRD – ČSSR reingezogen. Die Tschechen hatten nach Elfmeterschießen gewonnen. Und wir hatten uns zum Trost die Birnen zugeschüttet.

Das Telefon klingelte. Mein Schädel reagierte, als würde mein Gehirn mit der Flex bearbeitet. Es war kurz vor zehn. In fünf Minuten mußte ich meinen Dienst antreten.

»Haaahhllooo.«

»Morgen Wolfgang. Hier ist der Rainer Gulich. Wie geht's denn so?«

»Saxello?! Was ist denn mit dir los. Was gibts?« Der Rainer, der Saxello, der alte Saxophonist von Goin' Sad. Ich hatte ewig nichts von ihm gehört. »Rainer... äh... oh Scheiße..., ich hab echt keine Zeit im Moment... Verpennt... Ich muß zum Dienst, Zivildienst, Junkfood auf Rädern für alte Omas. Was is'? Schieß los?«

»Paß auf, Alter, ich hab einen Bauernhof gekauft...«

»Hör mal, ich hab keine Zeit und was...?!... erzähl mir das 'n andermal.«

»Laß mich doch mal ausreden. Zu dem Hof gehört ein ehemaliger Stall. Wenn wir den zusammen renovieren, dann wäre das ein toller Proberaum. Wir könnten wieder Musik machen.«

Was laberte der mir die Ohren voll von einem Bauernhof und Musik machen?

»O.k. Alter, machen wir. Ich melde mich: Sorry, aber ich muß jetzt weg.«

Endlich Ruhe. Stöhn. Aspirin. Kaffee. Zivildienst. »Das-Machen-Wir«, war ich denn wahnsinnig geworden? Der suchte doch nur ein paar Blöde, die ihm seine Bude renovierten. Musik war ja momentan gar nicht angesagt. Aber im Grunde genommen war genau dieses »Das-Machen-Wir« der eigentliche Startschuß für BAP.

Schmal, Hans Heres und ich fuhren an einem der nächsten Tage dann tatsächlich nach St. Augustin, um uns die Hütte mal anzusehen. Wir waren begeistert. Das war die ideale Lokalität für eine Rockband. Aber wir hatten weder Zeit noch Bock, jeden Abend in die Pampa zu düsen, um da malermäßig zu malochen.

Saxello sah das ein. Wir zogen uns noch ein paar Bierchen rein und redeten von den guten alten Zeiten. »Weißte noch im Underground?« »Und du mit deinen Polittexten – Weil ein sattes Tier nie Revolution macht... und so weiter«. Lach, lach, lach. Wir amüsierten uns prächtig.

Wieder Musik machen: Irgendwie beschäftigte mich das nun aber doch wieder. Den anderen ging es nicht anders. Aber was für Musik? Im Moment gab es ja nur die Gigantennummern. Genesis, Yes, ELP, Pink Floyd, Alan Parson. Elektronische Symphonie-Orgien, immer komplizierter, perfekter, bombastischer. Da wurde nicht mehr geradeaus abgerockt. Da gab es keine sperrigen Typen wie Ray Davies oder Jim Morrison. Da schienen irgendwelche Konservatoriumsfuzzis die Fender zu zupfen und das Keyboard ja nicht zu »forte« anzutasten. Das war nichts mehr für einen sterblichen Hobby-Musiker, wenn Rick Wakeman seine verquasten Solos zelebrierte und Mike Oldfield ganz alleine im Superstudio X Instrumente spielte und synthetische Tubular Bells erklingen ließ. Diese Typen machten Musik, vor der man ehrfürchtig auf die Knie fiel, wie vor dem Pfarrer in der Kirche. Diese Herren mit einer Flasche Bier und einer amtlichen Dame im Arm vor einer abgenagten Marshall-Box auf einem dreckigen Festival? Impossible! Und dann gab es noch diese Jazz-Rock-Schlaumeier mit ihrem Bildungsdünkel. Die konnte ich überhaupt nicht ausstehen. Wie die einen verständnislos anglotzten, wenn man beim Namen »Chick Corea« nicht gleich ehrfürchtig erstarrte. Dabei hatten die ihre maximalen Sternstunden, wenn sie einmal die Musik für einen achtklassigen Science-fiction-Film oder einen Tatort schreiben durften. Da kam der gute alte Dylan mit seiner »Desire«. Er knallte mitten in diese Dinosaurier-Zeit und spielte die Bombast-Rocker und »Möchtegern-McLaughlins« einfach an die Wand. Das ging also auch noch! Spontaneität, Spielfreude, da passierte was zwischen den Musikern. Das hörte man. Inklusive Verspieler. Halbakustische und elektrische Instrumente, Schlagzeug, ein paar Congas, und losgelegt. Und dazu noch geniale Texte. So was reizte mich. Kurz darauf rief der Saxello wieder an. Ihn hatte es auch gepackt. Er hatte eine neue Idee. Er war Lehrer in einer Hauptschule in Porz. Und dort im Musiksaal könnten wir proben. Alles klar! Schmal, Hans Heres und ich waren dabei. Die erste Session war ein tierischer Spaß. Völlig ausgehungert ließen wir die Gitarren jaulen und grölten um die Wette. Wir zogen uns eine Kiste Kölsch rein und stöhnten nach der Session, weil wir den ganzen Anlagenkram wieder in den Keller schleppen mußten. Vor der Probe hatten wir das ganze Zeug vom Keller bis unters Dach in den Musikraum gewuchtet. Aber das war egal. Uns war klar, wir machen weiter. Wir probten ab jetzt regelmäßig und luden alle möglichen Leute zu den Sessions ein. Es war immer ein kunterbunter Haufen. Mal hämmerten da vier Percussionisten wie wild auf irgendwelchem Zeug herum, mal spielte der eine Baß, das nächstemal dann wieder ein anderer, mal versuchte es eine Sängerin, und dann jammten gleich drei Sologitarristen. Wir spielten querbeet die Rockgeschichte rauf und runter. Die guten alten Stones und Kinks und natürlich Dylan: Die halbe »Desire«: »Sarah«, »Isis«, »Hurricane«, »Mozambique«. Es war ein riesiges Durcheinander, aber wir spielten just for fun. Niemand dachte an Auftritte.

Und in diesem Sommer 76 schrieb ich ein Stück auf kölsch, die erste BAP-Nummer: »Helfe kann dir keiner.« Das Lied war ganz zufällig entstanden. Aus Schmerz, aus Eifersucht. Der Grund war Hille. Wie so oft, wie meistens, schon die ganzen letzten Jahre. Sie war mal wieder mit einem anderen Typen unterwegs. Ich hing zu Hause und hatte den Blues. Ich hatte mich nie an Hilles Nebentypen gewöhnt. Aber ich hatte sie immer geduldet, mich immer mit der altklugen Masche beruhigt: »Das wird schon irgendwann vorbeigehen. Die hat sich irgendwann auch mal ausgetobt. Eigentlich liebt sie nur mich.« Und dabei litt ich ganz entsetzlich. Es war eine schizophrene Situation. Hille liebte mich schon längst nur noch wie einen Bruder, jemanden, mit dem sie aufgewachsen war, mit dem sie vieles erlebt hatte. Und ich liebte sie so, wie ich mir das unter »Großer Liebe« vorstellte. Wobei dieses Wort an sich ja absolut verpönt war. Jedenfalls, Hille hing total an mir und bestätigte mir immer wieder den »Haupttypen«. Trotz ihrer Seitensprünge wollte sie mich immer für sich allein haben. Sie drehte merkwürdigerweise immer durch, wenn sie von einer meiner »Alternativgeschichten« hörte. Die passierten natürlich auch gelegentlich, wenn die Hille mal wieder in Sachen Nebenaffaire unterwegs war. Dann tat sie alles, um mich wiederzubekommen, was nie schwer war, denn sie war für mich damals sowieso die Nummer eins. Und dann war sie auch schon wieder unterwegs. Und ich war trotzdem immer so belämmert »fair« zu ihr. Ich habe ihr immer wieder verziehen, sie in die Arme genommen. Eine Versöhnung nach der anderen. Ein Neuanfang löste den anderen ab. Immer schneller ging es. Immer öfter waren wir nur für ein paar Minuten glücklich. Vielleicht habe ich sie mit meiner ewigen gutmütigen Verzeiherei auch einfach erdrückt. Ich weiß es nicht. Das Ende kam dann ziemlich plötzlich.

An diesem Abend war Hille einfach mal wieder mit einem anderen Typen ausgegangen. Ich hatte das Licht gelöscht, hing auf dem Sofa, betrank mich, klimperte auf der Gitarre rum. Ich ging immer wieder zum Fenster und sah auf die Teutoburger Straße. Vielleicht kommt sie doch noch. Manchmal geschah das ja. Dann schnell in die Federn und getan, als ob nichts wäre. Aber heute kam sie nicht. Ich spielte immer wieder die Akkorde von »Cowgirl In The Sand«. Ich stand derzeit ziemlich auf Crosby, Stills, Nash & Young. Ich betrank mich immer mehr. Und plötzlich hatte ich eine andere Melodie. Die gefiel mir, lenkte mich sogar ab. Ich holte ein Stück Papier und schrieb meine düsteren Gedanken auf. Ich schrieb auf kölsch. Nicht bewußt, sondern weil es so aus mir heraus wollte. Ich tat es einfach, ohne darüber nachzudenken. Dieser Song kam ein paar Tage später dann bei den anderen bombig an. Wir spielten ihn immer wieder. Und unsere Besucher im Proberaum standen auch auf das Stück. »Spielt doch noch mal das kölsche Lied«, hieß es ständig. Ein Hit. Mir gefiel das natürlich, ich fühlte mich geschmeichelt. Aber was wir da *wirklich* entdeckt hatten, nämlich daß Rockmusik im Zusammenhang mit kölschen Texten besser funktionieren kann als mit hochdeutschen, das war damals noch niemandem von uns bewußt. Mittlerweile war aus den lockeren Jam-Sessions so etwas wie eine feste Proben-Band geworden. Schmal, Saxello, Hans Heres, den nannten wir alle nur Honce (sprich: Ohnz), Afro Bauermann und Klaus Hogrefe, der frühere Bassist von Action Set, und ich. Ich hatte noch mehr Kölsch-Nummern geschrieben. Alles Lieder über meinen Hille-Liebeskummer. »Anna« (denn sie hieß ja eigentlich Hildegard-Anna) und »Jraaduus«. Und dann noch »Neppes, Ihrefeld und Kreuzberg«, ein Lied über den Türkenhaß in Deutschland und die tolle Gastfreundschaft, die wir auf dem Beschneidungsfest in Tekirdag und in Denizili erlebt hatten. Wir probten gerade diese Nummer, da kam Christian Maiwurm, unser alter Kumpel aus der F.H.B.K., rein.

Er hätte für uns einen Auftritt. »In Nippes gibts nächste Woche eine Aktion gegen die Stadtautobahn. Das veranstalten die Kleingärtner. Deren Grundstücke gehen beim Bau der Autobahn nämlich flöten.«

Wir wollten nicht so recht. Natürlich waren wir auch gegen diese Stadtautobahn, aber wir fühlten uns noch nicht sicher genug, um aufzutreten. »Wir müssen noch proben«, sagte ich.

Aber Christian ließ nicht locker. »Quatsch, ihr seid doch super.«

»Wir haben gar keine Anlage. Selbst wenn wir wollten, könnten wir da nicht spielen.«

Die Anlage wollte er besorgen, und damit hatte er gewonnen. Und uns ging die Muffe. Jetzt mußten wir ran. Und wir brauchten vor allem einen Namen.

Eines war allen klar: Der Name mußte kurz sein. So wie Who oder Yes. Aber das wars auch schon. Damit war unsere Phantasie auch schon erschöpft. Ich schlug unseren alten Schüler-Bandnamen »Troop« vor. Aber das gefiel den anderen nicht.

Und dann kamen wir auf BAP, das heißt, wir kamen zunächst auf Bapp.

Das war mein Spitzname in der Band, obwohl der weniger mit mir als mit meinem Vater zu tun hatte, denn der war in meiner Familie »der Bapp«. Und den Bapp, den kannten sie alle in der Band. Der galt als der ausgekochteste Geizhals zwischen Rhein und Weser. Er startete wirklich die aberwitzigsten Aktionen, und die Geschichten darüber waren absolut angesagt bei meinen Freunden. Immer wieder hieß es: »Sag mal, was gibts Neues vom Bapp?« Dann wurden die Instrumente weggelegt, die Biere aufgemacht, und ich kam mir vor wie eine Märchentante. Die Geschichten waren auch wirklich zu gut. Zum Beispiel die Madonnen-Story: In meinem Elternhaus gabs im Treppenaufgang an der Wand eine Madonnenstatue. Davor brannte ein Ewiges Licht. Wie der Name schon sagt: Ewiges Licht. Das darf nie ausgehen, so ein katholischer Brauch, denn das Ewige Licht steht für ewiges Leben. Mein Vater war ja nun schwer gläubig, um so erstaunlicher, was er da Nacht für Nacht anstellte. Irgendwann bemerkte ich nämlich, daß er, bevor er sich Schlafen legte, immer noch mal ins Erdgeschoß schlich, und ich spionierte ihm nach, und es war nicht zu glauben: Er löschte tatsächlich allabendlich das Ewige Licht, um Strom zu sparen. Morgens war er ja als erster auf den Beinen und drehte die Glühbirne wieder fest. Natürlich sollte das niemand merken. Wie er das, als strenger Katholik, mit seinem Gewissen auf die Reihe brachte, ist mir bis heute ein Rätsel. Aber da besiegte der Geiz sogar den Glauben...

Honce sagte also: »Wie wärs denn mit Bapp? Du heißt bei uns Bapp. Du bist der Sänger und der Frontman. Du bist das Aushängeschild der Band. Also Bapp!«

»Jenau... Bapp, dat wöhr nit schlääsch!« Schmal stieg sofort auf den Vorschlag ein.

Ich überlegte. Irgendwas gefiel mir nicht. »Mit zwei P sieht das aber nach nichts aus: Wenn schon, dann mit einem P, und alle drei Buchstaben groß geschrieben: »**BAP**«. Und damit wars passiert.

Als ich dann an diesem Julimorgen 1977 aus dem Bett stieg, schlackerten mir die Knie. Mein Magen akzeptierte nur mühsam den Kaffee. Heute *mußten* wir auftreten. Der erste Gig seit Jahren, und ich war aufgeregt wie nie zuvor. Nachmittags fuhren wir zum Mariensaal nach Nippes. Natürlich, so mußte es ja kommen: Die Hälfte des bestellten Equipments war nicht angekommen. Also konnten wir nur zu dritt spielen. Honce und ich auf akustischen Gitarren, und der Afro bearbeitete dazu die Congas. Übelstes Hippie-Geschrammel. Aber das paßte prima zu der Veranstaltung, denn die Alternativen und Müslis waren schwer im Vormarsch. Die Birkenstockfraktion hatte die Sache fest im Griff. Überall Pumphosen, Wickelröcke und gefärbte Windeln am Hals. Softe Stimmen und »Du, das find ich aber echt nicht gut«-Geplappere. Überall herumtollende Kinder, aktive Väter und strickende Mütter. Natürlich auch umgekehrt. Flugblattverteilende Mütter an Infoständen und strickende Väter am Kindertisch. Transparente gegen die Stadtautobahn, gegen Atomkraft, für den Frieden. Fast zweihundert Leute waren da, ich kannte kaum jemanden. Wir rissen die Stücke runter. Es klang bestimmt grausam. Es gab kaum Applaus, aber auch keine Pfiffe. Immerhin lachten und pfiffen die Teppichtaschen nicht. Und plötzlich machte es sogar Spaß. Die Nervosität ging weg, und vom Bier, das wir uns vor dem Auftritt gegen das Lampenfieber reingezogen hatten, waren wir angenehm angedüdelt. Wir jagten ab, und nach jedem Stück kam der Honçe zu mir gelaufen und flüsterte mir ins Ohr: »Fuzz, Mensch, mir sinn joot... echt joot!« Auf jeden Fall fühlten wir uns super. Nach dem Gig fuhren wir ins Chlodwigeck, unsere Stammkneipe, und tranken auf den Erfolg. »Wir können tatsächlich vor Leuten spielen!« Und spätestens jetzt hatten wir Lust auf Live-Gigs bekommen. Aber als wir tags drauf wieder nüchtern im Proberaum standen, war uns allen wieder klar: Wir müssen noch verdammt viel üben.

Mir dauerte das zu lange. Ich hatte Bock, mit Klampfe und Mundharmonika durch die Kneipen zu ziehen. So wie einstmals der gute alte Bob Dylan in Dinkytown. Ich fragte in den Szenekneipen, im Chlodwigeck, Opera, Spielplatz, Exil etc. Und schon bald spielte ich zwei-, dreimal die Woche. Mit unseren zwei kleinen Marshall-Gesangsboxen, meiner 12-saitigen Ibanez und einer Blues-Harp in G-Dur. Bob Dylan für Arme. Repertoire und Outfit stimmten, nur ich selbst hatte gut 10 Kilo mehr drauf als heute. Kein Wunder: Immer nur Ölsardinen und Kölsch. Und die Musik war bestimmt auch nicht der Wahn. Ich konnte nicht richtig Gitarre spielen, ich konnte nicht richtig Mundharmonika spielen, und ich konnte nicht richtig singen. Aber trotzdem waren die Lokale immer rappelvoll. Den Typ mußte man anscheinend »einfach gesehen haben«. Wenn mir gesanglich irgendwie der Drive ausging, dann spielte ich eben ein entschlossenes Mundharmonikasolo, wie der Meister selbst: »trecke, bloose, trecke, trecke, bloose«. Das kam erstaunlicherweise immer gut an. Und bei meinen eigenen Stükken wie zum Beispiel »Ruut-Wieß-Blau, querjestriefte Frau« hatte ich in jeder Strophe einen Gag, einen Lacher. Das mußte sein. So rettete ich mich über die Stücke, und überhaupt war ja Lachen unsere absolute Grundhaltung. In der ernsthaften Richtung machten wir ja nicht viel. Wir malten ironisches Zeug, probten und hingen an der Theke oder am Kasten Bier; blödelten und lachten. Und die meisten Texte schrieb ich damals am Tresen oder zumindest in absoluter Bierlaune.

Wir hatten einen neuen Proberaum. Honces Vater betrieb ein Kalksandsteinwerk in Hersel bei Bonn, und wir zogen in sein ehemaliges Büro. Das Ding war ideal. Hier konnten wir Krach machen bis zum Anschlag. Und wir mußten vor allem nicht immer die Anlage durch die Gegend schleppen. Das Kalksandsteinwerk lag direkt neben der Autobahn zwischen Hersel und Wesseling, ganz in der Nähe einer Raststätte. Von dort führte ein Zuliefererweg direkt zu unserem Proberaum, und diese Strecke war um einiges kürzer als der Weg über die offizielle

Autobahnausfahrt. Also nahmen wir immer diese Straße. Auch am Tag der Schleyer-Entführung. Wir hatten keine Ahnung von dem Attentat, saßen gut gelaunt in meiner Kastenente, und da passierte es: Aus den Büschen sprangen plötzlich lauter schwerbewaffnete Polizisten und umzingelten das Auto. Das war echt filmreif. Wie im Krimi. Raus aus der Karre und breitbeinig ans Auto gelehnt. Die Maschinenpistolen im Rücken und Grabschhände zwischen den Beinen auf der Suche nach großkalibrigen Pistolen. Wildgewordene Landbullen in grünen Nahkampfuniformen. Zitternde Gewehrläufe in ungeübten Händen. Forscher Befehlston aus aufgeputschter Angst. Und sie waren lächerlich gnadenlos. Außer Schmal, Wolli und mir durchsuchten sie auf dieselbe brutale Weise auch einen sechsjährigen Jungen, den Sohn eines Freundes, der bei uns mitgefahren war, um bei der Probe zuzusehen. Der arme Kerl zitterte nun wirklich am ganzen Leib und machte sich vor Angst fast in die Hosen. Aber sie taten nur ihre Pflicht. Klar! Die RAF-Leute sahen ja auch alle wie wildgewordene Hippies aus und entführten die Wirtschaftsbosse bevorzugt in freakigen Kastenenten mit kleinen Jungen, Instrumenten und Kölschbierkästen zur perfekten Tarnung! Die ganze Situation schwankte zwischen ernster Bedrohung, Angst und der absoluten Lächerlichkeit.

Wolli, Schmals kleiner Bruder, war inzwischen unser neuer Schlagzeuger geworden. Schmal machte jetzt Percussion. Und Wolli brachte echt Schwung in den Laden. Wolli stand auf Scorpions, Tubes, Genesis und brachte endlich die ersten Rock-Merkmale in unsere Stücke. Wir waren begeistert. Bis jetzt hatten wir immer noch so eine Art Folk-Rock mit etwas Jazzigem Touch gemacht. Das lag an unserer Vorliebe für den »Desire«-Sound und an Saxello. Er war einfach der beste Musiker von uns und lenkte deshalb automatisch die Musik in seine Richtung. Und er stand nun mal auf Jazz-Rock. Aber nun driftete die Band ganz klar in Richtung Rock, und da verlor er die Lust und stieg aus. Für Wolli war das immer noch zu soft. Er machte

voll auf AC/DC und drosch wie ein Verrückter auf die Schieß-
bude ein. Wir mußten ihn immer wieder bremsen. Da konnte
unsere Anlage einfach nicht mithalten. Schmal kaufte sich noch
jede Menge Percussionskram, und als er dann noch Timbales
anschleppte, klang so manches Stück ziemlich Santana-mäßig.
Das gefiel uns. Wir begannen zu experimentieren, wir probier-
ten alles mögliche aus und hatten viel Spaß dabei. Allerdings
wären wir damit wohl besser im Proberaum geblieben. Denn
live waren diese Experimente der totale Reinfall. Und bei einer
Fete in der Pädagogischen Hochschule kam es dann zum totalen Flop. Wir standen plötzlich mit unserer Micker-Anlage in
einer riesigen Aula. Keine Sau von uns hatte sich vorher Gedanken über den Saal und die Akustik gemacht. Unser ganzer Gig
war ein einziger Klang-Matsch. Vor unserem Auftritt waren
noch ein paar hundert Studenten herumgestanden, nach einer
knappen Viertelstunde hatten wir die Bude gnadenlos leerge-
fegt. Wir als Saalräumer!! Welche Blamage! Wortlos packten
wir unseren Kram zusammen und gingen auseinander. Wir verabredeten uns nicht mal zur nächsten Probe. Die Sache schien
gelaufen.
Ich packte am nächsten Tag meinen Kram und verduftete nach
Griechenland, ohne den anderen auch nur Bescheid zu sagen.
Ich hatte absolut die Schnauze voll. Ich fühlte mich als ziemlicher Idiot. Da hatte ich endlich mit meiner Malerei etwas Erfolg, ich hatte gerade im renommierten Kölner Kunstverein
ausgestellt. Und dann gab ich diese »Wolfgang Niedecken und
die Dilettanten«-Vorstellung. Ich war mir sicher: »Jetzt hast du
alles kaputtgemacht.« Ich war am Boden zerstört.
In Griechenland am Strand von Parga traf ich dann einen Typen
aus der Südstadt. Er hieß Bernd Odenthal und hatte vor Jahren
auch Musik gemacht. Eines Abends am Lagerfeuer spielte ich
ihm ein paar unserer Stücke auf der Klampfe vor, und sie gefielen ihm auf Anhieb. Ich erzählte ihm von unserem Drama. Wir
sollten weitermachen, meinte er. Und wir machten weiter, mit
Bernd Odenthal an den Keyboards. Wir probten fleißig und

wurden immer besser. Der PH-Flop steckte zwar noch allen in den Knochen, aber so etwas würde uns nicht mehr passieren!! Mit dem Bernd kam dann auch ab und zu der Hans Wollrath. Endlich ein Techno-Freak, der sich mit Anlagen auskannte. Er wurde unser Mixer.

Ich tingelte weiterhin Solo durch die Kneipen. Ich hatte mein Stammpublikum und bekam von den Wirten anständige Gagen. Davon konnte ich leben. Irgendwelche dämlichen WDR-Grafikjobs machte ich nur noch höchst selten. Am besten waren die Samstagmorgen-Matinees im Chlodwigeck. Eine alte Tradition in der Südstadt. So gegen elf Uhr traf man sich in der Kneipe. Voll bepackt mit Einkaufstaschen, Kind und Kegel und dem neuesten Tratsch. Und dann trank man ein paar Bierchen und feierte das Wochenende. Dieser Frühschoppen ging meist bis in den frühen Nachmittag. Eine herrliche Einrichtung. Auch dann später, als das »Eck« zur Annostraße umgezogen war, und wir für unsere erste Platte übten, spielten wir auch mit BAP oft noch samstags im Chlodwigeck. Das war dann das totale Chaos. Der Laden war bei diesen Gigs immer gnadenlos überfüllt. Und da sowieso die meisten Leute draußen standen, machten wir die Fenster auf und hatten so in Kürze den schönsten Menschenauflauf. Die Straße war verstopft. Der Bus kam nicht mehr durch. Aber es gab nie Ärger. Die Polizei regelte den Verkehr, und die Leute reagierten echt entspannt.

Eines Tages rief mich Karl-Heinz Pütz, der Kellner vom Chlodwigeck, an. Er hätte einen Gig für mich. Als einzelner für die »Schmetterlinge«, dieser österreichischen Polit-Combo. Ich könnte bei denen im Vorprogramm in der Mühlheimer Stadthalle auftreten. Logo. Warum nicht? Die »Schmetterlinge« waren nicht das Schlechteste. Zumindest sehr beliebt in der Alternativ-Szene, und das schien peu à peu ja auch unser Publikum zu werden.

Die »Schmetterlinge« waren nicht sehr begeistert, mich als Vorprogramm zu haben. Da müßten sie ja die Anlage wieder neu einstellen. Ich war schon vorher mit den Nerven am Ende ge-

Samstags-Matinee im alten Chlodwigeck

Besetzung der ersten LP
v. l. n. r.: Bernd Odenthal, Keybords; Gröön Klever, Bass; Wolli Boecker, Schlagzeug; W. N.; Schmal Boecker, Percussion; Honce Heres, Gitarre

wesen, und jetzt mußte ich mich obendrein auch noch mit deren Mixer herumschlagen. Ich hatte nur Gitarre und Mundharmonika mitgenommen, denn ich wollte es genauso wie in den Kneipen machen. Aber für die Halle brauchte ich natürlich eine PA. Also quasselte und jammerte ich dem Mixer-Arsch so lange die Ohren voll, bis er mir die Gitarre über Mikro abnahm und mir gnädigerweise erlaubte, auch die Gesangstüte tiefer zu stellen, um im Sitzen singen zu können.

Mir gegenüber saßen ein paar hundert bärtige Polit-Strategen und Latzhosenbräute mit Batik-Hemdchen. Die waren natürlich wegen der Schmetterlinge gekommen und nicht wegen mir. Aber sie hörten zu, und sie lachten sogar gelegentlich. Meine Jokes zogen also auch bei diesen so oft als humorlos verschrieenen Szenegestalten.

Nach meinem Gig hing ich noch ein bißchen im Foyer der Stadthalle herum, trank Bier, war zufrieden, da kamen plötzlich zwei Typen auf mich zu. Peter Schraan und Wolfgang Hamm von dem kleinen Kölner Musikverlag Eigelstein. Die Bärbel, Christian Maiwurms Frau, hätte ihnen den Tip gegeben. Da wäre ein talentierter Typ, der sänge kölsch und mache trotzdem flotte Musik. Keine Karnevals- oder Traditionsscheiße. Eher so eine Art Südstadt-Dylan. Die Jungs hatten sich daraufhin den Mühlheimer Gig angesehen und waren begeistert. Sie wollten mit mir eine Platte mache. Aha, dachte ich mir, das läuft also wirklich so. Man muß nur zur rechten Zeit am rechten Ort auftreten, und schon stehen die Jungs aus der Branche auf der Matte. Die Legende vom Clubsänger zum Rockstar. Aber eigentlich fühlte ich mich gar nicht so. Ich hatte zwar gut gespielt und das Angebot war toll, aber ich rastete nicht gleich aus, sondern ich sagte ihnen, daß ich eigentlich in einer Band spiele. Und mit denen wollte ich, wenn überhaupt, die Platte aufnehmen. »Kein Problem. Wir müssen euch dann eben nur auch mal komplett hören.« Wir verabredeten uns für die nächste Probe, und sie waren, glaub ich, doch ziemlich enttäuscht von unserem musikalischen Können. Aber sie wollten das Projekt trotzdem machen. Sie gaben uns ein halbes Jahr, um zu sehen, wie wir uns entwickeln würden. Im Herbst 79 sollten wir dann ins Studio.

Und so geschah es dann tatsächlich im November. Wolfgang Hamm von Eigelstein war unser sogenannter Produzent. Sein Hauptjob bestand darin, Geld zu sparen, wo es nur ging. Wir hatten nur eine Woche im »Studio am Dom«, um die ganze LP aufzunehmen und abzumischen. Wolfgang Hamm saß also meistens mit der Stoppuhr in der Hand hinter der Scheibe und meldete sich von Zeit zu Zeit mit Kommentaren wie: »Ihr habt jetzt zwei Stunden Zeit für Baß und Schlagzeug von ›Liebesleed‹.« Und wenn wir das nach zwei Stunden nicht im Kasten hatten, wurde die »am wenigsten schlechte« Version genommen. Basta! Ich war die ganze Woche über sturzbesoffen. Nur mit Bier konnte ich Streß und Nervosität bekämpfen. Ich hatte entsetzlich Schiß, noch mal so zu versagen wie damals in der PH. Ich spürte auch, daß wir musikalisch doch recht bescheiden waren. Wenigstens hatten wir mit Martin Hömberg einen Super-Toningenieur. Er holte aus uns allen das Optimale raus, auch wenn das nicht gerade berauschend war. Und als wir dann die fertigen Masterbänder hörten, waren wir sogar sehr stolz. Wir klangen um Klassen besser als jemals zuvor im Proberaum oder auf der Bühne. Verantwortlich dafür war vor allem aber der Co-Produzent von Wolfgang Hamm, Büdi Siebert. Er spielte die Saxophon- und Querflötensolos, und die waren einfach gut. Er hat dann auch noch als Co-Produzent an der zweiten LP mitgearbeitet, bei der Wolfgang Hamm dann schon gar nicht mehr mitgewirkt hat.

Titel der Platte: »Wolfgang Niedeckens BAP rockt andere Kölsche Leeder« – reines Wunschdenken. Das war zu 90 Prozent mein Solorepertoire, vorsichtig aufgemotzt. Aber nicht mit einer kompromißlosen Rockband, sondern mit seichten Keyboards, verhaltenem Schlagzeug und schüchterner E-Gitarrenbegleitung. No comment. Das war alles sehr verkrampft. Das konnte aber auch nur verkrampft sein, denn wir kannten bislang ja nur unsere Popelanlage, und da durfte niemand richtig aufdrehen, sonst war Schluß mit meinem Gesang. Letztendlich haben wir musikalisch wohl einen ziemlichen Haufen Schrott produziert. Und später habe ich mir oft gedacht, es wäre besser gewesen, die Platte live bei einem meiner Solo-Gigs aufzunehmen. Das wäre wenigstens authentisch gewesen. Aber dann hätte es vielleicht nie BAP in der jetzigen Form gegeben, sondern alles wäre irgendwie liedermachermäßig im Sand verlaufen . . .

Damals waren wir jedenfalls stolz. Wir hatten eine fertige LP und für den 28. November den Annosaal gemietet, um die Platte live vorzustellen. Schmal, Wolli und ich fuhren zwei Wochen lang jede Nacht mit meiner alten Kastenente durch die Gegend und klebten Plakate. Überall hing jetzt das BAP-Logo. BAP war Stadtgespräch, und der Annosaal des Stollwercks war schließlich viel zu klein. 500 Leute waren gekommen, und während des Gigs kamen die Eigelsteiner dann mit den ersten Platten. Ich konnte es kaum erwarten, stürzte nach dem Auftritt sofort von der Bühne und nahm die erste BAP-LP in die Hand. Es war wirklich ein Gänsehaut-Gefühl!

»My name is Julian Schnabel . . .«

Wunsch- und Tagesbilder

»Kanns du eijentlich och e Pääd mohle?« Immer dieselbe Leier. Mein Vater stand bei mir im Atelier, betrachtete die Bilder, schüttelte den Kopf und gab seinen Senf dazu. »Das ist also Kunst? So was lernt man heute auf der Werkkunstschule? Aha!«

Ich malte damals Indianerbilder. Indianerutensilien auf Nessel. Auf Rahmen aus dicken Baumästen. Es ergab ziemlich krumme

Formate. Mal Dreiecke, mal Vierecke, alles mögliche. »Wie Manitou die Zahlen gab«, hieß ein Bild. Die Zahl Eins war eine realistisch gemalte Adlerfeder, die Zahl Zwei waren zwei Adlerfedern etc. pp. Diese Bilder waren lauter Selbst-Befreiungs- aktionen. Ich wollte endlich wegkommen von diesem ganzen formalen, malerischen und politischen Überbau, der auf mir und meinen Bildern lastete. Ich wollte einfach mal auf der Lein- wand herumspielen, und was lag näher, als dort Indianer zu spielen? Und dann kam mein Vater vorbei und erzählte mir was von »Pferden malen«. Er ging mir total auf den Wecker. Ge- nauso wie alle diese Verwandten und Bekannten, für die ich »Eben-so-ein-Künstler« war. Die hatten null Ahnung von Ma- lerei. Aber da ich nicht die »lächelnde Zigeunerin« von Kar- stadt, den röhrenden Hirsch oder wenigstens zarte Aquarelle vom Rheinufer oder vom Dom fabrizierte, war ich eben »So- ein-Künstler«. Das sagte schon alles. Eigentlich erwarteten sie, daß ich mich nackt auf Leinwänden wälzte, Besenstiele mit Filz umwickelte und in Fettbadewannen pflanzte oder wenigstens versuchen würde, den Dom einzupacken. Aber ein ganz nor- males Pferd malen, das könnte ich bestimmt nicht.

Der Schmal war an diesem denkwürdigen »Pferdetag« auch bei mir im Atelier. Er hatte inzwischen geheiratet, und wir hausten schon seit 75 nicht mehr zusammen. Aber wir besuchten uns fast täglich, um zu gucken, was der andere gerade machte. »O. k.«, sagte ich zu Schmal, »wenn sie es unbedingt wollen, dann malen wir ihnen doch mal ihren ganzen Schrott extra. Und zwar alles genauso, wie sie es haben wollen. Vielleicht sind sie dann zufrieden!« Schmal sah mich entsetzt an. Klar, diese Idee war ziemlich schräg, eine typische Trotzreaktion, aber je länger wir darüber nachdachten, desto besser gefiel sie uns. Sie versprach außerdem ziemlich viel Spaß. So entstanden 1977 die »Wunschbilder«. Wir entwarfen postkartengroße Handzettel. Links oben war Platz für ein Paßbild, daneben Name und An- schrift, und darunter sollten die Leute eintragen, welches Bild sie gerne malen würden, wenn sie malen könnten. Motiv, Stil,

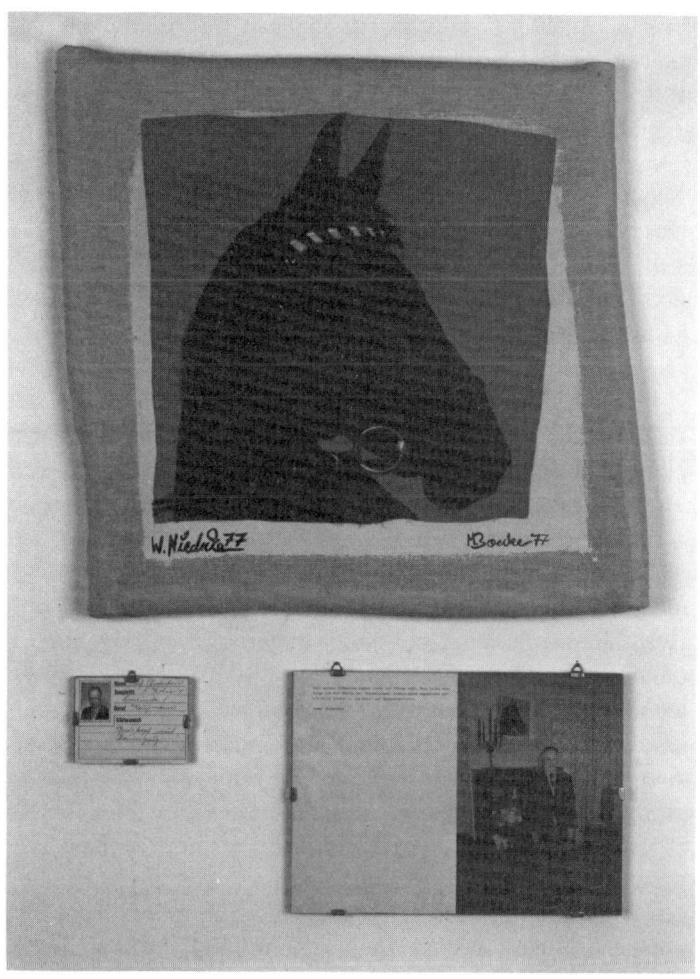

Josef Niedeckens Wunschbild

Farben, Material. Alles möglichst bis ins letzte Detail. Mitmachen durften nur Leute, die von Berufswegen nichts mit Kunst zu tun hatten.

Wir verteilten 100 Zettel an Nachbarn, an Bekannte auf der Straße, an Verwandte, vor allem aber beim Otto in der Kneipe.

Sein »Artushof« wurde überhaupt zum Zentrum dieser Aktion. Und alle machten begeistert mit. Die fanden das toll. Das interessierte die. Und dabei waren wir ja in keiner Weise irgendwie prominente Maler. Wir waren nur die geduldeten Langhaarigen, die zufällig auch beim Otto am Tresen abhingen. Und plötzlich diskutierten die hartgesottensten Kölsch-Nasen über Kunst. Und das nicht nur, wenn wir dabei waren.

Die Wünsche gingen in alle Richtungen. Mein Vater bekam natürlich sein Pferd. Ehrensache. Ein Pferdekopf mit Zaumzeug auf blauem Hintergrund. Er war happy. Wir kopierten »Mona Lisa« und Spitzwegs »Armen Poeten«. Aber es gab auch richtig originelle Wünsche. Yasar, ein Türke aus dem Nebenhaus, wünschte sich beispielsweise ein Bild mit dem Titel: »Eine Familie bekommt Licht.« Eine Landschaft, in der gerade Strommasten aufgestellt werden. Sie führen zu einem Haus im Sonnenuntergang. Einen ganzen Abend erklärte er uns, was er damit meinte: So wie er in Deutschland seine Ausbildung bekommt und damit später arbeiten und eine Familie ernähren kann, so brauchten seine Leute in der Türkei die moderne Technik, um voranzukommen.

Wir malten wie die Besessenen und hatten einen Riesenspaß, aber 100 Bilder waren im Endeffekt wohl doch zu viel. Irgendwann konnten wir nicht mehr und wurden zunehmend zynischer, obwohl wir das eigentlich gar nicht wollten. Wir waren ja nur die Vollstrecker, und unsere eigenen Vorstellungen hatten auf den Bildern nichts zu suchen. Aber manchmal konnte man einfach nicht anders. Zum Beispiel bei Wünschen wie: »Bach im Herbstwald« und »St. Bartholomä am Königssee«. Das ist dieser Kaufhaus-Klassiker mit dem Kapellchen am Ufer vor Tannenwald und im Hintergrund drohend auch noch der mächtige Watzmann. Paul Wachtmann, ein einarmiger, kriegsversehrter Stammgast bei Otto, hatte sich dieses Bild gewünscht. Aber der Paul hatte sich *genau* gewünscht: »St. Bartholomä am Königssee, Komma, Modern!« Das war *die* Aufforderung für den Schmal. Das Bild wurde super. Pastös, locker und wild.

Wir wählten dann zwanzig Bilder aus und baten die Besitzer, sie in ihrer Wohnung an einem Lieblingsplatz aufzuhängen. Davon machten wir Fotos. Das Wunschbild mit Besitzer in seiner Wohnung. Es war klasse. Und plötzlich interessierte sich Dr. Wulf Herzogenrath vom Kölnischen Kunstverein für diese Aktion. Das warf uns um. Jahrelang hatten wir erfolglos geakkert, und jetzt wollten die mit uns gleich eine Ausstellung machen. Das lief tatsächlich ohne Connections und ohne Empfehlungsschreiben. Wir waren aus unseren Schablonen ausgebrochen und hatten etwas Neues, Interessantes geschaffen, und per Mundpropaganda war das tatsächlich bis dahin gedrungen.

»Feldforschung« hieß dann 1978 die Ausstellung im Kölnischen Kunstverein. Die Kritiker nahmen uns ernst, und wichtige Leute interessierten sich für uns. Wir waren die Größten, uns gehörte die Welt.

Und wir hatten schon eine neue Idee. Wieder ein Feldforschungsprojekt. »Was ist Kunst?« Bei einer Kneipendebatte über Kunst hatte unser Freund, der PH-Dozent Prof. Dietrich Sauerbier, mal gesagt: »Denen sollte man mal ihre Scheiße zurückschmeißen.« Genau, das wars: »Wir zeigen den Klischeeköppen jetzt mal gebündelt, was sie sich unter Kunst vorstellen. Die ganzen Klischees, die denen im Kopf rumspuken, nehmen wir jetzt ernst und machen daraus ›echte‹ Kunst. Und die hängen wir dann auf.« Schmal leerte darauf gleich ein Zwischen-Kölsch, die Sache war gebongt.

Die besten Sachen fanden wir in Witzen und in der Werbung. Einmal die Woche gingen wir zum Dante in die Pizzeria am Zugweg und wühlten uns durch sämtliche Lesemappen. Es war unglaublich, was wir da alles fanden. Wir sortierten das Material nach verschiedenen Themen. Zum Beispiel: »Das Erscheinungsbild des Künstlers«: In Witzen trägt der Maler immer einen Kittel voller Kleckse, immer ein Barett, immer eine Pfeife. Er wohnt immer in einem unordentlichen Dachatelier und hat immer eine Palette in der Hand. Und wenn er ein Modell malt, dann lümmelt das fast immer recht üppig auf einem Kanapee rum, und zwischen den beiden spielt sich auch immer irgend etwas eindeutig Zweideutiges ab. Das war dann die Kategorie: »Der Künstler und sein Modell.« Wir projizierten die kleinen Bilderwitze riesengroß auf Leinwände und malten sie einfach ab. Der Schwarz-Weiß-Witz aus der Neuen Revue plötzlich auf 2 x 2 Meter in Öl als »echte« Kunst. Das war wirklich die absolute Lachnummer.

Bei der Werbung war es etwas komplizierter. Dort sollte ja alles echt und ernst aussehen. Ich erinnere mich noch prima an eine Teppichboden-Reklame. Ein teures, luxuriöses Wohnzimmer. Ein Mann betrachtet ein Bild. Kritisch und kunstsinnig. Man sollte sofort merken: Das ist ein gebildeter, wohlhabender Zeitgenosse. Und so ein Mann sammelt wertvolle Kunst *und* legt Wert auf eine gediegene Einrichtung. Zum Beispiel auf einen noblen Teppichboden. Diesen betrachteten nun, ebenso verständig wie der Kunstsammler sein Bild, seine Gäste. Aber dem Fotografen dieser Werbung war leider ein furchtbarer Fauxpas passiert, denn das Bild in den Händen des Sammlers war völlig verspiegelt und überhaupt nicht zu erkennen. Und genau das malten wir dann als Kunstwerk. Ein verspiegeltes Bild mit Goldrahmen. Daneben hing – gerahmt – natürlich auch die Originalwerbung. Auch dieses Projekt war erfolgreich. »Eremit? Forscher? Sozialarbeiter?« hieß 1979 die Ausstellung im Hamburger Kunstverein, in der es zum ersten Mal gezeigt wurde.

»Hi! My name is Julian Schnabel. I'm from New York. I'm a friend of Rainer Gross. He gave me your number...« Dieser Anruf kam an einem heißen Sommernachmittag 1978 und war der Auftakt eines mittleren Erdbebens. Dieser Julian Schnabel, damals noch gänzlich unbekannt, sollte eine Ausstellung in der Düsseldorfer Galerie Dezember machen. Und der Mötz hatte ihm meine Telefonnummer gegeben: » »He will help You, when You are in Germany.« Julian Schnabel war bereits am

Kölner Hauptbahnhof. Im olivgrünen T-Shirt, einer weiten Khakihose und vor sich, auf dem Boden ein Monster von Seesack. Wie frisch aus dem Army-Store sah er aus. Und neben ihm lag eine etwa drei Meter lange Rolle. Leinwände, in Plastikfolie gewickelt. Wie hat er die wohl transportiert? dachte ich mir damals noch, als ich ihn mit meiner Kastenente abholte. Heute weiß ich, daß sowas für ihn nicht das geringste Problem war. Denn Julian war eine Naturbegabung im Schmarotzen, Geiern, Breit-Quatschen, Leute-für-sich-Einspannen.

Er saß kaum bei mir in der Küche und trank meinen Kaffee, da wußte ich bereits, daß er nicht nur bei mir zu wohnen gedachte, sondern daß er auch noch Bilder für die Ausstellung malen mußte. »I'm sure You don't mind ... Quassel, Quassel ...«

Eigentlich fand ich das alles gar nicht so gut, denn die Hille hatte gerade nach elf Jahren ihren Abgang gemacht. Sie müsse endlich mal ihr Studium beenden, und in meiner Hippie-Maler-Musiker-Umgebung würde sie das nie schaffen. Das war der offizielle Grund. Ich hatte zwar schon länger damit gerechnet, aber als sie dann tatsächlich endgültig ihren Kram packte, ging ich ganz schön auf dem Zahnfleisch. Ich begann noch mehr zu saufen, torkelte nachts aus den Kneipen in die Falle, kämpfte vormittags mit meinem Kater, hing nachmittags apathisch auf dem Sofa und grübelte an einem Stück über unsere Beziehung: »Klar, daß die dich verlassen hat. Du hast doch eh keine Zukunft mit dem bißchen Kneipenmusik, mit dem bißchen Bilder malen. Die ist halt auf den Luxus gekommen, ausgetobt hat sie sich nicht mit den Nebentypen, sondern mit dir. Jetzt ist Schluß mit der Boheme. Der Künstler hat seine Schuldigkeit getan.« Die Frau Juristin hatte Ernst gemacht. Es wäre mir angenehmer gewesen, meine Schwermut ganz allein in meiner Wohnung auszuleben, aber ich sagte trotzdem »O. k.« zu Julian. Schließlich war ja wirklich genug Platz, und außerdem war er ein Freund von Mötz.

Julian war das absolute Riesenbaby. Er interessierte sich ausschließlich für sich selbst und seine Bilder. Und der Schmal und

ich sorgten dafür, daß er überlebte. Wir kauften Holz, bauten Keilrahmen, spannten seine Bilder auf und transportierten sie sogar nach Düsseldorf in die Galerie. Ich sah zu, wie er mein Atelier besetzte, meine Bilder zunächst zur Seite, dann in die Küche räumte. Er brauche Platz für seine Großformate. Dann hängte er sogar die Türen in der Wohnung aus. Und wenn ich unterwegs war, plünderte er den Kühlschrank. Fraß die ganze Wurst, den Käse, die Fischkonserven. Übrig blieb nur das Brot. Das mochte er nicht. Und dabei teilte ich mit ihm sogar mein Bett. Einer von uns, im Zweifelsfall wohl ich, hätte sonst auf der Couch schlafen müssen und am nächsten Morgen garantiert wie eine Eckbank ausgesehen. Nun hatte ich ja genügend Platz in meinem Doppelbett, und femininer Ersatz stand noch nicht an, und deshalb war's mir letztendlich egal, ob er bei mir poofte. Julian quasselte nachts immer so lange, bis ich nicht mehr reagierte, und wenn ich dann gerade dabei war, einzuschlafen, gings los: »Knack, knack.« Pause. »Knack. Knack.« Es war zum Wahnsinnigwerden. Ich traute mich zunächst nicht, ihn zu fragen, was er da mache, aber irgendwann tat ich es dann doch: »What the hell are You doing, Julian?« Und er antwortete völlig verzückt: »I really like to break theese little feathers.« Der knackte doch tatsächlich systematisch die Daunen meines Federbettes!
Und trotzdem mochte ich ihn. Irgend etwas an ihm war faszinierend. Zunächst natürlich seine Bilder. Er malte ja nun wirklich völlig außerhalb des Trends. Alle wurstelten zu der Zeit noch figürlich und realistisch in der Gegend herum, und er malte einfach große, fast monochrome Formate. Da waren zum Teil kleine Höhlen in der Farbe, teilweise auch richtig räumlich in die Leinwände hineingearbeitet. Da spielten sich grobe, lineare und vieldeutige Geschichten ab. Das alles war äußerst spannend, das machte mich neugierig. Und abgesehen von seinem Schmarotzertum war er ein richtig lieber und auch sehr lustiger Typ. Ich verfluchte ihn zwar mehrmals täglich, aber abends gingen wir dann doch zusammen regelmäßig auf die Piste.

Eines Tages wollte er plötzlich nach Basel zum Kunstmarkt. Ich hatte da zwar überhaupt keinen Bock drauf, aber er überredete mich natürlich. Er würde das Benzin bezahlen und für eine Unterkunft sorgen. Er tat weder das eine noch das andere. Das hätte ich wissen müssen. Ich bezahlte den Sprit *und* besorgte uns einen Schlafplatz.

Und dann die Messe. Mr. Schnabel war wirklich unglaublich. Er rannte mit seinen Dias, die ihm der Mötz in New York (selbstredend) umsonst gemacht hatte, von Galerie zu Galerie, oder präzise ausgedrückt: Er überfiel die Galerien.

»Hi. Ich bin ein Freund und Kollege von Les Levine (bekannter amerikanischer Konzeptkünstler). Der hat mir gesagt: Schau doch mal beim Stand der Galerie ›soundso‹ vorbei. Zeige ihnen Fotos von deinen Arbeiten. Sie werden begeistert sein!«

Schwups, schon mußten sich die Galeristen durch seine Mappe wühlen. Sie waren alle tierisch genervt und atmeten regelrecht auf, wenn Julian ihre Koje verließ. Er blitzte zwar überall ab, aber war trotzdem keineswegs gefrustet, denn er war der Meinung, daß dies der einzig richtige Weg sei, um Kontakte zu knüpfen. Anscheinend hatte er recht!

Auch die Ausstellung in Düsseldorf war ein Flop. Er verkaufte kein einziges Bild und verschwand anschließend nach Italien. Ich hatte ihn allerdings vorher schon aus meiner Wohnung in die zur Zeit leerstehende Bude meines ehemaligen Studienkollegen Charlie Banana umquartiert, denn ich hatte es einfach nicht mehr ausgehalten und wollte schließlich auch selbst endlich wieder richtig arbeiten. Aber in meinem Atelier stand ja Mr. Julian Schnabel und malte zum Sound der non stop laufenden »Berlin«-LP von Lou Reed ein riesiges rotes Bild. Es hieß »Painting for Aldo Moro«, der damals gerade von den roten Brigaden ermordet worden war. Dieses Bild habe ich vor einiger Zeit in der Düsseldorfer Kunsthalle in einer allerseits gefeierten Julian Schnabel-Ausstellung wiedergesehen: Es war ein Gefühl, wie wenn man einen alten Bekannten wiedertrifft.

Schmal und ich planten ein drittes Projekt. »Tagesbilder«. Zwei

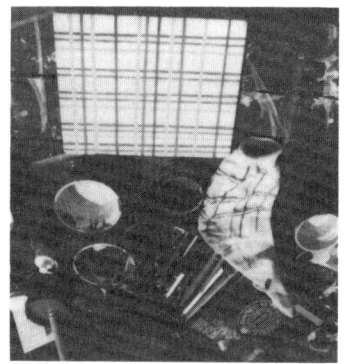

Julian Schnabels Socke und   W. N. beim Malen der Socke

»Tagesbilder« in der Kunsthalle Wilhelmshaven

Jahre lang hatten wir versucht, fremden Kunstgeschmack zu er-
forschen. Unsere eigenen künstlerischen Ideen und Kreativität
spielten dabei nur eine Nebenrolle. Hatten wir uns dabei verändert? Dachten wir jetzt anders über Kunst als früher? Würden
wir anders malen? Welche Motive würden uns jetzt interessieren? Wie sah wohl unsere Bilderwelt jetzt aus? Zwischen uns
und dem früheren »Künstlerdasein« lagen außer den Kunstak-
tionen noch der Zivildienst, »Otto«, BAP, Hilles Abgang,
Schmals Hochzeit. Wir wollten uns jetzt selbst testen. Wir beschlossen, ab dem 1. 1. 1979 jeden Tag ein Bild zu malen. Ein
Jahr lang bis zum 31. 12. 1979. 365 Mal ein Tageserlebnis im
Format 19 x 23 auf Holzbrettchen mit Nessel bespannt. Egal,
was wir sonst noch anstellten. Jeden Tag ein Bild. Das war
Pflicht. Und in diesem Jahr passierte wahnsinnig viel. Die Ar-
beit an der ersten BAP-LP. Die Ausstellung der »Was ist
Kunst«-Aktion in Hamburg. Ein traumhafter, dreimonatiger
Aufenthalt in Griechenland mit Agnette, Hilles Nachfolgerin.
Mit Kastenente, Gitarre und Malzeug. Tagsüber Sonne und
Meer, abends Souvlaki oder Grillfisch, Tomaten, Retsina,
Ouzo und Liebe im Sand. Das wars, auch wenn es kitschig
klingt. Ich brauchte Wochen, um mich nach meiner Rückkehr
wieder an Köln zu gewöhnen. Und da entstanden dann prompt
die verschiedensten »Heimweh nach Zakynthos«-Brettchen:
Abgemalte Retsinaetiketten, Landkartenausschnitte etc. Und in
Griechenland hatte ich auch mal in meiner Malkiste nach einem
Lappen rumgekramt und hatte plötzlich Julian Schnabels bunt-
karierte hellgrüne Socken in der Hand. Mr. Schnabel war innerhalb eines Jahres zum regelrechten Superstar in Amerika geworden. Das hatte uns der Mötz durchtelefoniert. Grund genug, ein Tagesbild mit Julian Schnabels Socken zu malen. Die
»Tagesbilder« waren ein tolles Konzept. Total persönlich und
trotzdem ein regelrechtes Zeitdokument. Die letzten beiden
Tagesbilder, Silvester 79, zeigen dann sowohl bei Schmal als
auch bei mir die »Security-Instructions« der Capitol-Airway.
Dieser hellblaue Karton mit Flugzeugquerschnitt und einge-

zeichneten Notausgängen, Bedienungsanleitung der Schwimm-westen und Sauerstoffmasken. Wir waren mal wieder auf dem Weg nach New York. Wir wollten zum Mötz und landeten bei Julian Schnabel.

Mötz hatte angerufen und mich aus dem Bett geholt: »Paß auf! Du hast Larry Rivers doch vor Jahren mal die Aufzugstür be-malt. Diese überdimensionale, wehende Vietcong-Flagge. Da ist jetzt ziemlich der Lack ab und Larry möchte gerne, daß du das Bild renovierst. Er steht nämlich total auf die Flagge. Wenn die Banker, Ärzte und Anwälte zu ihm kommen, um Bilder zu kaufen, sind die immer total geschockt. Und das findet er super. Also, du sollst im Frühjahr rüberkommen, und er bezahlt dir den Flug und ein gutes Taschengeld obendrauf.« »Super. Das ist eine geile Idee. Saach dämm Larry, ich maach dat. Ich melde mich. Maach et joot, Mötz.«

Am nächsten Morgen rief ich sofort den Schmal an. »Mann, komm doch mit. Wir teilen uns die Kohle, die ich von Larry für die Elevator-Door kriege, und wir machen einen Super-Neu-jahrsausflug mit den Mädels!« Gesagt, getan. Wir buchten Bil-ligflüge ab Brüssel und standen genau abends um sechs Uhr Ortszeit beim Mötz vor der Tür. In Köln war jetzt Mitternacht, Silvester. Das würde eine gute Fete abgeben. Und Mötz würde bestimmt ein einmaliges Gesicht machen. Er hatte ja schließlich keine Ahnung, daß wir dermaßen prompt kamen. Eine absolute Überraschung! Und die gelang uns prima. Er öffnete die Tür und war entsetzt!

»Wat wollt ihr dann he?«

»Dich überraschen. Wir sind einen Tag früher gekommen, um mit dir Silvester zu feiern.«

»Wie, einen Tag früher?«

»Du hast doch angerufen. Ich soll zu Neujahr Larry's Tür re-novieren.«

»Quatsch, nix Neujahr. Irgendwann im Frühjahr!«

Das war ziemlich peinlich, aber es wurde noch peinlicher. Mötz hatte nämlich, wie vor ihm schon der Schmal, soeben unwiderruflich seine erste Ehe in den Sand gesetzt und war im Begriff, am nächsten Tag nach Köln zu fliegen. Wir konnten deshalb nicht bei ihm wohnen, denn seine Frau hatte natürlich absolut keinen Bock, gleich vier Figuren aus dem Leben ihres (in Bälde) Ex-Mannes bei sich aufzunehmen. Und weils natürlich knüppeldick kommen mußte, packte Larry gerade die Koffer für Mexiko und wollte seine Bude auch nicht abdrücken. Da stehe so viel teure Kunst, und er hätte so ein kompliziertes Alarmsystem. Und das, nachdem der Schmal mal ein Jahr lang sein Assistent gewesen war und ich mich auch etliche Zeit bei ihm herumgedrückt hatte. Unglaublich. Aber was solls? Die New Yorker haben alle einen ziemlichen Einbruch- und Alarmtick.

Wir mußten aber unbedingt einen Pennplatz finden, denn wegen der Charterflug-Bedingungen konnten wir erst in drei Wochen wieder zurückfliegen. Da blieb uns nur noch Julian Schnabel. Mittlerweile ein Star und begütert. Bei dieser Gelegenheit könnte er eigentlich mal seine Keilrahmen, Benzinkosten, die geleerten Kühlschränke etc. abdienen. Dachten jedenfalls der Schmal und ich. Also hin, und schließlich durften wir froh sein, daß er wenigstens zwei von uns vieren bei sich im Atelier aufnahm. Für die anderen beiden würde er ein Hotel besorgen und einen Special-Price aushandeln. Das klang anfangs noch so, als ob er den Deal bezahlen würde. Aber es lief Schnabel-typisch. Es gab zwar einen Special-Price, aber wir mußten selber löhnen. Das Hotel hieß »George Washington« und war ein absolutes Loch. Wir hatten ein Eckzimmer ungefähr in der 20. Etage, und es zog dermaßen, daß wir nachts mit Mänteln im Bett lagen. New York kann sehr kalt sein. Deshalb wechselten wir uns beim Pennen immer ab. Mal schlief der Schmal mit seiner damaligen Flamme Christine in Julians Atelier, in der nächsten Nacht dann Agnette und ich. Aber die Bude hatte immerhin einen Fernseher, und gegenüber vom Hotel war ein 24-Stunden-Drugstore. Dort besorgten wir uns Sandwiches und Dosenbier und zogen uns nachts die Soap-Operas rein. Tagsüber schlappten wir zu Fuß durch die Stadt. Zwei abgedrehte, abgebrannte Kölner Pärchen, mit Gott sei Dank ausreichend viel Sinn für Humor, in dem großen, fremden New York. Die Straßen Manhattans rauf und runter, durch Eis und Schnee. Mit vom Wind zerzausten Haaren unter U-Bahnviadukten und frierend in Neon-Coffeeshops vor einer Gummibrühe. Wir waren so was wie eine realexistierende Drehbuchvorlage für ein Jungfilmerdebüt. Bei einem dieser Streifzüge durch Greenwich-Village kamen wir auch am legendären »Gerde's Folk-City« vorbei. Hier war der gute Bob Dylan damals regelmäßig aufgetreten und schließlich entdeckt worden. Ich saß anschließend im zugigen Hotelzimmer und schrieb die kölsche Fassung von »Like A Rolling Stone«, und Agnette ahlte sich, artigst bemantelt, auf dem Bett vor der Glotze. Wir fühlten uns schon äußerst Kerouac-mäßig. Der Trip war wildromantisch.

Prinzenrolle, Kölsch & Carmen

BAP auf Ochsentour

Wir spielten auf der »Grenzlandschau« in Prüm. Wir waren das »Jugendprogramm«. Nachmittags im Bierzelt nach der Blaskapelle. Draußen tuckerten die neuesten Traktoren vorbei, grunzten die Mastschweine, standen preisgekrönte Rekord-Milchkühe und Zuchtbullen mit Blumenschmuck auf den Köpfen apathisch in engen Holzboxen. Und wir spielten den »Alptraum eines Opportunisten«, »das neueste Testament«, »Wahnsinn«, als Zugabe »Flipper« und »Robin Hood«. Die Eifel-Kids fuhren voll auf Kölsch-Rock ab.
BAP auf Ochsentour durchs Rheinland und Umgebung. Es war echte Knochenarbeit. Immer erst nach Hersel in den Proberaum und die Anlage in die Autos verladen. Das meiste kam in den Mercedes-Transporter »Betten Odenthal« von Bernds El-

tern. Der Rest in unsere PKWs. Der Schmal und ich traditionell in der Kastenente. Ausgerüstet mit zwei, drei Prinzenrollen und einem Kasten Küppers-Kölsch. Davon lebten wir, so gurkten wir durch die Gegend. Volksfeste, Kneipensäle, Jugendzentren. Ausladen, Soundcheck, Konzert, einladen und zurück nach Hersel oder zum nächsten Gig. Wieder ausladen, einladen. Manchmal waren wir 18 Stunden unterwegs, und immer diese Scheiß-Wuchterei. Das Zeug wog damals schon Tonnen. Wir zogen an den Wochenenden über die Lande, aber wir waren keine Schülerband mehr, die ihr Taschengeld aufbessert, wir wollten von der Musik leben. Wir schafften es nicht. Jeder von uns hatte noch einen Nebenjob. Ich machte weiterhin meine Solo-Kneipentouren.

Der Schmal und ich hatten eine Malpause beschlossen. Fast drei Jahre hatten wir an unseren Projekten gearbeitet. Zuletzt der Kraftakt mit den »Tagesbildern«. Wir waren ausgepowert. Unsere Ausstellungen brachten uns Anerkennung, aber keine Kohle. Schmal resümierte mit dem Satz:

»Ob wir jetzt von der Musik oder von der Malerei nicht leben können, ist doch egal.« Also versuchten wir es mit Musik. Abends probten wir die Bierkästen leer, nachts plakatierten wir Bauzäune, Bushaltestellen und alte Scheunentore, tagsüber hing ich am Telefon und versuchte BAP zu verdealen.

»Tag. Mein Name ist Wolfgang Niedecken. Ich bin der Sänger der Gruppe BAP aus Köln und wollte fragen, ob Sie Interesse an einem Konzert mit uns hätten?«

»Was für Musik macht ihr denn?«

»Rockmusik mit kölschen Dialekt-Texten.«

»Ach, so was wie die Bläck Fööss?«

Da hatte ich dann schon einen dicken Hals.

»Nein, nicht wie die Bläck Fööss. Wir machen Rockmusik.«

»Wo ist denn da der Unterschied?«

Meinen Ärger schluckte ich schnell runter und laberte dann irgendwas von anderen Texten und Schlagzeug und, und, und . . . Aber meistens kam die Message nicht rüber.

Irgendwann machten wir dann unsere eigene, ganz spezielle Promo(tion)-Tour. Wir kurvten mit dem Auto übers Land und suchten nach irgendwelchen Lokalen mit Festsaal, gingen rein und bequatschten einfach die Wirte, bis sie ihr O.k. gaben.

»Wir würden hier gerne ein Konzert geben.«

Skepsis, Skepsis. Mißtrauen. »So was gab es ja noch nie bei uns.«

»Na prima. Dann wird es ja höchste Zeit, daß wir damit anfangen. Sie haben keine Unkosten oder Risiko. Wir plakatieren und kassieren nur den Eintritt. Sie bekommen die Einnahmen für die Getränke.«

Damit waren die meisten einverstanden. Und oft kamen viele Leute zu den Gigs, weil da ja sonst nichts passierte. So schlugen wir uns regelrecht durch die Provinz. Einmal kamen wir zu einem riesigen Ausflugslokal an der belgischen Grenze. Vor der Tür standen noch die »Rentnerfallen«, Reisebusse für Butterfahrten. Die Leute hatten schon ihre Gratis-Tagesration Ardennerschinken, Butter, Landeier und Bauernbrot abgezogen sowie den Ausflugsteller (1/4 Gummiadler mit Pommes und Salatblatt) verzehrt. Jetzt sollten sie nur noch ein paar Heizdekken, Schnellkochtöpfe oder echte Kamelhaardecken kaufen. Und wir mußten so lange warten, bis sie den Bauernsaal räumten. Abends zum Gig waren dann nur ein paar Figuren da, aber die hatten viel Spaß. Schon ein paar Wochen später spielten wir da in der Gegend nur noch vor vollem Haus. Live-Musik war dort noch richtig angesagt.

In städtischen Jugendzentren hatten wir es schwerer. Hier standen die Kids auf Travolta-Disco und Amanda Lear. Im Juze Köln-Pesch bauten wir gerade unsere Anlage auf, als ein Sozialarbeiter total ausrastete:

»Seid ihr wahnsinnig geworden, auf der Tanzfläche aufzubauen? Da macht ihr keine Schnitte bei den Kids. Da seid ihr total unten durch, wenn die das sehen. Die kommen doch wegen der Disco.«

Tatsache war, daß die Sozialarbeiter auf uns standen und uns engagiert hatten. Die Kids mußten, quasi als pädagogisches Begleitprogramm, erst mal einen BAP-Gig über sich ergehen lassen, bevor sie dann endlich ihre Travolta-Disco bekamen. Jedenfalls bauten wir an jenem Abend den ganzen Kram ab und ein paar Meter weiter wieder auf. Den Teenies gefiel es dann schließlich doch noch.

Aber im Juze Köln-Niehl erwischte es uns härter. Die hatten dermaßen null Bock auf uns, daß sie demonstrativ die Tischfußball-Automaten direkt vor unsere Bühne schleppten, und während wir spielten, kickerten die einfach. Diesen Gig haben wir schließlich abgebrochen. Das nagte doch zu sehr an unserem Selbstwertgefühl.

Ich stand im »Basement« an der Pißrinne, neben mir ein Typ im dunkelgrünen Anorak mit einer etwas eigenartigen Frisur. Oben die Haare kurz und glatt, hinten eine Matte. Irgendwie spürte ich, daß der was von mir wollte. Er hatte jedenfalls schon eine knallrote Birne.

»Du bist doch der Sänger von BAP?!«

»Ja.«

»Eure Musik ist Scheiße.«

Zack! Das saß ziemlich tief. Der Junge ging ran! Wahrscheinlich wieder mal irgend so ein Großmaul.

»Wieso?«

»Euer Gitarrist ist Scheiße, das Schlagzeug zu zurückhaltend, der ganze Sound ist zu zahm, schwammig, unentschieden.«

»Und was würdest du uns da empfehlen?« Der Typ ging mir zwar ziemlich auf den Zeiger, aber tragischerweise stimmte das ja, was er so daherquatschte. Er sei selbst Musiker, Rock-Gitarrist, spiele schon seit Jahren in Bands und, und, und.

Zufälligerweise suchten wir gerade einen Gitarristen. Hans Heres war eigentlich schon ausgestiegen. Er stand kurz vor dem Examen und wollte anschließend bei seinem Vater im Kalksandsteinwerk als Junior-Chef einsteigen. Und wir waren nur deshalb im »Basement« beim Konzert der Konkurrenzband »Jenifer«, weil der Gröön schon mit dem Gitarristen Paolo

Campi verhandelt hatte. Der wollte zu uns wechseln, und wir wollten ihn uns eigentlich nur noch mal pro forma ansehen. Der Typ mit dem Anorak hatte also definitiv den letzten Augenblick erwischt, wenn er bei BAP als Gitarrist einsteigen wollte. Vielleicht hatte er ja wirklich was drauf. Also verschoben wir das mit Paolo noch um eine Nacht.

Am nächsten Morgen um zehn stand das Großmaul dann bei Schmal und mir auf der Matte. Er schnallte sich die Gitarre um, und nach einer halben Stunde waren wir überzeugt, er spielte einfach alles, wie man es wollte. Mal wie Hendrix, mal wie Clapton, mal wie Richards. Der Mann im grünen Anorak hieß Klaus Heuser und wurde unser neuer Sologitarrist, der dann auch bald den Spitznamen »Major« weghatte.

Er gab ab sofort den Ton an, prägte den Sound der Band. Wir waren vorher wirklich so eine Art wildgewordene Liedermacherkapelle gewesen, keine Rockband, aber jetzt ging die Post richtig ab.

Unser Bassist Wolfgang Klever, der »Gröön«, stieg dann auch bald aus. Gröön arbeitete als Sachbearbeiter auf dem Finanzamt und packte es einfach nicht mehr, sich mit uns die Wochenenden um die Ohren zu schlagen. Hans, unser neuer Mixer, wußte Ersatz. Sein Mixerkollege bei der Kölner »Food Band«, Stefan Kriegeskorte. Der würde mit Sicherheit als Typ zu uns passen, und außerdem studiere der schließlich Cello auf der Musikhochschule. Und ein Cello hätte ja auch vier Saiten wie ein Baß, er müßte das also draufhaben. Der Steff paßte menschlich wirklich gut zu uns, nur mit dem Baßspielen haperte es anfangs noch ziemlich. Aber er biß sich durch. Erst viel später erzählte er uns, daß man Baß und Cello überhaupt nicht miteinander vergleichen kann, weil die Saiten ganz anders gestimmt werden.

BAP war also jetzt eine Rockband. Aber damit gab es gleich neue Probleme, denn wir klangen jetzt natürlich komplett anders als auf unserer ersten LP. Und das war schlecht, was die Gig-Beschafferei betraf. »Hallo, wir sind BAP, und das ist un-

sere Platte. Aber jetzt haben wir einen total anderen Sound.«
Aber wie? Wir brauchten jetzt wenigstens eine aktuelle Single.
Wir beknieten Eigelstein, und die Knauser genehmigten
schließlich eine Billigstproduktion. Wir landeten in irgendwel-
chen 4-Spur-Hobbystudios, wo man mit der Birne regelmäßig
gegen die Decke donnerte. Es war sinnlos. Letztendlich bekamen wir dann, für einen Abend, das Studio von Conny Plank.
Und der Meister himself war unser Produzent. Ein absoluter
Glücksfall. Conny zeigte in dieser Nacht hundertprozentigen
Einsatz. Wir hatten für die Nummer »Der chauvinistische
Aschermittwochs-Rock« einen Saxophonisten engagiert, Bernd
Cullmann, ein Jazz-Rocker. Der Junge ist ein sehr guter Musiker. Virtuos, technisch einwandfrei, sauberer Ton. Aber eben
ein Jazz-Rocker. Er schaffte es einfach nicht, ein simples, drek-
kiges, röhrendes Rock 'n' Roll-Solo zu spielen. Er konnte sich
noch so anstrengen, es klang immer nur schlau. Gerade so, wie
wenn der Doldinger sich an »Johnny Be Good« vergreift. Da
kam Conny Planks Auftritt. Er griff sich eine Stones-Platte, ich
glaube, es war die »Exile On Mainstreet«, und jagte Bobbie
Keys Saxophonpassagen vollste Kanne über Studiolautspre-
cher. Aber das war noch nicht alles. Jetzt kam auch noch Con-
nys Performance. Er wirbelte, tanzte, hüpfte und sprang vor
dem Bernd Cullmann herum. Er *zeigte* ihm regelrecht den
Rock 'n' Roll. Irgendwo zwischen Kasatschok und Chuck Ber-
rys legendärem »Duck Walk«. Mann oh Mann! Einen solchen
Produzenteneinsatz habe ich seither nie mehr erlebt. Bernd
Cullmann kriegte die Sache dann irgendwann halbwegs hin,
und nach sieben Stunden Non-Stop-Produktion inklusive Ab-
mischen waren die Mastertapes für die neue Single fertig.
Unsere Musik wurde nicht nur besser, wir wurden auch immer
bekannter. Wir spielten in Hannover, in Berlin, in Frankfurt.
Oft waren wir ein ganzes Wochenende unterwegs. Ohne Hotel,
ohne Dusche, ohne Frühstück. Nach dem Gig wurde gesoffen,
dann kroch man in die Schlafsäcke und lag in irgendwelchen
Lagerräumen zwischen Bierkisten und Gerümpel. Morgens um

acht erwachte man mit Brummschädel und steifen Gliedern. Verkatert, stinkend, übermüdet. Zwei Alka Seltzer, Hände und Gesicht auf verkotzten Jugendzentrumsklos gewaschen, einmal mit der Hand durch die Haare gefahren, und weiter ging die Reise. Wenn wir Glück hatten, nahm uns auch schon mal eine nette Wohngemeinschaft auf. Das war dann meistens bei einem der unzähligen unheimlich »wichtigen« Konzerte, für oder gegen irgend etwas. Aber dann gab es meist nur Mini- oder gar keine Gagen. Normalerweise bekamen wir damals zwischen zwei- und dreitausend Mark. Aber wir sparten jeden Pfennig für eine bessere Anlage. Wenn wir rauskommen wollten, brauchtes wir neues Equipment. Bernd entdeckte eine Zeitungsannonce, in der ein Klein-PA in Kassel angeboten wurde. 20 000 Mark, und wir waren wieder Pleite. Neues Mischpult: 10 000 Mark. Wieder pleite. Jeder ein eigenes anständiges Instrument und Verstärker. Wieder Pleite. Benzinkosten, Plakataktionen. Wieder pleite. Wir rissen uns den Arsch auf, wir spielten vor immer mehr Leuten und wurden immer mehr bejubelt, und kohlemäßig gings uns persönlich immer dreckiger. Ich hatte kaum mehr Zeit für meine Solo-Gigs. Das erste Mal seit Jahren war ich echt pleite.

Und dann kam Carmen. Ich kannte sie aus dem Chlodwigeck. Sie war mir aufgefallen. Typ: Höhere Tochter. Jeans, marineblauer Pullover, immer ein weißer Hemdkragen. Eines von den Mädels, die auch schon ohne Perlenkette hochgradig edel aussehen. Ich versuchte erst gar nicht, sie anzusprechen. Ich wollte mir doch keinen Korb holen! Für die war ich »Dauer-Besoffski« mit Sicherheit der letzte Prolet. Unsere Clique gehörte ja schon regelrecht zum Chlodwigeck-Thekeninventar. Den ganzen Abend lang nur dumme Sprüche und Bier, bis wir kurz vor dem endgültigen Absturz beidarmig rudernd gerade noch den Weg zur Tür fanden.

Ich hatte mittlerweile einen Hund, Blondie, frisch aus dem Tierheim. Mit dem ging ich an einem schönen, warmen Maitag im Volksgarten spazieren. Am Weiher lagen jede Menge Leute und sonnten sich. Und da lag auch die Traumfrau aus dem Chlodwigeck. Wir sahen uns an, ich nickte flüchtig, und zu meinem Erstaunen sprang sie auf und kam auf mich zu.

»Du bist doch dieser Typ von BAP«, sagte sie ziemlich säuerlich. Ihr Tonfall ernüchterte die gerade erst aufgekommene kleine Hoffnung...

»Ich hab mir eure Platte gekauft. Die springt. Das find ich echt scheiße.«

»Das ist aber komisch, kann eigentlich fast nicht sein.« Es konnte natürlich sehr wohl sein. Denn um möglichst viel auf die Platte zu bekommen, war sie viel zu eng gepreßt worden, und dadurch konnte die Nadel recht leicht springen. Ich gab ihr die Kontaktadresse von Eigelstein und sagte, da würde sie bestimmt eine neue Platte bekommen...

Aber auch die sprang. Ich erfuhr das bei einem meiner jetzt recht häufigen Streifzüge durch den Volksgarten. »Zufällig« latschte ich nämlich von diesem Tag an immer mit Blondie an der Stelle vorbei, wo ich die »höhere Tochter« vermutete, und »zufällig« lag sie auch meistens da. Daß auch ihre zweite Platte wieder sprang, war mir eigentlich ganz recht. So hatten wir wenigstens ein Thema. Denn ich hatte keine Ahnung, wo ich bei ihr den Bagger ansetzen sollte. Und ich hatte mich total in Carmen verknallt.

»Jetzt kümmere ich mich selbst darum«, versprach ich. Die dritte Platte brachte ich ihr persönlich. Aber auch sie sprang. So langsam wurde es peinlich. Die Platten hörten nicht auf zu springen, und unsere »zufälligen« Treffen wurden immer regelmäßiger. Dann latschten wir die diversen Cafés ab, da ein »Espresso« und dort ein »Cappuccino«. Nur ja nicht den Kontakt verlieren. Carmen machte eine Ausbildung als Krankengymnastin an der Uni-Klinik. Soviel hatte ich schon rausgefunden. Und viel später dann: Die Platten mußten bei ihr einfach springen, denn ihr Plattenspieler war ein ungeheueres Gerät. Dagegen war mein »Dual-Mono« das absolute High-Tech-Instrument. Diese Zufälle! Komödienstoff: »Wie einmal ein Köl-

ner Woody Allen hinter einer Porzer Diane Keaton herspei-
chelte.« »Übertrieben!« würden die Kritiker schreien und den
Schreiberling oder Filmer in seine Schranken weisen. Aber das
Drehbuch hatte noch mehr Überraschungen.

So langsam hielt ich es nicht mehr aus. Ich setzte mir ein Datum: Donnerstag, 20. Mai 1980. Wir saßen im Chlodwigeck bei
offenen Fenstern. »Heute machst du die Landung«, sagte ich
mir, aber wir blubberten doch wieder eine ganze Stunde lang
nur belangloses Zeug. Unkonzentriert sagte ich »Ja, ja. Äh hm,
äh hm« und hörte gar nicht recht zu. Ich hatte schweißnasse
Hände, mich interessierte nur eines: »Wie, verflucht, sag ich es
ihr?« Nach einer Stunde, ich hatte gerade mit den schlauen
Worten: »Du, äääh, ich muß dir jetzt endlich mal was sagen«,
angesetzt, zog eine Demo am Chlodwigeck vorbei. In den ersten Reihen »Klaus der Geiger« und andere Südstadt-Polit-Ak-
tivisten. Nur ich fehlte. Aber sie entdeckten mich sofort:
»Da steckst du also! Wo warst du bei der Kundgebung vor dem
Rathaus? Jetzt aber los! Die Reihen fest geschlossen! Auf zur
Stollwerck-Besetzung!«

Scheiße! Ich hatte überhaupt keine Lust. Ich wollte endlich mit
Carmen Klartext reden. Aber ich mußte mit. Schließlich hatten
wir in Sachen »Rettung des Stollwercks« schon wiederholt das
Maul aufgerissen. Ein kleiner Trost: Die »höhere Tochter« begleitete mich. Es war ein Riesentrubel. Ich hatte die ganze Zeit
über Angst, sie zu verlieren. Und ich war total aufgedreht. Immer dieses Gefühl von »zu viel Kaffee im Bauch«. Nach vier
Stunden war die Aktion endlich in einer Phase angelangt, in der
man sich verpissen konnte. Wir verdrückten uns ins »Ubier-
ding«, und ich bugsierte Carmen in eine ruhige Ecke und sagte
es ihr: »Hin und weg. Total umgehauen. Keine ruhige Nacht
mehr«, und was man da sonst noch so alles flötet. Aber da der
Rest in schlechte Komödien gehört, spare ich mir weitere Ein-
zelheiten, wichtig war mir, daß sich Carmen auch in mich verliebt hatte.

Als ich schließlich nach Hause ging, war ich happy und hatte zugleich ein flaues Gefühl im Magen. Der Grund: Agnette. Fast zwei Jahre waren wir zusammengewesen. Sie wohnte bei mir. Agnette arbeitete als Ausstatterin beim Film und war viel unterwegs, ich zog mit der Band rum. Wir wohnten zwar noch in derselben Wohnung, aber mehr war nicht. Trotzdem war es ein Schock für Agnette. Aber es gab glücklicherweise keinerlei hysterische Szenen, Schuldzuweisungen oder Streit. Ich wollte ihr nicht weh tun, aber ich war verknallt, und sie akzeptierte alles ganz still. Sie packte in den nächsten Tagen ihre Koffer und zog wieder in ihre eigene Wohnung. Aber Agnette ist immer eine sehr gute Freundin geblieben, ein Mensch, zu dem ich sehr viel Vertrauen habe.

Ein indirektes Opfer dieser Liebesgeschichte wurde damit auch noch der Schmal, denn er war seit seiner Scheidung mehr oder weniger wohnungslos und hauste gerade in Agnettes Bude. Da mußte er jetzt raus. Er kam in Folge dann zwar immer bei irgendwelchen Girlfriends unter, aber das waren vorwiegend Pennplätze, denn der Schmal hatte durch seine Ehe einfach dermaßen die Schnauze voll von Beziehungskram, daß er sich auf nichts Festeres mehr einlassen wollte. Im Grunde genommen lebte er in seinem VW-Käfer. Der parkte praktischerweise meistens direkt vor dem Chlodwigeck und diente als Kleiderschrank und Not-Appartement zugleich.

Eigelstein wollte eine zweite Platte mit uns machen. Wir nahmen sie in den »Sunrise Studios« in Kirchberg in der Schweiz auf. Ein kleiner, sehr kreativer Laden. Die ganzen zwei Wochen liefen sehr relaxt ab. Matthias Keul, Kalaus Bruder, der später auf meiner Complizen-Platte den Kapellmeister machte und jetzt bei »The Piano Has Been Drinking« spielt, war unser Studio-Keyboarder. Er wollte allerdings von Anfang an nicht bei BAP bleiben, denn er und der Major verstanden sich musikalisch nicht besonders. Zwei geniale Musiker mit zu unterschiedlichen Geschmäckern, das wäre auf Dauer nicht gutgegangen. Mattes Keul war für Bernd Odenthal eingesprungen, der jetzt auch den Streß mit der Band nicht mehr richtig packte. Er studierte, arbeitete im Geschäft seiner Eltern und mußte dann auch noch mit uns auf Tour. BAP wurde immer mehr zum Fulltime-Job. Bernd kam oft schon ziemlich geschlaucht zu den Gigs und konnte kaum noch beim Auf- oder Abbau helfen. Das gab natürlich Zoff. Aber wir trennten uns nicht im Streit. Als wir nicht sofort einen neuen Keyboarder fanden, sprang er sogar noch ein paarmal bei uns ein.

Von der zweiten Platte, »Affjetaut«, hatten wir bald 20 000 Stück verkauft. Das war der Knaller für uns und das kleine Independent-Label Eigelstein. Von der ersten LP waren im ersten Jahr 5 000 über die Theke gegangen. Bei 4 000 hatten wir die Low-Budget-Produktionskosten schon eingefahren, und dabei wurde die Platte fast nur im Kölner Raum verdealt. Und das lag an dem speziellen Eigelstein-Vertrieb und war für uns ziemlich frustrierend. Wir tourten am Wochenende wie besessen durch die Republik, waren live richtig erfolgreich, bekamen gute Kritiken und mußten uns dann anhören, daß es unsere Platte nirgends zu kaufen gab. Wir schmorten im eigenen Saft. Unsere Tourneerouten waren platt getrampelt. »Ach, die schon wieder!« Das hörten wir jetzt immer öfter. Wir spürten, daß wir uns mit dieser Wochenendtingelei vor allem in der Kölner Gegend wirklich selbst verheizten und versuchten deswegen bei Eigelstein Dampf zu machen. Wir wollten endlich eine ordentliche Tournee, wir wollten einen besseren Vertrieb. Aber wir wurden immer wieder vertröstet. Immer hieß es: »Alles in Vorbereitung.« Zum Beispiel die uns versprochene Club-Tour. Täglich fragte ich Elke Hiel, die in dem Laden für die Promotion zuständig war, nach dem neuesten Stand, und irgendwann hatte sie dann angeblich eine Norddeutschland- und eine Süddeutschlandroute. Organisiert durch Connections der Eigelstein-Vertreter und Independent-Plattenläden. Später erfuhren wir: Es hatte sich ein Veranstalter aus dem Norden und einer aus dem Süden gemeldet. Die großartige zweigeteilte Tournee bestand aus exakt zwei Gigs, einem im Norden, einem im Süden.

Und der Vertrieb lief folgendermaßen: Ein Großteil der Platten wurde in Kisten über den Hansaring zum gegenüberliegenden Saturn geschleppt. Das war praktisch und billig. Mit dem Rest fuhren ganze drei Vertriebstypen durch die Gegend und verkauften ihr Sortiment mehr oder weniger aus dem Musterkoffer an Independent-Platten- und linke Bücherläden. Aber die LP mußte jetzt raus auf den richtigen Markt, in die normalen Plattenläden. Wir wußten, daß jede Menge freie Verkäufer die »Affjetaut« in ihr Sortiment nehmen wollten. Aber Eigelstein rückte die Scheibe nicht raus. Wir baten Eigelstein, wenn das mit dem Vertrieb für so eine kleine Firma nicht zu packen war, die Platte doch vom Vertrieb einer großen Plattenfirma verdealen zu lassen. Niente. Sie wollten die ganze Kohle selber machen. Auf Sparflamme. Und das hat ihnen dann letztendlich das Genick gebrochen. Wir wurden zunehmend saurer, schließlich war BAP mittlerweile unsere Existenz. Sechs Leute lebten davon. Wolli, Schmal, Major, Fonz, Steff und ich. Und diese Schnarchsäcke würden uns vielleicht im nächsten Jahr mal drei Studiowochen für eine LP und einen weiteren Plattendealer genehmigen. Wir mußten einfach wechseln. Kurz vor Weihnachten 1980 war es dann soweit. Wir hatten lange genug versucht, mit denen zu reden. Wir waren alle dafür, von Eigelstein wegzugehen, aber wir fühlten uns alle ziemlich mies dabei, denn schließlich hatten die uns entdeckt. Eigelstein hatte uns rausgebracht. Wir hatten keine Ochsentour mit Demo-Band und »Produzenten-Einspeicheln« machen müssen. Und jetzt ließen wir sie im Stich. Aber wir hatten keine Wahl. Wir wollten nichts weiter als von der Musik leben, aber mit Eigelstein war das Ende der Fahnenstange in Sicht.

Wir wechselten ja nicht von CBS zu EMI, um 3 Millionen mehr zu verdienen, beruhigten wir uns. Wir wollten einfach nur von der Musik leben. Und zwar irgendwo in der Gegend eines gehobenen Studentengehalts. Trotzdem hatten wir alle ein tierisch schlechtes Gewissen. Ich düste mit Carmen nach Holland an die Nordsee. Abschalten. Steff hatte zur Erleichterung aller den

Abfuck-Job übernommen, Wolfgang Hamm und Peter Schraan von Eigelstein Bescheid zu sagen. Wir waren ihm alle sehr dankbar, daß er das machte. Aber er war auch der einzige von uns, der das wirklich konnte. Nach wie vor: Wenn der Steff einen Entschluß gefaßt hat, läßt er sich auch nicht breitquatschen. Jeder von uns anderen wäre bestimmt umgefallen, wenn Eigelstein ein bißchen auf die Tränendrüsen gedrückt hätte.

Stones & Schotter

BAP wird Nr. 1

Es war eine grandiose Feier, eine gigantische Fete. Wir standen in der hintersten Ecke des neuen Chlodwigecks, Ecke Annostraße, direkt vor der Klotür. Die ganze Band und jede Menge Freunde. Es wurden immer mehr. Eine Runde nach der anderen wurde bestellt. Wir freuten uns wie die Kinder. Und immer wieder fiel das Zauberwort: »Hunderttausend.« In Zahlen: 100 000!! Und dann lagen wir uns in den Armen, dann prosteten wir uns zu. Wir konnten es nicht fassen. Am Abend hatte mich Willy Bongartz von der EMI angerufen und mir die neuesten Verkaufszahlen der »Usszeschnigge« durchgegeben. Hunderttausend! Ich konnte es einfach nicht glauben und hatte sofort die ganze Band zusammengetrommelt, um zu feiern. Wir hatten es geschafft. Wir waren ganz oben. Hunderttausend bedeutete einfach auch: Wir können jetzt gut von der Musik leben. Und nicht nur bei Prinzenrolle, Fischdosen, Kölsch und der dauernden Ungewißheit, wie es weitergeht. Hunderttausend bedeutete: Wir können anständige Tourneen machen. Mit Roadies und Hotels und vernünftiger Anlage. Hunderttausend war einfach eine riesige Erleichterung. Erst morgens um fünf torkelten wir, breit wie die Nattern, aber unendlich glücklich, nach Hause. Es war die schönste aller BAP-Feiern, die ich je erlebte. Es war im Mai 82.

Vor über einem Jahr hatten wir Eigelstein verlassen, und seit einem knappen Jahr waren wir bei der EMI. Über eine Empfehlung von Wolf Maahn waren wir beim Gerig-Verlag gelandet, und der hatte uns an die EMI vermittelt. Die hatten uns einen sehr guten Vertrag angeboten. Wir waren als Indie-Band ohne professionelles Marketing schon verhältnismäßig erfolgreich gewesen. Die EMI-Chefetage war beeindruckt von den Verkaufszahlen unserer ersten beiden LPs. Sie wollten uns unbedingt haben, fast um jeden Preis. Die Maloche der letzten Jahre war also doch nicht ganz umsonst gewesen. Wir konnten ihnen regelrecht die Vertragsbedingungen diktieren. »Vollständige künstlerische Freiheit bis hin zur Covergestaltung.« Sie akzeptierten sofort. Sie ließen uns in Ruhe unsere Platte machen. Ohne nervigen A&R-Manager, der irgendwann sagt: »Diese Textzeile muß geändert werden«, oder »das Saxophon-Solo wird gestrichen, wir machen jetzt statt dessen Keyboards mit dem und dem Studiomusiker« etc. Wir brachten ihnen das fertige Tape und das fertige Cover, und sie sagten: »Ahh, dufte, o.k., gebongt!« Und das hat sich bis heute nicht geändert.

Als dann im August 81 die erste LP bei der EMI, die »Ussзeschnigge«, rauskam, dachte ich mir: »Das wäre ja nett, wenn wir diesmal 40 000 verkaufen würden.« Und jetzt waren's hunderttausend geworden. Ich bekam regelrecht Respekt vor BAP, vor der eigenen Band. Aber niemand von uns bekam einen Höhenkoller.

Der Höhenkoller wurde uns dann aber von anderer Seite unterstellt. Schon bei unserem Weggang von Eigelstein kreischten die diversen Szene-Sprachrohre: »Verrat!« Aber jetzt heulten sie auf: »Zeter und Mordio!« »BAP ist nur noch geldgeil und steht jetzt auf der Lohnliste eines Rüstungskonzerns.« »Wo sind da Anspruch und Wirklichkeit?« »Die kritischen, linken Texte, das Engagement von Niedecken beim Stollwerck und anderen Initiativen, das ist doch die reine Show.«

Ich kann die Sprüche nicht mehr hören und fand sie auch damals ausschließlich albern. Man konnte doch nicht BAP für das kapitalistische Wirtschaftssystem verantwortlich machen. Dafür, daß die funktionierenden Plattenfirmen zu Elektronikkonzernen gehören, die wiederum auch für die Rüstungsindustrie arbeiten.

Es war eben das typische Geschrei der links-alternativen Szene, die einfach ihre Probleme damit hat, wenn einer von »ihnen« plötzlich erfolgreich ist und mehr Geld verdient, als es für die WG-Eintopfküche, Bio-Müsli, gefärbte Windelhalstücher und Birkenstocksandalen nötig ist. Dabei sitzt ein guter Teil dieser Besserwisser auf gutbesoldeten Lehrer- und Sozialarbeiterstellen und kriegt wahrscheinlich bis zur Pensionierung, außer zum Rumnörgeln, kaum mehr den Arsch aus seinem pseudo-fortschrittlichen Makramee-Mief.

Wenn harte, kompromißlose Punks gegenüber den Pistols, Clash und später auch bei den »Fehlfarben« (auch EMI) den »Kapitalisten«-Vorwurf erhoben, so war das zwar nicht unbedingt berechtigter, aber jedenfalls verständlich. Aber diese »bewußte« Alternativszene und vor allem die »Verhärmten-Liga« übertraf doch in ihrer Spießbürgerlichkeit, ihren Vorurteilen und ihrer Intoleranz bei weitem die Figuren bei »Otto« am Tresen. Aber sie waren eben ein propagandastarker Teil unseres Publikums, und ich mußte mir oft genug den »Müsli-Papst«-Titel gefallen lassen. Dabei hatte ich vor unserem denkwürdigen Gig gegen die Stadtautobahn mit dieser Szene gar nichts am Hut gehabt. Ich war ja eher so was wie ein bildender Künstler mit Prolo-Touch gewesen. Erst durch die Konzerte von BAP und deren Publikum kam ich mit dieser Szene und ihren Ideen in Kontakt gekommen. Da war ja auch vieles dabei, das mich überzeugte. Also engagierte ich mich von da ab auch für bestimmte Dinge, schrieb darüber Texte, aß plötzlich auch mal Naturreis und Vollkornbrot statt Fischkonserven und hatte es tatsächlich auf einmal sogar zu einer Sammlung von drei Paar »Roots«-Schuhen gebracht. Weiße für die Bühne, ein braunes

Standardmodell und ein paar hohe. Das war ja alles o. k., aber ich war nie ein »Müsli-Papst« und ich bin auch jetzt keiner. Und ich lebe auch nicht in dieser Szene und vor allem nicht für diese Szene. Ich trage übrigens längst wieder Cowboy-Stiefel und derzeit am liebsten sogar unvernünftige »Beatles-Stiefeletten« mit Gummizug an der Seite. Und BAP wollte immer nur eine Rock-Band sein und kein Verdauungsorchester für Sechs-Korn-Verstopfung und bioenergetische Atemtherapie, oder was weiß ich.

Wirklich ärgerlich aber war die absolute Borniertheit dieser Leute. Sie hörten einfach nicht zu. Sie wollten gar nichts über unsere Motive wissen, denn dann hätten sie womöglich einiges an ihrem Weltbild verändern müssen. Wir hatten durch unseren Ausstieg bei Eigelstein selbst ein tierisch schlechtes Gewissen. Und einige von uns bezahlten dafür regelrecht. Immer wieder kam Peter Schraan, der bei Eigelstein den Vertrieb managte, zu uns und jammerte, daß er seine Schulden nicht mehr bezahlen könnte und daß er mit dem ganzen Laden bald pleite wäre. Und einige aus der Band schenkten ihm aus Sympathie, Mitleid, oder weil sie sich verpflichtet fühlten, fünfstellige Summen. Irgendwann mußte er dann doch den Offenbarungseid leisten. Denn die Krise war hausgemacht und nicht durch uns verschuldet. Wirklich verarscht, so seh ich das, hat ihn sein Geschäftspartner Wolfgang Hamm. Eigelstein war nämlich aufgeteilt in Produktion und Vertrieb. Und Wolfgang Hamm machte die Produktion und strich den Löwenanteil für neue Projekte ein. Peter Schraan blieb dann auf Hamms »genialen« Flops sitzen und rutschte immer mehr in die roten Zahlen. Denn die gepreßten Platten mußten ja bezahlt werden. Wir waren unglücklicherweise damals die einzigen, die Schotter in den Laden brachten. Wir waren quasi die »Eigelstein-Sanierungs-Band«. Denn mit ihren italienischen Avantgarde-Combos konnten die in der Bundesrepublik keinen Blumentopf gewinnen. Reine Zuschuß-Geschäfte. Es ist ja rühmlich und wichtig, daß es diese Indi-Firmen gibt, die solchen Bands eine Chance geben. Schließlich hatten auch wir mal davon profitiert. Und es ist eine sinnvolle betriebswirtschaftliche Regelung, mit ein oder zwei Zugpferden den Rest des Ladens durchzuschleppen, und es ist toll, wenn die Leute den Gewinn nicht in Luxusvillen, Porsches und Aktien stecken. Aber dann muß man auch weiterdenken und investieren. Die Chance hatten sie, aber denen reichten die 20 000 »Affjetaut«-Platten zum Überleben. Das war der Fehler. Es kotzt mich an, daß Peter Schraan und Wolfgang Hamm uns noch immer mit dieser »Verrats-Saga« anschwärzen wollen. Im Grunde genommen können sie das nur, weil wir so gutmütig sind. Denn diese Storys sind definitiv unwahr.

Beim Gerig-Verlag und der EMI merkten wir dann sehr schnell, was ein professionelles Management so alles drauf hat. Plötzlich sollten wir im Fernsehen spielen. Irgendwie hatten die uns bei »Bananas« reingekriegt. Und die Wirkung war groß. Als die »Bananas«-Sendung in der Glotze kam, war ich in Griechenland. Und als ich dann zurückkam, quatschten mich etliche Leute auf der Straße an und sagten: »Mensch Jung, mir hann dich em Fernsehen jesinn!«

Und das Fernsehen brachte auch den nächsten Durchbruch. Wir tourten den Winter über durch deutsche Unistädte. Organisiert von Peter Riegers Konzertagentur, mit Roadies, Catering und Hotel. Unsere Platte verkaufte sich konstant gut, obwohl das deutsche Musikgeschäft damals fest in der Hand der Neuen Deutschen Welle war. Bands wie Ideal, Extrabreit und Solisten wie Joachim Witt räumten ab. Das ZDF plante die Rock-Pop-Nacht der Deutschen Welle in der Dortmunder Westfalenhalle, und wir wurden, zu unserem großen Erstaunen, auch eingeladen.

Am 29. Mai wurde das Konzert aufgezeichnet. Wir kamen einen Tag vorher zum Soundcheck. Ich betrat die Halle, und mir blieb erst mal die Spucke weg. 18 000 Leute hatten hier Platz. Hier hatte ich das phantastische Bob-Dylan-Konzert der 78er Tour gesehen. Hier hatten die Stones, die Kinks, die Who und alle die mir heilig waren, schon gespielt.

Am Tag des Konzerts stand ich dann vor dem Bühnenaufgang, und vor meinen Augen lief der absolute Rock 'n' Roll-Movie ab. Bilder von Monsterkonzerten mit unseren großen Heroes. »Verzückungsschreie«, Lichterketten von Feuerzeugflammen, Rückkoppelungen und »Proudly-Presents-Ankündigungen«. Wie sollten wir das nur schaffen? Da kam auch schon der Backstage-Manager und scheuchte uns auf die Bühne. Wie in Trance stolperte ich hinauf, und los gings. Wir jagten ab, und vom ersten Takt an klatschten die Leute mit. Sie tanzten und sangen. Es war ein richtiges Fest. Die ganze Welle-Helden, von Ideal bis Joachim Witt, stanken ziemlich gegen uns ab. Dabei waren deren Hits in den Charts, und nicht die unseren. Aber die Leute kannten die Stücke. Querbeet durch alle drei LPs. Das Gefühl war gigantisch, und ich dachte manchmal schon daran, daß wir vielleicht doch mal die ganz große Nummer werden konnten.

Als die ZDF-Show dann im Fernsehen gesendet wurde, saßen wir mit versammelter Mannschaft vor der Glotze und konnten es erneut nicht fassen. »Wir müssen wirklich gut gewesen sein!« Und kurz darauf kam es dann zum absoluten Run auf die »Usszeschnigge«. Die Platte kam innerhalb kürzester Zeit auf Platz eins der Charts, und »Verdamp Lang Her« wurde ein Airplay-Hit. Obwohl es das Stück gar nicht als Single gab, hatte Wolfgang Neumann vom WDR es einfach ausgekoppelt und in der WDR-Hitparade vorgestellt. Und »Verdamp Lang Her« wurde prompt die Nummer eins. Jetzt mußten wir nachziehen und es als Single rausbringen, damit es in den Charts blieb. Und alle deutschen Radiostationen spielten die Nummer rund um die Uhr.

Ich wunderte mich total, daß die Leute so auf die Nummer abfuhren, denn es war ja eigentlich ein sehr trauriges Lied. Ein fiktives Gespräch mit meinem verstorbenen Vater. Ein Gespräch über die Jahre von meiner Pubertät bis zu seinem Tod. Jahre, in denen wir nicht mehr richtig miteinander gesprochen hatten. Leider. All die wichtigen Dinge, die wir uns hätten sa-

Carmen und W. N. nach der Dortmunder Rock-Pop-Nacht '82

gen müssen, versuchte ich hier in einem Lied auszusprechen. Und das war eigentlich überhaupt kein Stoff für einen Hit. Aber wahrscheinlich haben die Leute auf Grund des Refrains und der markanten Wortfetzen im kölschen Text einiges wiedererkannt, was auch für sie schon »Verdamp Lang Her« war und irgendeine Bedeutung in ihrem Leben hatte. Und der Rest der Band konnte es auch nicht begreifen, daß ausgerechnet dieses Stück zum Hit wurde. Die meisten hatten das Stück anfangs überhaupt nicht mal gemocht.

Ich erinnere mich noch gut, wie wir im ehemaligen Frachtraum des Ahrdorfer Bahnhofs standen und an der »Usszeschnigge«-LP arbeiteten. Ich stellte die Nummer vor, und der Rest der Band reagierte zwischen reserviert, gelangweilt und ablehnend. Ich habs noch vor Augen, wie der Major ermüdet in der Ecke hing, um zu demonstrieren, wie aussichtslos er die Nummer fand. Er spielte dann sein mittlerweile zum Markenzeichen gewordenes »Taka-Taka« und bemerkte: »... womöglich auch noch so?!« Alles horchte auf, Wolli stieg mit dem Schlagzeug ein, dann Baß und die ganzen anderen Instrumente, und plötzlich war das Stück da.

Wir buchten den Ahrdorfer Bahnhof schließlich auch zur Arbeit an unserer neuen LP »Von drinne noh drusse«. Die Bedingungen waren ideal. Er lag mitten im Wald, weit und breit kein anderes Haus. Wir konnten Tag und Nacht soviel Krach machen, wie wir wollten, und wir wurden durch nichts abgelenkt. Der ehemalige Bahnhof hieß jetzt »Begegnungsstätte Ahrdorf« und war eine Art alternative Jugendherberge für Wochenendseminare. Dort pennten wir alle zusammen unter dem Dach, in einem dieser typischen Jugendherbergsschlafsäle. Und im Haus gabs eine Küche und einen Aufenthaltsraum. Wir saßen zwar Tag und Nacht dicht aufeinander, aber wir verstanden uns prima. Landschulheim-Feeling par exellence. Wir fühlten uns manchmal wie eine der berühmt-berüchtigten Hippie-Musik-Clans Marke »Greatful Dead« oder »Canned Heat«. Und kommunemäßig lief auch die Arbeit an der Platte. Alle werkelten zusammen. Die fertigen Texte, ein paar musikalische Ideen, ein paar Akkorde, und unter der Leitung von Kapellmeister Major entstanden dann die Stücke. Es war eine gute Zeit.

Das Musikgeschäft hatte uns noch nicht mal ansatzweise vereinnahmt. Wir waren zwar mittlerweile schon ziemlich populär, aber eigentlich immer noch äußerst »grüne« Jungs. Wir gingen halt unserer Lieblingsbeschäftigung nach: Wir machten Musik. Und zwar unsere.

Während der Arbeit im abgeschiedenen Ahrdorfer Bahnhof ging allerdings um uns herum die Post ab. Chartswirbel, enorme Plattenumsätze, Presserummel. Alle merkten, daß da jetzt die Karrierekiste anläuft, nur wir nicht. Wir waren wirklich ahnungslos. Da kam zwar fast wöchentlich irgendein wichtiger Mensch von der EMI vorbei und gab die neuen Charts-Plazierungen durch, aber das drang nie so richtig zu uns durch. Wenn wir das Wort »Charts« hörten, dann dachten wir automatisch an Hitparade und Dieter-Thomas Heck, und der war uns ziemlich wurscht. Das war uns eher unangenehm. Wie bedeutend die Verkaufs- und vor allem die Single-Charts für eine Band sind, das war uns nicht die Bohne klar.

Aber eigentlich hätten wir es schnallen müssen. Denn die Eifel-Einöde wurde immer wieder von irgendwelchen Großereignissen unterbrochen.

Etwa der 10. Juni. Großdemonstration gegen den Nato-Doppelbeschluß in Bonn. Hier wollten wir unbedingt spielen, denn den Kampf gegen die Hochrüstung hatten wir uns wirklich auf die Fahnen geschrieben. Und während die Nato-Regierungs-Heinis auf der einen Rheinseite die neuesten Raketenpläne ausheckten, trieben wir uns auf den Rheinwiesen unter den Demonstranten herum. Die hatten tatsächlich alle den Arsch hochgekriegt. Meine Stimmung stieg. Hunderttausende waren auf den Straßen, um gegen diesen Wahnsinn zu protestieren. Und abends zum Sonnenuntergang spielten wir dann vor bestimmt 100 000 Leuten. Ich war wie von Sinnen, ich schrie mir meine ganze Freude über diesen Protest und meine ganze Wut

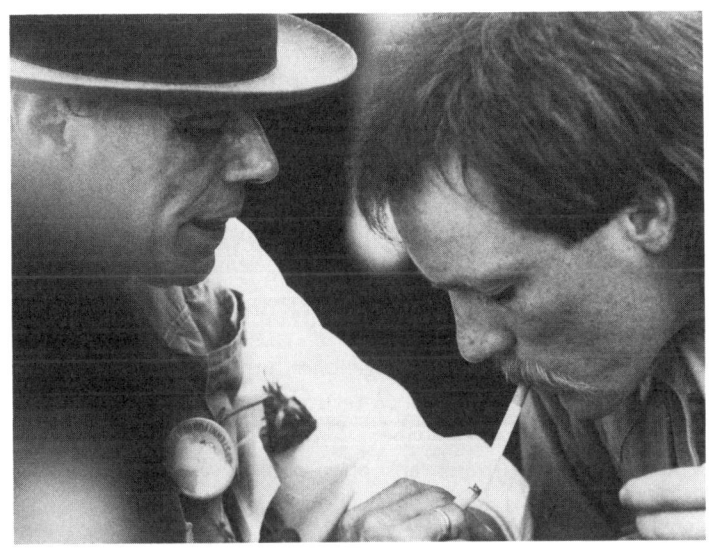

Heuser/Beuys (10. 6. 1982)

Jagger/Niedecken

über diese Scheißpolitik aus dem Leib. Ein Hochgefühl. Aber ich war auch erschlagen von der riesigen Kulisse, und es war mehr diese überwältigende Friedensdemonstration als die Tatsache, daß ein Großteil der hunderttausend wegen unserer Musik jubelte. Daraus entstand spontan das Stück »10. Juni« für die neue LP.

Auf dieser Kundgebung begleiteten wir Joseph Beuys bei seinem mißglückten Ausflug in die Musik. Sein Protest-Song hieß »Sonne statt Regen«.

Und dann war plötzlich der legendäre Impresario Fritz Rau am Telefon. Er wollte uns als Vorgruppe der Rolling Stones im Müngersdorfer Stadion haben. Da waren wir wirklich platt. Vor den Stones, unseren absoluten Idolen! Wenn mir jemand zu Schülerband- oder Kunststudium-Zeiten gesagt hätte, daß ich mal mit denen in einem Gig spielen würde, den hätte ich wahrscheinlich für verrückt erklärt.

Natürlich hatte der alte Konzert-Fuchs Rau seine Gründe, um uns zu engagieren. Die Stones hatten nämlich ein Doppelkonzert in Köln, und für den zweiten Tag waren erst 20 000 Karten verkauft worden. Da war Fritze auf die naheliegende Idee gekommen, eben noch kurzfristig diese Charts-stürmenden Lokalmatadore zu buchen. Sie wollten uns deshalb auch nur am zweiten Tag haben, aber darauf ließen wir uns natürlich nicht ein. Entweder beide Konzerte oder gar nichts. Ich wundere mich heute noch, daß wir tatsächlich so kess waren.

Zur Promotion dieser Gigs mußte ich dann eine Woche vorher nach Frankfurt zum Stones-Konzert. Dort sollte ein Foto von Mick Jagger und mir gemacht werden. Das war natürlich eine Maßnahme! Erstens freute ich mich, die Stones im einzigen Hallenkonzert der Tour zu sehen, denn da kriegte man wenigstens was mit. Zweitens hoffte ich, den hochverehrten Keith Richards kennenzulernen. Klar, mit Jagger auf ein Foto, das war schon eine gute Nummer. Aber wirklich treffen wollte ich eigentlich den »Häuptling« Und dann stand ich plötzlich allein in deren Catering-Raum. Und das war überhaupt nichts besonderes. Keineswegs die Kaviar-Champagner-Orgien-Tour. Es war ein hundsnormaler Garderobenraum. Bill Wyman, in einem entsetzlichen Polyester-Spießer-Trainingsanzug, blätterte gelangweilt in einer Illustrierten, Charlie Watts trank Kaffee und glotzte vor sich hin. Es war total locker, und ich wartete, denn Fritze war unterwegs, um Jagger zu holen. Und plötzlich war der Meister da. Im weißen Frottee-Bademantel und ein ziemlicher Zwerg. Überhaupt ist die ganze Stones-Clique eigentlich ein ziemlicher »Bonsai«-Haufen. Und dann begann unser Small-talk, und der Fotograf knipste, was das Zeug hielt. Jagger fragte nach unserer Musik, und ich erzählte ihm, daß wir mit den Stones viel am Hut hätten, unsere Wurzeln, damit aufgewachsen, etc. p.p. Und er freute sich smalltalkmäßig darüber. Und dann fragte er nach den Texten.

»Kölsch, deutscher Dialekt.«

»Ah, interesting.« Kopfnick, Kopfnick. Ich bin sicher, er wußte nicht viel damit anzufangen, aber er hörte aufmerksam zu. Foto, Foto, knips, knips. Er war einfach freundlich und hat diese, für mich doch etwas eigenartige Situation, sehr angenehm und souverän überbrückt. Er hat jedenfalls in keiner Weise irgendwie den Weltstar raushängen lassen. Er hätte ja auch kommen können: Shake hands, Smile, Abdüs. Und ich wie ein dummer Schuljunge daneben. Nix da, sehr kollegial, der Herr.

Und dann die Konzerte. Das Müngersdorfer Stadion: ein Hexenkessel. Schon am frühen Nachmittag. Wir waren die erste Band. Die Stones kamen erst um halb neun. Es war grausam. Nie wieder in meinem Leben hatte ich ein solches Lampenfieber. Übelkeit, Schweißausbrüche, Durchfall, Gummiknie, Schüttelfrost, Zähneklappern. Wie sollte ich das nur packen? Irgendwann gings raus, hoch auf die Bühne, und wir versuchten, so gut es ging abzujagen. Ich bekam kaum einen Ton raus, hampelte ziemlich chaotisch durch die Gegend. Ich glaube, das war alles ziemlich verkrampft. Denn die Nervosität legte sich auch auf der Bühne nicht. Ich war nahe dran durchzudrehen, als ich bei »Wahnsinn« plötzlich merkte, daß ich den Text der zweiten Strophe vergessen hatte. Das war echt genial! Das Lied hat nur zwei Vierzeiler! Wirklich Wahnsinn! Aber – Hoffnungsschimmer – ich hab ja auf der Bühne immer diesen alten, bei uns nur »KARAJAN« genannten Notenständer mit meinen Texten stehen. Als so eine Art Psychohilfe, denn ich kann die Dinger im Normalfall eigentlich in- und auswendig. Ich schiele also zum Karajan. Niente! Den Text von »Wahnsinn« hatte ich nicht dabei. Also ab zum Major:

»Wie geht die zweite Strophe?«

»Weiß ich nit, frag den Schmal!«

»Weiß ich nit, frooch dä Steff!«

Und so weiter. Mir blieb nichts anderes übrig. Ich mußte, aus dem Stegreif, einen neuen Vierzeiler erfinden, den ich mittlerweile natürlich schon längst wieder vergessen habe. Das Publikum merkte nichts, und den Refrain grölten dann 70 000. Das ganze Stadion: »Wahnsinn, do jonn mer och hin!«

Gerettet! Bei »Verdamp Lang Her« war dann endgültig die Hölle los. Angeblich, so erzählte es jedenfalls der alte Rau, kam da sogar Mick Jagger aus der Garderobe gerannt und hat ihn ungläubig gefragt: »Tell me, Fritz, what the hell is this?«

Das Publikum war wirklich die Granate. Ich glaube, wir hätten auch »Hänschen-Klein« rückwärts spielen können, und die wären ausgerastet. So langsam rafften wir dann, was wir den Kölnern inzwischen bedeuteten. Das zweite Konzert war im Endeffekt dann tatsächlich wegen BAP ausverkauft. Sagenhaft!

Nach diesen Gigs arbeiteten wir wieder weiter an der »Vun drinne noh drusse«. Noch immer war keiner von uns größenwahnsinnig geworden. Vielleicht lag das auch daran, daß wir keine der »Retorten-von-null-auf-hundert-Bands« waren. Wir hatten uns einfach, Schritt für Schritt, mit einer ziemlich eigenwilligen Idee, Kölsch-Rock, fleißig nach oben gespielt. Daß jetzt plötzlich dermaßen die Post abging, kam letztendlich wohl durch jenes bißchen Glück, das man im entscheidenden Moment braucht.

Eines Abends rief der Rockpalast-Macher Peter Rüchel in Ahrdorf an. Er wollte uns beim diesjährigen Rockpalast Open-Air auf der Loreley dabei haben. Zusammen mit Eric Burdon, David Lindley, Rory Gallagher und Frankie Miller. Er sprach die Namen so salbungsvoll aus, wie sonst nur ein Pfarrer in der Kirche das Ave Maria. Ein Amen – so soll es sein –, hätte man antworten müssen. Aber mich interessierte nur, wann die Geschichte denn stattfinden sollte.

»Am letzten Samstag im August.«

»August? Sorry Peter, da können wir nicht. Da sind wir gerade im Urlaub. Da ist nichts zu machen.« Wie er mir später erzählte, hinterließ ich einen ziemlich verstörten und ratlosen Peter Rüchel. Schließlich hatte er BAP, als erster deutscher Band überhaupt, das Angebot für einen großen Eurovisions-Rockpalast gemacht. Das »Proudly-Presents, BAP from Cologne, West-Germany« in X Ländern auf dem Bildschirm. Aber wir saßen beim Essen im Ahrdorfer Bahnhof, und ich lehnte ab. Urlaub. Basta!

Schmal wollte dann aber doch noch zwischen Suppe und Hauptgang wissen, mit wem ich gesprochen hatte, und ich erzählte den Jungs die Geschichte.

»Stimmt, da machen wir Urlaub«, war die einhellige Reaktion.

Funkstille. Erst nach ein paar Minuten meinte dann der Steff, da müßten wir aber wohl noch mal drüber reden, denn das wäre doch eine wahnsinnige Chance. Schließlich wäre noch nie eine deutsche Band in einem Eurovisions-Rockpalast aufgetreten. Wir beredeten die Sache und beschlossen dann einstimmig, doch auf der Loreley zu spielen. Also rief ich den Rüchel zurück und sagte ihm: »Mer hann uns dat övverlaat. Mer maache dat doch!«

Exakt so liefen damals bei uns die Entscheidungen ab. Wir kannten das Business eben nicht, und wir nahmen es einfach noch nicht für voll. Und die ausgekochten Schlitzohren vom »Rüstungskonzern« EMI waren wohl des öfteren verunsichert oder sogar echt geschockt, wenn wir »Greenhorns« alles durcheinanderbrachten.

Ende Juli war die »Vun drinne noh drusse« fertig. Sie gefiel uns ausgesprochen gut. Sogar besser als die »Usszeschnigge«. Also mußte das Gerät auch auf den Markt. Die EMI-Vorstandsetage stand kurz vor dem kollektiven Nervenkollaps, denn das widersprach nun wirklich jedem Grundkurs in gängiger Marketingstrategie. Im Moment verscherbelten sie von der »Usszeschnigge« die 10 000 Sets von der Stange, und da wollten wir Naivlinge eine neue Platte auf den Markt werfen. Sie bequatschten uns mit Engelszungen:

»Bitte, seid vernünftig, haltet die Platte zurück bis die ›Usszeschnigge‹ ausläuft!«

Wir kapierten die nicht. Wir hatten eine gute Platte gemacht. Die mußte raus. Warum wollten die nicht? Wir dachten schon fast, die wollten uns irgendwie ablinken, und wurden langsam sauer auf die Jungs. Aber wir sollten uns dann doch noch durchsetzen.

Allerdings riß uns unsere Naivität gelegentlich auch ganz schön rein, denn in der Branche versucht wirklich fast jeder, jeden über den Tisch zu ziehen. Eines Tages tauchte Jürgen Thürnau, der Entdecker der »Spider Murphy Gang« und später der »Münchner Freiheit«, wieder mal bei uns in Ahrdorf auf. Er war unser Betreuer beim Gerig-Verlag. Wir waren von einer langen Probe ziemlich gerädert und wollten gerade essen gehen. Aber er mußte dringend was mit mir besprechen. Sofort! Es ging um unsere ersten beiden Platten, die bei Eigelstein rausgekommen waren. Es wäre sinnvoll, wenn die jetzt auch – in einem Aufwasch – beim Gerig-Verlag verlegt würden. »Logo. Nichts dagegen.« Er wollte es gleich schriftlich machen. Und er hatte zufällig auch schon die richtigen Verträge dabei. Das hätte mich eigentlich stutzig machen müssen. Aber ich dachte mir: »Mit dem Gerig-Verlag haste nur gute Erfahrungen gemacht, der Thürnau ist schon o. k.« Ich überflog den Vertrag deshalb nur kurz, kapierte dieses Juristengewäsch sowieso nicht, und unterschrieb. Er legte mir auch gleich noch einen zweiten Vertrag vor. »Im Kern wird da das gleiche geregelt.« Ich unterschrieb beide Verträge auf der Kühlerhaube seines BMWs. Es war wirklich, wie in einem drittklassigem Rock 'n' Roll-Movie über die Abzockmethoden der Plattenhaie.

Tatsächlich war es eine erstklassige Ablinkerei. Ich hatte dem Gerig-Verlag die Verlags-Rechte an den ersten beiden Platten überschrieben, und zwar gratis. Später erfuhr ich dann, daß man für erfolgreiche Scheiben richtig Kohle bekommt, wenn man sie in einen Verlag gibt. Das Ganze heißt dann Refundierung, und unter Umständen können das recht hohe Beträge sein. Aber wir sahen zunächst keinen Pfennig, und es hätte ein ziemlich hohes Lehrgeld werden können. Erst nach ein paar Monaten, nachdem uns jemand gesteckt hatte, wo der Hase langläuft, und wir uns beschwert hatten, wurde der Vertrag nachträglich ergänzt. Wir bekamen rückwirkend eine 50prozentige Refundierung.

Ende August unterbrach ich dann meinen Griechenland-Urlaub auf Lesbos und düste nach Köln zum Rockpalast-Gig. Schmal kam aus Kythera angejettet. Das hatte schon was Rockstar-mäßiges. Wir soffen uns am ersten Abend erst mal quer durchs Chlodwigeck und hingen dann am nächsten Nachmittag dementsprechend verkatert bei der EMI im Büro und überlegten, wie wir denn die Stücke von der neuen Platte überhaupt live bringen konnten denn wir hatten sie vorher noch nie auf der Bühne gespielt. Und jetzt mußten wir, denn die EMI hatte ja auf unseren Druck hin jetzt doch die »Von drinne noh drusse« rausgebracht.

Mit zwei Kofferverstärkern, akustischen Gitarren und einem Klavier gingen wir die Songs einmal grob durch und fuhren dann am Abend mit einem ziemlich schalen Gefühl auf die Loreley. Beim Soundcheck konnten wir die Stücke zum ersten Mal auf der Bühne spielen, und am nächsten Tag sollten wir damit europaweit auf Sendung gehen. Horror! Aber wir dachten einfach nicht groß darüber nach. Außer Major. Er wußte,

»Waahnsinn, do jommer och hin!«

Die Loreley-Session
v. l. n. r.: Schmal, Major, W. N., David Lindley, Eric Burdon, Rory Gallagher

156

was da alles schiefgehen konnte. Die ganze Verantwortung lag wieder mal auf seinen breiten Kapellmeister-Schultern. Und es war bestimmt nicht das erste und einzige Mal, daß der Major wegen uns Blut und Wasser geschwitzt hat. Als wir dann auf die Bühne sprangen, sagte ich mir jedenfalls: »Der Major wirds schon richten.« Und es klappte alles. Es war ein Super-Konzert. Aber ich weiß bis heute nicht, wie das ging.

Wenn wir heute auf Tournee gehen, arbeiten wir mindestens drei Wochen vorher intensiv im Proberaum am Live-Set und dann nochmal eine Woche in der Halle unseres ersten Auftritts. Wir würden das heute auch nicht mehr so spontan hinkriegen. Irgendwo haben wir in den letzten Jahren Rock-Business die Unschuld verloren, die man sich auch nicht künstlich erhalten kann.

Damals war das wirklich: »Eine Schülerband spielt Eurovision.« Wobei mit Sicherheit viele Schülerbands noch um einiges professioneller drauf waren als wir.

Eine Woche vor dem Loreley-Gig war die EMI mit der »Von drinne noh drusse« rausgekommen. Und die Platte war von null auf eins in die Charts durchgestartet und hatte die »Ussze-schnigge« auf Platz zwei verdrängt. Das war einzigartig im deutschen Musikbusiness. Jetzt strahlte die EMI-Vorstands-etage. Aber es ging noch weiter. Durch den BAP-Boom kletter-ten jetzt auch unsere beiden ersten Platten in die Charts. Wir hatten jetzt vier Alben unter den ersten Zwanzig. Und »Kri-stallnaach« wurde auch noch ein Single-Hit. Die Musikbranche stand Kopf. Wir hatten innerhalb weniger Monate sämtliche Rekorde im nationalen Showbusiness gebrochen.

Zwischen Salzgebäck & Bordeaux

Holland hörte Kölsch. Belgien hörte Kölsch. Luxemburg hörte Kölsch. Österreich hörte Kölsch. Und die Schweiz hörte Kölsch. Dabei dachten wir, südlich von Koblenz und nördlich von Duisburg verstände kein Schwein mehr die Texte. Wir kapierten selbst nicht mehr so richtig, was da abging. Die Leute jubelten in Amsterdam und Wien, in Brüssel und Zürich.

Ich fragte in St. Gallen auf der Straße einen Passanten nach dem Weg zur Halle. Der Typ verstand mich nicht, ich verstand seine Antwort nicht. Aber abschließend sangen 3 000 Schweizer unsere Lieder beim Konzert Wort für Wort mit.

Es passierten so viele unglaubliche Dinge, daß wir uns bald daran gewöhnten. Major und ich saßen in Zürich bei einer Promotion-Pressekonferenz, und die Journalisten wußten den Namen meiner Freundin und den meines Hundes. Die kannten das Chlodwigeck und so manche Schmal-Niedecken-Story. Das war schon fast beängstigend.

Ein halbes Jahr dauerte die »Vun drinne noh drusse«-Tournee. Mit einem Truck für die Anlage, fester Crew, Tourmanager und den überall gleichen Frühstücksbuffets, Hotelbar-Hockern und 39-cm-Farbglotzen in den Zimmern. Zur Halbzeit krochen wir schon ziemlich auf dem Zahnfleisch. Jeden Tag: Aufstehen, Frühstück, Autobahn, Hotel, Halle, Soundcheck, Konzert, Hotelbar, Bett. Und daß die Fans pünktlich um acht Uhr jubelten, gehörte genauso zum Alltag wie Zähneputzen. Trotzdem rissen wir die Gigs nicht runter. »Nur ja nicht abstumpfen«, hatten wir uns vorgenommen.

Weihnachten 82 hatten wir Pause. Ich verzog mich mit Carmen auf die Nordseeinsel Spiekeroog. Ich stapfte im eiskalten Wind durch den Meeressand und dachte nach: Der Erfolg ist großartig, aber will ich dahin, wo ich jetzt bin? Schon jetzt spürte ich den Neid vieler alter Bekannter. Schon jetzt konnte ich nicht mehr ungestört in meine Stammkneipe gehen. Schon jetzt spürte ich Carmens Unbehagen über das, was mit uns passierte. Hier schrieb ich »Hundertmohl«, ein Stück, das nur mit Akkordeon- und Gitarrenbegleitung noch ins Programm der laufenden Tournee genommen wurde. Ein Text voller Zweifel, schon ganz in der Grundstimmung, die unsere nächste LP prägen sollte.

Aber wir hatten gar keine Wahl. Wir hatten gerade mal einen Fuß in der Tür. Wir mußten voll mitziehen. Das Rockgeschäft ist kompromißlos. Platte, Tournee, Platte etc. Mit einem Solidaritätskonzert fürs Stollwerck, am 22. April 83, war endlich Schluß.

Die 128 Gigs in sieben Monaten hatten uns verändert. Wir waren abgebrühter, und wir waren professioneller geworden. Wir hatten inzwischen sogar ein Büro für unseren Papierkram. Wir hatten den von Peter Rieger mit BAP betrauten Tour-Leiter Roland Temme, genannt Balou – wie der tanzende Bär aus dem Dschungelbuch –, als BAP-Manager eingestellt, und wir feuerten unseren Schlagzeuger Wolli. Bei Live-Mitschnitten bemerkten wir, daß er einfach nicht mehr mithalten konnte, daß es bei ihm mit dem Timing nicht so klappte, wie es für eine Live-LP nötig war. Er war anscheinend auch nicht bereit, daran zu arbeiten, vielleicht kriegte er es aber auch einfach nicht besser hin. Jedenfalls gefährdete er die gesamte Live-LP. Die Entscheidung war nicht einfach. Wolli war Schmals Bruder, Wolli war einer aus der Urbesetzung, Wolli war ein guter Kumpel. Ich argumentierte immer noch mit den Stones und Charly Watts, den Beatles und Ringo. »Hauptsache, das Gesamt-Feeling stimmt.« Aber es ging einfach nicht mehr. Mitten in der Tournee stieg dann Jan Dix bei uns ein, und es kam zu diesem einzigartigen Konzert in Kufstein. Außer mir und Jan spielte die ganze Band mit dem Rücken zum Publikum. Denn Jan kannte nur die erste Hälfte des Programms, nur so weit waren wir nachmittags beim Soundcheck gekommen. Den Rest spielte er beim Konzert original das erste Mal. Deshalb mußten die anderen ihn regelrecht

durch die Stücke lotsen. »Achtung: Break! Vorsicht: Tempo-
wechsel.«

So oft es ging, war ich an den freien Tagen in Köln bei Carmen.
Trotzdem hatte diese Tournee unser Verhältnis zueinander verändert. Carmen kam mit der Situation nicht zurecht. Anfangs
freute ich mich noch täglich auf die Anrufe zu Hause, aber mit
der Zeit bemerkte ich, daß ich die ersten Minuten nur damit
verbrachte, mich zu rechtfertigen: »Warum ich erst so spät anrufe? Warum ich überhaupt so lange auf Tour bin?« Es waren
die ersten Anzeichen. Ich rief immer seltener an. Ich kniff.

Aber dann war ich ja endlich zu Hause. In einer neuen, wun-
derschönen Wohnung am Ubierring. Carmen war schwanger,
die junge glückliche Familie. Aber ich packte das nicht. Von
einem Tag auf den anderen nur noch der Privatier. Noch vor
kurzem, abends um acht, vor Massen jubelnder Fans – jetzt zu
zweit in der Küche beim Essen. Dabei wollte ich das! Ich liebte
Carmen, ich wollte mit ihr eine Familie haben, ich wollte zusammen mit ihr den Alltag erleben. Aber dazu gehörte auch
meine Arbeit als Musiker. Und sie wollte mich als Wolfgang,
Komma, Privatmann. Wenn schon zu Hause, dann richtig zu
Hause. Quasi doppelt zu Hause, weil ich ja vorher so lange weg
war. Aber diese Trennung zwischen Arbeit und Privatleben
wollte und will ich nie haben. Von acht bis 17 Uhr Gitarre spielen, texten und malen, von 17 bis 24 Uhr Frau und Kind. Oder
7 Monate der Rock-Heini auf Tour, dann 5 Monate der Fami-
lien-Heini auf dem Kanapee. Für mich muß das eine Einheit
sein. Musik und Kunst, Partner und Liebe, Familie, die Kinder.
Mit der Carmen schaff ich das, dachte ich damals, vielleicht hab
ich es mir auch einfach nur eingeredet. Nach der »Von drinne
noh drusse«-Tour arbeitete ich an unserem Live-Album »Bess
Demnähx« und am »BAP övver BAP«-Buch. Das nahm Carmen noch hin, aber als dieses Zeug vom Tisch war, sollte ich bis
zur nächsten Tour definitiv nur noch für sie und unser zukünf-
tiges Kind dasein. Aber in mir rumorte es. Auch ich bekam
Probleme mit meiner Popularität. In meine Stammkneipe ging

ich jetzt überhaupt nicht mehr. Feten mied ich. Wo würde das enden? In der Villa am Stadtrand oder im Tessin? Mit zähnefletschendem Schäferhund statt meiner gutmütigen Blondie. Mit Bodyguards, Chauffeur und der schönen Frau, die zu Hause mit den Kindern auf den Rock-Helden wartet? Das war nicht mein Leben. Darüber mußte ich nachdenken, dafür brauchte ich Zeit. Außerdem wollte und mußte ich Stücke für die nächste LP schreiben. Und das wurde wirklich zum Problem, denn Carmen wurde regelrecht eifersüchtig auf meine Arbeit. Ich sollte mich mehr um die »gemeinsame« Schwangerschaft kümmern. Ich rannte mit einem permanent schlechten Gewissen durch die Gegend. Ich hatte das Gefühl, ich dürfte zu Hause nicht mehr schreiben, keine Gitarre mehr anfassen, und daraus ergaben sich natürlich die totalen Schizo-Situationen. Ich textete und komponierte im geheimen. Wenn ich Carmen kommen hörte, verschwanden die Zettel unter Zeitschriften oder Büchern über Schwangerschaft. Ich wollte unbedingt so ätzende Vorwürfe wie: »Du bist ja nur physisch da«, vermeiden. Dabei dachte ich sehr viel über uns und unser Kind nach. Natürlich weniger über den organischen Ablauf, aber sehr viel über das Leben, das unser Kind mal erwarten würde. Und das sah für mich damals nicht sehr rosig aus. Aus dieser Stimmung entstanden die alptraumartigen Visionen von »Bahnhofskino« und »Drei Wünsche frei«. Überhaupt hat die ganze »zwesche Salzgebäck un Bier«-LP diese Grundstimmung, die sich schon in »Hundertmohl« ankündigte.

Carmen und mir blieb nicht mehr viel vom unbeschwerten Glücksgefühl der letzten beiden Jahre. Sie war für mich wirklich die »Frau fürs Leben« gewesen. Ich war durch sie ein neuer Mensch geworden. Die Zeit zuvor war ja eher so ein Null-Zustand gewesen. Nicht außergewöhnlich schlecht, nicht außergewöhnlich gut. Ganz automatisch hörte ich damals auch mit dem Trinken auf. Es war nicht mehr so nötig. Statt der systematischen Zuschütterei im Chlodwigeck war ich lieber mit Carmen, einem guten Fläschen Wein, Puffreisschokolade und einer

Kerze in den eigenen vier Wänden. Fast ein halbes Jahr, während der Arbeit an der »Usszeschnigge«, trank ich dann überhaupt nicht mehr. Es war einfach nicht nötig. Ein blöder Zufall in Griechenland brachte mich dann wieder auf Alk. In einem Ort, in dem wir länger blieben, weil ich an »Kristallnaach« arbeitete, gab es nur Cola, Limo, Bier oder Wein zu den Mahlzeiten. Kein Mineralwasser. Und ich kann dieses süße Zeug nicht ab. Also trank ich zum Essen ab und zu ein Schlückchen Wein. Und damit gings natürlich wieder los. Bei der »Von drinne noh drusse«-Tour war ich schon wieder gut drauf. Bald bemerkte ich, daß ich ohne Flasche auf dem Schreibtisch gar keine Chance hatte, Texte zu schreiben. Ich war im Suff kreativ und hatte Angst, daß ich es trocken nicht hinkriegen würde.

»Bess Demnähx« kam raus und brach gleich wieder sämtliche Rekorde. Die bestverkaufte Live-Platte, die es in der BRD je gegeben hatte. Die internationalen Acts mitgerechnet. Aber das riß eigentlich niemand mehr vom Hocker. Weder die Plattenfirma noch die Journalisten, noch uns selbst. BAP war zum Selbstläufer geworden.

Am 27. 11. 1983 wurde dann Severin geboren. Für eine kurze Zeit waren Carmen und ich unendlich glücklich. Wir hofften wohl beide, der Winzling würde alles wieder richten, aber die Probleme zwischen uns waren damals schon zu groß. Wir erwarteten zu verschiedene Dinge von einem gemeinsamen Familienleben. Da war auf der einen Seite mein Ganzheitsanspruch, und da war Carmen mit ihren Familien-Privatier-Wünschen. Daß sie sich nicht wohl fühlte, kann ich heute verstehen.

Wir waren schon seit einiger Zeit in die DDR eingeladen. Natürlich wollten wir dort touren, das war klar. Das hatte ja damals alles noch einen Schuß Exotik. Vor allem, wenn man die Sache so blauäugig anging wie wir. Wir hatten ja keine Ahnung von den Realitäten dieses Landes. Keine Sau hatte sich informiert. Aber wir hatten natürlich unsere Vorbehalte.

1983 war das Jahr des Nato-Doppelbeschlusses. Und die DDR hatte sich logischerweise kräftig auf die Nato-Länder eingeschossen und gleichzeitig versucht, sich an die Friedensbewegung anzubiedern. Unsere Position war eindeutig. Wir waren, wenn auch unfreiwillig, zur »Band der Bewegung« geworden, aber wir standen natürlich auch hinter der Friedensbewegung. Wir wollten aber keinesfalls etwas mit der offiziellen »Friedenspolitik« der DDR zu tun haben. Wir waren genauso gegen die sowjetischen SS-20-Raketen wie gegen die amerikanischen Pershings. Außerdem verfolgte dieser Honecker-Staat die »Schwerter zu Pflugscharen«-Initiativen der Kirchen. Von diesem System wollten wir uns auf keinen Fall vereinnahmen lassen. Das mußte klar sein. Aber wir dachten, das läßt sich alles regeln.

Zur Promotion unserer Tournee fuhren wir sechs Wochen vorher nach Magdeburg. Man hatte uns zur Fernsehsendung »Rund« eingeladen. Wir sollten drei Stücke auf Playback mimen und dazwischen Interviews geben. Bei den Proben für die Aufnahme strichen die TV-Fritzen die Interviewzeit immer mehr zusammen. Die hatten Muffe bekommen, weil sie gehört hatten, daß ich mich – wenn gefragt – nicht nur gegen die Nato-Rüstungspolitik, sondern auch gegen die des Warschauer-Pakts äußern wollte. In der Sendung kamen dann schließlich nur die drei Playback-Stücke vom Band. Mit Interview war nichts mehr. Wir waren sehr bedrückt. Uns war allen klar: Wir mußten mit dieser Tour höllisch aufpassen. Einmal hatten sie uns jetzt schon über den Tisch gezogen.

Im Vertrag entdeckten wir dann auch gleich den nächsten Hammer. Natürlich im Kleingedruckten stand dort der schlichte Satz: »Die Künstleragentur der DDR behält sich Programmänderungen vor.« Diesen Gummiparagraphen akzeptierten wir natürlich nicht.

Mit einer Programmänderung konnten die ja alles machen. Von Lieder streichen bis zu Ansagen verbieten. Sie hätten uns regelrecht mundtot machen können. Bei den vielen BRD-kritischen Liedern, die wir hatten, mußten wir natürlich auch was zur DDR sagen, sonst könnte ja der Eindruck entstehen, wir fänden den Realsozialisten-Laden in der bestehenden Weise akzeptabel.

Und so schrieb ich: »Deshalv spille mer he«. Ich bildete mir wirklich ein, ich könnte mit offenen Karten spielen. Mit dem Text könnte ich unkaschiert die Wahrheit sagen. Das Lied spielen wir auf der Vorbereitungstour. Dann hören sie es, denn die haben da ja ihre Beobachter sitzen und werden es im Endeffekt schon schlucken. Ich fand das Stück damals nicht besonders scharf. Bei der endgültigen Unterschrift des Vertrages, dachte ich, werden sie den Passus schon streichen. Ich war sträflich naiv!

Die Tournee rückte immer näher, wir reisten einen Tag vor dem Eröffnungskonzert nach Ost-Berlin, den Vertrag hatten wir immer noch nicht unterzeichnet. Wir wohnten im »Unter den Linden«, und nach dem Abendessen begannen die Verhandlungen. Es tauchte eine Funktionärs-Nase nach der anderen auf, aber die Forderungen blieben stets dieselben. Sie sagten: »Ihr streicht dieses Lied, dann streichen wir den Passus.« Wir sagten: »Streicht ihr erst mal diesen Passus, dann reden wir weiter.« Da waren auch ganz moderate Figuren dabei, die uns versuchten zu überreden: »Jungs, hängt die Sache doch nicht so hoch. Verzichtet halt auf dieses Stück, das bedeutet doch nicht die Welt, und dann dürft ihr machen, was ihr wollt.« Aber es ging nicht. Wir ließen uns einfach überhaupt nicht zensieren, und wir hatten uns außerdem vor der Tournee in sämtlichen Interviews schon ziemlich weit aus dem Fenster gehängt. Wir hatten natürlich immer gesagt, daß unser Programm definitiv nur von uns bestimmt wird. Wir konnten gar nicht mehr über das Lied und den Passus verhandeln. Jedes Zugeständnis wäre als Gesichtsverlust und Klein-Beigeben gewertet worden. Das Ende vom Lied: Keiner gab nach, und die Tournee platzte.

Später wurde uns auch vorgehalten, wir hätten doch zum Schein unterschreiben können. Und auf der Bühne hätten wir dann einfach dieses Lied doch gespielt. Das wäre wirklich mutig gewesen, damit hätten wir wirklich was erreicht. Wenigstens einmal wäre das ja über die Bühne gegangen, und damit hätten wir dem Regime getrotzt. Die hätten dann reagieren müssen. Entweder Tournee absetzen oder weitermachen lassen. In beiden Fällen hätten sie schlecht ausgesehen. Vielleicht wäre das wirklich eine Möglichkeit gewesen, aber ich habe jedenfalls nie daran gedacht. Es war einfach diese gnadenlose Naivität. Wir wollten mit denen fair verhandeln und die Sache sauber und klar lösen. Wir wollten die nicht betrügen. Wir blickten einfach auch nicht, was da bei denen abging. Ich wundere mich noch heute, wie ich überhaupt auch nur hoffen konnte, daß wir mit »Deshalv spille mer he« bei der SED-DDR-Obrigkeit von 1984 durchkommen könnten.

Letztendlich bin ich aber doch ganz froh, daß wir das damals durchgehalten haben. Nur ich bin keineswegs stolz darauf. Als wir dann wieder im Bus saßen und nach Hause fuhren, gings uns dreckig. Wir kamen uns so unendlich mies vor. Verantwortlich für einen Riesen-Murks. Eigentlich war die ganze Angelegenheit ja auch eine furchtbare Blamage. Und für diese Blamage bekamen wir dann zu Hause die großen Komplimente. Biermann lobte unseren »Guten Text« und »das mußte mal sein«, aber auch die ganzen kalten Krieger einschließlich dem Fernseh-Rechtsausleger Gerhard Löwenthal klopften uns auf die Schulter. Ich ertrug das nur widerwillig. Daß es auch in der DDR Leute gab, die unsere Entscheidung gut fanden, ist heute noch der einzige Trost in dieser ganzen Geschichte. Ansonsten ist das ein ganz schwarzes Kapitel.

»Deshalv spille mer he« kam dann auf unsere neue Platte: »Zwesche Salzjebäck un Bier«. Sie erschien Anfang Juni 1984. Es ist bis heute mein absolutes BAP-Lieblingsalbum, an dessen Intensität ich jedes Neue messe.

Und dann kam die »Salzgebäck und Bier«-Tournee. Unsere längste und für mich die mörderischste Tour überhaupt. Über 140 Termine hatte der Tour-Plan. Wir spielten teilweise im letzten Kaff. Wir hatten ja schließlich irgendwann einmal dieses idiotische Versprechen gegeben, nie in Hallen über 2 000 Zuschauern zu gehen. Das ging natürlich nicht mehr. Wir *mußten* bei der enormen Nachfrage einfach in großen Hallen spielen, und quasi zur Entschädigung gingen wir dann am nächsten Tag in die Provinz in einen kleineren Schuppen. Das nahm groteske Formen an. In Luxemburg spielten wir in zwei Orten, die lagen gerade mal fünf Kilometer auseinander. Wir haben uns selbst verarscht und gaben Konzerte bis zur Bewußtlosigkeit.

Ich hatte mich auf die Tour gefreut. Ich fand es immer schon toll, wie ein Zigeuner von Stadt zu Stadt zu ziehen und abends auf der Bühne zu stehen. Carmen hatte allerdings einen ziemlichen Haß auf die Tourerei. Überhaupt hatte sich in der Beziehung nichts gebessert zwischen uns. Unsere Vorstellungen lagen einfach immer noch zu weit auseinander, was im Vorfeld der Tour auch zu Hause zu einer permanent miesen Stimmung führte. Ich war deshalb froh, als es endlich losging, ich erhoffte mir Abwechslung. Gleichzeitig war ich wegen der Krise mit Carmen aber auch ziemlich schlecht drauf.

Auf der Tournee ging dann wirklich die Post ab. Nach und nach wurde ich absolut bühnensüchtig. Ich war von den Brettern nicht mehr runterzukriegen, solange auch nur ein einziger eine Zugabe verlangte. Ich sehnte mich nach den Tausenden von jubelnden Armen mit Feuerzeugen und Wunderkerzen. Ich brauchte diese Zuneigung, diese Anerkennung. Diese Fremden liebten mich. Ich brauchte es, wie ein Junkie seinen Schuß. Ich hatte Angst vor allem, was außerhalb der Bühne lag. Das richtige Leben war unerträglich geworden.

Ich bekam nichts mehr geregelt. Die konzertfreien Tage waren die Hölle, nur die Bühne brachte Erleichterung. Der Rest der Band kam nach Off-Tagen emotional aufgetankt zum Troß zurück, ich hingegen noch bedienter als vorher, denn zu Hause gab es fast nur noch Streit. Die anderen waren natürlich ziemlich genervt von meinen Bühnenexzessen. Immer wieder dauerten die Konzerte fast vier Stunden. »But the show must go on.« Das Publikum und die Presse jubelte. »BAP-Live! So gut wie nie ...!«

Backstage zwischen zwei Zugaben

Und keine Sau merkte, daß ich jeden Abend, spätestens ab zehn, nur noch sturzbesoffen auf der Bühne stand. Meine Saufkarriere hatte einen vorläufigen Höhepunkt erreicht. Bordeaux-Rot war der Stoff. Bis zum Abwinken. Beim Mittagessen legte ich los. Eine Flasche. Dann noch eine auf dem Zimmer. Eine beim Soundcheck. Eine zwischen Soundcheck und Konzert. Den eigentlichen Gig überlebte ich mit Kamillentee, aber bei den Zugaben knackte ich dann doch noch ein bis zwei Flaschen Rotwein. Dann Hotelbar, und im Vollsuff in das einsame Hotelbett.

Dabei hatte ich mir nichts sehnlicher gewünscht, als mit Carmen und Severin zusammen auf Tour zu gehen. Zigeunermäßig als Musikerfamilie herumzuziehen. Um es wenigstens mal anzutesten, versuchten wir es auf dem Schweizer Teil der Tour. Es wurde eine einzige Katastrophe. Carmen konnte oder wollte diese Art von Tour-Leben nicht ertragen. Wenn ich nach vier Stunden wirklich harter und körperlicher Arbeit ins Hotelzimmer kam, dann wartete sie dort völlig entnervt und legte sofort mit den altbekannten Vorwürfen los. Da kam ich fix und fertig, geschlaucht und nicht einen Bruchteil so voll wie sonst von »ehrlicher« Arbeit ins Hotel und fühlte mich schlagartig so, als ob ich von einem Sauf-Ausflug mit meinen Kegelbrüdern zurückkäme. Damals war ich wirklich sauer und dachte mir oft: Sie könnte sich ruhig mal ein bißchen mehr Mühe geben. Vielleicht war sie aber auch einfach kräftemäßig tatsächlich am Ende, denn so ein Winzling kann einen ja erwiesenermaßen ganz schön fertigmachen. Vielleicht wollte sie mir aber auch nur trotzig beweisen, daß unser Leben, »Corky-und-der-Circus-mäßig«, nicht funktionierte und mich auf ihre »Familien-Version« hin trimmen. Jedenfalls war ich sehr froh, als sie endlich mit Severin wieder abreiste. Aber genau diese Feststellung war das eigentlich Härteste. Das riß mich endgültig runter.

Chaos mit Carmen, Spannungen mit der Band, die natürlich unter meiner besonderen Art der Problembewältigung litt. Hochgefühl auf der Bühne, und dann diese grenzenlose emotionale Einsamkeit nach dem Gig. Angst vor dem Suff, und der Suff, um die Angst zu vergessen. Ich wußte nicht mehr, wohin mit mir und meinen Gefühlen. Ich war emotional vollkommen überdreht. Da war es plötzlich furchtbar naheliegend, mich »Rock-Star-klischeemäßig« mit anderen Frauen abzulenken. Keine sogenannten Groupies. Das waren bei uns ja mehr ganz gewöhnliche Fans ohne großartige Absichten. Einfach Kids, die den Mund nicht mehr aufkriegten, wenn sie es tatsächlich bis hinter die Bühne geschafft hatten. Die Abschlepperei lief eher im Umfeld der Gigs. In den örtliche Szenekneipen, Discos und Hotelbars nach den Auftritten. Irgendwann bemerkte ich, daß man als BAP-Sänger da ziemlich gute Karten hatte. Und irgendwann, gegen Ende der »Salzgebäck-Tour«, griff ich auch mal zu. Aber zurück blieb ein ausschließlich schales Gefühl. Schlechtes Gewissen bis zum Abwinken. Mir war übel vor mir selbst, und ich hatte die totalen Horrorvorstellungen. »Was für ein Arschloch bist du bloß geworden?! Was für ein übler, spießiger Fremdgänger!« Vor Carmen versuchte ich blödsinnigerweise, immer so zu tun, als ob alles in Ordnung wäre. Und dabei funktionierte rein gar nichts mehr. Aber schließlich mußte ich doch irgendwohin mit meinen Gefühlen. Und so wurde einer dieser »One-Night-Stands«, über längere Zeit hinweg, zu meinem Psycho-Mülleimer. Fast täglich, wenn ich die Birne schon gut mit Rotwein betäubt hatte, ging ich spätabends noch mal mit dem Hund bis zum Ende des Ubierrings und rief sie aus der Telefonzelle an. Es war völlig klar, daß es für uns keine Zukunft geben sollte, aber ich konnte mich wenigstens ausheulen. Das half mir zwar im Moment, aber das führte leider auch dazu, daß ich mit Carmen nicht Klartext redete. Statt dessen floß mein ganzer Kummer in verklausulierte Liedtexte wie »Endlich allein«, »Bunte Trümmer« und »Breef ahn üch zwei«. Ich hoffte, Carmen würde diese Botschaften verstehen.

BAP-Aalglatt & Fischkisten

Fast das Ende

Der Effendi hing in unserem Braunsfelder Proberaum über seinen Keyboards und meinte scheißfreundlich: »O. k. Wolfgang, das ist ja alles schön und gut, aber willst du nicht einfach mal versuchen, noch ein paar kürzere Texte zu schreiben?«
Jetzt reichte es endgültig! Ich hatte die Schnauze gestrichen voll. Ich packte meinen Kram und ging. Der Rest der Band blieb und diskutierte noch die halbe Nacht. Für mich war alles klar. Das war nicht mehr meine Band. Das war das Aus für BAP. Jedenfalls mit mir als Frontman.
Heute weiß ich: Effendi hatte es wirklich freundlich gemeint und überhaupt nicht zynisch. Aber ich war schon so durch den Wind, daß ich das natürlich in den falschen Hals kriegen mußte. Es war an einem Freitag im Herbst 85. Wir hatten uns getroffen, um die Songs für unsere nächste LP durchzugehen. Ich hatte seit der »Salzjebäck«-Tour, vor allem die letzten drei Monate in der Türkei, wie besessen gearbeitet und mengenmäßig Material für eine Doppel-LP auf Halde. Und ich freute mich auf die Arbeit an der neuen Platte. Obwohl ich vor dem ersten Tag natürlich, wie immer, Muffe hatte. Denn da spiele ich den anderen auf der akustischen Gitarre meine Lieder vor, und dann wird darüber diskutiert, im Zweifelsfall auch abgestimmt. Das ist für mich immer der Horror. Ich schlafe meistens die Nacht vorher überhaupt nicht. Aber diesmal konnte eigentlich nichts schiefgehen. Ich hatte dermaßen viel Material, da mußte einfach genug dabei sein, was auch die anderen gut fänden. Und es wurde eine Katastrophe. Ich spielte ein Stück nach dem anderen, und immer hieß es: »Na ja, ist ja ganz o. k., aber...!« Und immer ging es um die Texte. Denn bei der Musik hatte ja der Major sowieso das Sagen. Er gab jedenfalls den Ton an, wenn entschieden wurde, ob man überhaupt etwas von meiner

Musik nehmen sollte und wie man sie ändern könnte. Außerdem schrieb er ja seit der »Usszeschnigge« immer mehr eigene Stücke. Das fand ich in Ordnung. Das störte mich nicht, ganz im Gegenteil.

Aber bei sämtlichen Texten hieß es jetzt plötzlich: »Zu lang!« Und dann gings weiter. Bei »Gröön en Platania« meinte Steff zusätzlich: »Das können wir sowieso nicht machen. Das kommt doch rüber, als ob wir uns an die Besetzer-Szene ranschmeißen wollten.« Das gabs doch nicht! Bei dieser Aktion hatten wir doch mitgemacht. Wir hatten mitten im Winter bei Minusgraden für die Bäume am Kaiser-Wilhelm-Ring gespielt. Open-Air vor den Baumhütten der Besetzer. Und jetzt kam die Schere im Kopf: »An die Szene ranschmeißen.« Nur weil vielleicht ein paar von der Hardcore-Szene das als Anbiederei der Rock-Kapitalisten BAP beteiln würden. Verflucht! Damals waren wir auch über unseren Schatten gesprungen und hatten uns nicht darum gekümmert, was wer wie finden könnte. Aber runtergeschluckt und weiter: »Leechterkette«. Wieder die Schere im Kopf. »Da sagen doch alle, wir würden dieser mißglückten DDR-Kiste PR-mäßig noch eins draufsetzen wollen. Nein!« Ich konnte es nicht fassen. Bei »Nie met Aljebra« war überhaupt der Text schon mal viiiiieeeel zu lang, um das überhaupt rockmäßig durcharrangieren zu können. Und dann war das ja wohl der Höhepunkt der Niedecken-»Ich-verarbeite-mich-jetzt-mal-selber«-Manie. Das sagte zwar keiner laut, aber ich glaube, zumindest dem Major ging das durch den Kopf. Schließlich sagte er auch irgendwann resigniert: »Was sollen wir machen. Er schreibt eben im Moment nichts anderes. Damit müssen wir uns eben abfinden!« Da war eigentlich schon alles zu spät. Auch wenn es bestimmt nicht so war, daß mir irgendeiner an die Karre pinkeln wollte. Es war für alle eine ziemlich traurige Angelegenheit. Ich sah mich in die Ecke gedrängt und war völlig verunsichert. Mit meinem Selbstbewußtsein ging es immer weiter abwärts.

Daß der Major mit meinen autobiographischen Texten nicht

viel anfangen konnte, das wußte ich ja. Er wollte kurze, eingängige Stücke mit möglichst wenig Bildern. Und er wollte auch mal mit seinen Soundvorstellungen nach vorne. Der Begriff, »Popmusik von internationalem Format« fiel in dieser Zeit ziemlich oft. So Richtung Queen und Foreigner. Bisher waren wir mit diesem Konflikt immer ganz gut klargekommen, denn ich hatte ja nichts gegen gute, straighte Rockmusik. Die Texte waren zwar meine Angelegenheit, aber darüber konnte man reden. Nur nicht so! Die Band war plötzlich in zwei Lager gespalten. Major, Effendi, Steff und Fonz gegen Schmal, Jan und mich. Und da wir ja im Zweifelsfall demokratisch abstimmen, lautete das Ergebnis immer 4:3 gegen unsere Fraktion. Dazu kam noch, daß Schmal und Jan zwar auf meiner Seite waren, aber mir kaum Rückendeckung boten. Es wurde immer heißer und heißer, und spätestens nach Effendis Spruch war die Sache dann für mich gegessen. In dieser Nacht gab es BAP nicht mehr.

Am nächsten Morgen hatten wir eigentlich den Foto-Termin für das Cover der »Ahl-Männer«-LP. Im Friseursalon Ippen. Alles war vorbereitet, alle waren da. Ein WDR-Team, das die Arbeit am Cover filmen wollte, ein Handwerker, der gerade die Trennscheibe aus dem Laden herausmontierte, und unser Haus- und Hof-Fotograf Hermann (the German) Schulte. Nur wir nicht. Schmal schlappte schließlich volltrunken und übernächtigt vorbei und sagte Bescheid: »Jung, du kanns alles widder zusammebaue. Fotos weede hück kein jemaat. Die Band jitt et nit mieh!«

»Ess joot!« hat der Hermann dann trocken geantwortet und direkt damit begonnen, seinen Kram zu packen. Das war wohl ziemlich komisch. Das hätte ich gerne auf Video.

Aber damals fand das niemand lustig. Uns allen war ziemlich bald klar, daß BAP zu wertvoll war, um jetzt den Abgang zu machen. Noch am selben Tag begannen die fast zweiwöchigen Sondierungsgespräche. Jeder sprach mit jedem. Jeder kotzte sich aus. Und da erst wurde allen klar, wie wichtig das war. Seit wir vor drei Jahren von null auf hundert geschossen waren, hatten wir immer weniger miteinander geredet. Proberaum, Studio, Platte, Tournee, Proberaum, Studio etc., etc. Jeder riß sein Zeug runter, funktionierte im BAP-Betrieb. Aber das wars dann auch schon. Denn außer dem Grundkonflikt, Major-Musik mit Niedecken-Texten zusammenbringen zu müssen, hatte eigentlich jeder irgend etwas, das speziell ihm nicht paßte. Zunächst Kleinigkeiten, die im Band-Alltag untergingen, oder Dinge, die man nicht aufs Tablett brachte, um nur ja nicht den Band-Frieden zu stören. »never change a winning team.« Aber diese Kleinigkeiten hatten sich angehäuft. Es mußte eskalieren. Uns wurde ja immer dieses »Sieben-Freunde-Seid-Ihr« angedichtet. O. k. Wir waren sieben Musiker, die sich recht gut verstanden. Aber das war noch nie so gewesen, daß wir dauernd zusammenhingen. Dazu hatten wir immer schon zu verschiedene Interessen. Das wäre ja das Allerschärfste, wenn sich jetzt plötzlich alle BAPs für dasselbe interessieren müßten. Gemeinsame Hobbys, gemeinsamer Cluburlaub, womöglich noch gemeinsamer Sportverein und Tribünenkarten für den 1. FC Köln. Aber früher war da eben trotz aller Unterschiede mal ein unverwechselbarer Teamgeist bei BAP gewesen, und der war jetzt weg.

Besonders Steff legte sich ins Zeug, um die Band wieder zusammenzukriegen. Und die Leute aus dem direkten Umfeld, die noch ein Interesse am Weiterleben der Band hatten, rafften ziemlich schnell, daß man uns die Sache in Ruhe austragen lassen mußte. Balou vermittelte anfangs noch ein bißchen, sagte dann aber sehr bald: »Laßt die sich mal ausquatschen.« Und die Vorstandsetage vom bösen Rüstungskonzern verzog sich unmittelbar ins zweite Glied. Keine Daumenschrauben, und das war gut so.

Vor allem mußte ich mit dem Major wieder klarkommen. Er hatte einfach langsam einen Hals auf meine autobiographischen Texte. Aber bitteschön: Was sollte ich denn sonst verarbeiten, wenn nicht das, was mich beschäftigte, politisch wie privat? Er hatte die Nase voll davon, schön brav die Musik zu meinen Wortgewittern zu schreiben. Für ihn sah das einfach so aus, daß ich mich mit dieser Arbeitsweise zu sehr in den Vordergrund drängte. In der Öffentlichkeit fühlte er sich immer mehr als »Der Erfüllungsgehilfe«. Und außerdem störte den Vollblutmusiker schon immer, daß ich mehr so ein »Shouter« denn ein Sänger war. Er stand eben mehr auf »schön« singende Vokal-Artisten à la Freddie Mercury oder John Lee Roth.

Aber letztendlich waren es doch meine Texte, das eigentlich Besondere an BAP. Das hob uns aus der Masse der deutschen Rockbands heraus. Aus den vielen Bands mit solide arrangierter Musik, auf die man dann halt noch ein paar »Tralala-Zeilen« sang. Ich dachte immer, darüber wäre er sich bewußt und würde damit auch gut klarkommen. Dazu war er doch Profi genug, glaubte ich immer. Aber es gab wohl zwei Ereignisse, die ihn sehr verletzt hatten. Das war die »Salzjebäck un Bier«-Rezension von Wolf Biermann im SPIEGEL und der Film über Heinrich Böll und mich. Der Biermann hatte halt die Texte bis über den grünen Klee gelobt und die Musik als 08/15-Beiwerk abgetan, und von Heinrich Böll hatte ich ja fast so etwas wie einen literarischen Ritterschlag bekommen. Aber das durfte ihn doch eigentlich gar nicht aufregen, denn daß der Ur-Liedermacher Biermann mit Rockmusik nichts anfangen kann, liegt doch auf der Hand. Dem hätte es auch nicht gefallen, wenn wir was Queen-mäßiges oder gar was Progressiveres Marke Talking Heads gemacht hätten. Was dem bei der Musik gegen den Strich ging, bezog sich nach meinem Dafürhalten prinzipiell auf Rockmusik. Und der Böll kam ja nun wirklich aus einer anderen Zeit. Was sollte der denn zu Majors Riffs, Breaks und Gitarrensoli sagen? Aber es wurden eben immer nur die Texte und, wenn überhaupt, dann die »ehrliche« Gesamtleistung der Band gelobt, aber nie der Kapellmeister selbst. Das mußte zwangsläufig bei ihm zum Frust führen. Schließlich hängte er sich mit aller Kraft bei BAP rein, und ohne Major wären wir wohl nie eine echte Rockband geworden. Für mich ist der Ma-

Heuser/Niedecken

jor jedenfalls einer der kompetentesten Rockmusiker hier in Deutschland, und wenn wir uns cooperativ verhalten, ergänzen wir uns so gut wie kein anderes Songwriter-Gespann in diesem unseren Lande. Gitarrenmäßig wüßte ich eh weit und breit keinen, der ihm das Wasser reichen könnte. Ich sagte auch damals immer zu ihm: »Kein Problem, schreib erst mal die Musik, ich mach dann die Texte dazu.« Aber erst seit »Da Capo« läuft das tatsächlich so. Ich bekomme vom Major Cassetten, auf denen auf der einen Seite die Musik mit einem »Blendax-Text« ist, die Vorgabe der Gesangsmelodie und des Versmaßes. Auf der anderen Seite nur die Musik, auf der ich dann meine Ideen ausprobieren kann. Und das klappt prima. Der Traumfall ist natürlich, wenn Musik und Text sich gegenseitig veredeln.

Jedenfalls trafen wir uns damals im Mainzer Hof und besprachen das alles. Und nach zwei Wochen hatten sich dann alle ausführlich genug ausgekotzt, und ich hatte das Gefühl: »Es geht wieder.« Wir fuhren kurz darauf nach München, um in den »Musicland«-Studios die »Ahl-Männer« aufzunehmen.

Es war das erste Mal, daß BAP in ein High-Tech-Studio mit einem Produzenten ging. Vorher hatten wir immer alles mehr oder weniger selbst gemacht. Zwar in guten Studios und mit reichlich kompetenten Leuten, die uns halfen, aber im Grunde hatten wir vom ersten Riff bis zum Mastertape immer sämtliche Fäden in der Hand gehalten. Jetzt gings also in ein Musik-Labor mit allen Raffinessen. Die Musicland-Studios von Reinold Mack, mit ihm selbst als Produzenten. Major hatte sich dieses Studio ausgesucht, aber die Idee, uns in dieser Richtung zu professionalisieren, war von mir, Schmal und Jan gekommen. Ausgerechnet von den späteren Opfern dieser Aktion: Während der »Salzjebäck und Bier«-Tour waren wir zusammen in meinem Wagen von Köln nach Aachen zum Konzert gefahren. Wir hörten eine Cassette von Anne Haigis, ein Vorab-Tape der EMI, und wir waren ziemlich angetan von dem professionellen Sound. Das war so modern, so verblüffend elegant arrangiert, so was kriegten wir mit unserer »hausgemachten« Produziererei nie hin. Das war die einhellige Meinung in meiner Karre. Wir hingen ja ständig als volle Mannschaft vor den Reglern und einigten uns dann auf den größtmöglichen gemeinsamen Nenner. Wir drei dachten: So einen straighten Produzenten könnten wir auch gut gebrauchen. Siehe: »The Times, They Were A Changing.«

In Aachen angekommen, erzählten wir diese News sofort den anderen und rannten damit, vor allem beim Major, offene Türen ein. Und dann ging die Post ab. Der Major als unser Kapellmeister hatte mit dem Mack einen absoluten Bundesgenossen getroffen. Der Junge hatte schon mit Queen, Meat Loaf und Billy Squier gearbeitet und sogar 1974 den »Glimmer Twins« Jagger/Richards bei der Stones-LP »It's Only Rock 'n' Roll« assistiert. Mack brachte den Major jetzt vollends auf den Trip: »BAP spielt ab jetzt internationale Popmusik.« Und der Major zog den Steff, den Fonz und den Effendi voll mit. Da hatten wir uns gerade mal mühsam zusammengerauft, da ging der Psycho-Krieg erst voll los. Aber jetzt saßen wir schon im Studio und konnten nicht mehr zurück. Keine Zeit mehr für weitere Sondierungsgespräche. Der erste Anschlag ging gegen Jan.

Ich kenne ja kaum einen besseren Schlagzeuger. Jan ist wirklich Bundesliga, wenn nicht Meister, dann aber doch immer gut für einen UEFA-Cup-Platz. Aber plötzlich sagte unser Kapellmeister Major: »Wir haben uns gedacht, daß der Curt Cress bei der LP Schlagzeug spielt.« Ich dachte, ich hör nicht recht. Mir blieb die Luft weg. Kurze Diskussion und danach die Abstimmung. Das Kölner Drama wurde fortgesetzt. 4 : 3. Jan war draußen. Jan war am Ende. Die eigene Band, die Jungs, mit denen er so gerne abjagte, hatte ihn, was die Studioarbeit betraf, gefeuert. Für Jan war die Welt untergegangen. Er verbarrikadierte sich in seinem Hotelzimmer. Er war für niemanden mehr ansprechbar, und kam tagelang einfach nicht aus seinem Zimmer raus. Als er sein Schlagzeug im Studio abholte, halfen ihm Freunde aus Köln, die er dafür extra telefonisch bestellt hatte. Er hatte es nicht mal mehr geschafft, jemanden aus der Band zu fragen. Für mich hätte das eigentlich der Knackpunkt sein müssen, zu sagen: »Entweder spielt der Jan auch hier Schlagzeug, oder ihr könnt euch in einem gleich einen neuen Texter und Sänger suchen.« Aber ich habe es nicht getan. Ich unterwarf mich der Band-Demokratie und habe mir das bis heute nicht verziehen. Und da hilft auch keine Entschuldigung von wegen: »Wir waren mitten in der Produktion. Wir können uns jetzt keinen Streß erlauben, wir sind schon zu weit mit den Produktionskosten!« Etc. pp.

Zumal der Curt Cress mir später einmal sagte, er hätte auch nicht so recht gewußt, was da eigentlich abging, warum er ausgerechnet den Jan ersetzen sollte. Auch er hält Jan für einen der absoluten »Erste-Sahne«-Schlagzeuger.

Jedenfalls brachten wir die »Ahl Männer« noch recht Major/Mack-mäßig zu Ende, und als wir dann die Endmischung abhörten, dachte ich wirklich, mir fallen gleich die Ohren ab. Die hatten das dermaßen effektüberladen und gitarrenlastig abgemischt, daß ich selbst von meinem Gesang fast nichts mehr verstand. Nur bei den langsamen leiseren Stücken erkannte ich uns noch halbwegs. Ich war verzweifelt. Ich wollte rausgehen. An der Tür nahm mich der Mack zur Seite und meinte väterlich: »Aus dir kann ja auch noch mal was werden!« Vielleicht meinte er das spaßig, vielleicht sagte er das auch im Überschwang der Gefühle, nachdem er so eine »großartige« Platte produziert hatte. Ich bekam davon jedenfalls dermaßen eine Wut, daß ich ihm am liebsten eins in die Fresse gehauen hätte. Was hatten die nur aus dem Material gemacht?! High-Tech-Einheitssoße.

Die »Ahl-Männer« war fertig, und Jan war endgültig ausgestiegen. Er hatte, verständlich, auch keinen Bock mehr, mit diesen Typen auf Tournee zu gehen. Aber die Tour mußten wir machen, also brauchten wir einen neuen Schlagzeuger. Es folgten regelrechte Anhörungsverfahren von irgendwelchen Drummern, die man so kannte, von denen man wußte, daß sie frei waren, sogenannte Auditions. Die armen Schweine müssen dann im Proberaum zum Playback trommeln und eine Art Jam-Session bestehen. Es ist die Hölle für die Kandidaten und für die Band. Aber ich mußte das Theater zum Glück nicht mitmachen. Ich hatte statt dessen das zweifelhafte Vergnügen, mit der »Ahl-Männer« auf PR-Tournee zu gehen. Ich mußte tatsächlich, sozusagen als »Klassensprecher«, eine Platte verkaufen, von der ich 50 Prozent Scheiße fand. Daß die anderen sich mit dem Drummerproblem rumärgern mußten, empfand ich nur als ausgleichende Gerechtigkeit.

Bevor wir aber auf Tournee gingen, mußte noch der Schmal verarztet werden. Der hatte zwar größtenteils geschwiegen zu all dem Streß, aber dabei war ihm die Lust an BAP vergangen. Denn sie hatten ihn genauso ausgebootet wie Jan. Nur unauffälliger. Mit der Fischkiste. So heißen bei uns sämtliche computerähnlichen Teile. Und damit waren die Mack-Studios ja nun reichlich bestückt. Alles, was man auf der »Ahl-Männer« an Percussion hört, hatte man über seinen Kopf hinweg in irgend-

eine dieser Fischkisten programmiert. Schmal hatte es hingenommen, hatte nie eingegriffen. Erst als alles im Kasten war,
hatte er gesagt: »Tschüss, ich geh jetzt, das bringt mir nichts
mehr!« Und das hatte ziemlich endgültig geklungen. Schmal,
mein alter Kumpel. BAP ohne Schmal war für mich wirklich
nur schwer vorstellbar. Er verzog sich erst mal zum Durchatmen nach Tunesien, und als er dann wieder eine Woche in Köln
war, hatte ich das Gefühl: Er wartet jetzt darauf, daß du ihn
überredest. Ich ging hin, und es klappte.

Für die Tour hatten wir dann Pete King, einen Profi aus London, als Drummer. Der absolute Glücksgriff. Pete spielte absolut zuverlässig, schnörkellos und war zudem auch noch ein total netter Typ. Um den Sound der High-Tech-LP auch auf die
Bühne zu bringen, brauchten wir noch einen zweiten Keyboarder. Wir nahmen Christian Schneider, denn der konnte außer
Keybords und Fischkistenbedienen auch noch phantastisch Saxophon spielen.

Die Tour kriegten wir dann jedenfalls trotzdem prima hin. Wir
waren musikalisch perfekter denn je, aber es war für mich nicht
mehr das alte BAP-Live-Feeling. Wir funktionierten gut und
sehr professionell nach außen, aber in der Band war irgendwie
der Wurm drin. Nach der absolut lahmsten Tour-Abschluß-
Fete (im Münchner Arabella), die ich je erlebt habe, verabschiedeten wir uns erst mal voneinander. Das war Majors Idee. Der
träumte schon lange von Amerika. Er wollte in der BAP-Pause
mit Mack nach Los Angeles, um dort zu lernen, wie die Weltmeister ihre Suppen kochen. Er schlug eine zweijährige Pause
vor. Die BAPs bräuchten Abstand voneinander. Es stimmte tatsächlich: Jeder Einzelne brauchte endlich mal Zeit für sich
selbst.

Kunst & Complizen

Neue Ausstellungen und Solo-LP

Ich saß in der Türkei am Strand und bastelte aus Ästen, Bindfäden und einer auseinandergefalteten türkischen Zahnstocherschachtel eine Art Miniatur-Sonnenschutzsegel. Ich beobachtete dabei eine Clique türkischer Jugendlicher, die einen solchen Schattenspender gerade im Original konstruiert hatte. Die übermütigen Jungs für die schüchternen Mädels, die trotz glühender Hitze bis obenhin zugeknöpft waren und gerade mal ihre Knöchel zeigen durften. Es war eine rührende Szenerie. Pikanterweise war auf meinem Miniatursegel aus der türkischen Zahnstocherpackung eine halbnackte, ins Wasser springende Frau im keuschen Badeanzug. Diese kleine Arbeit wurde eines meiner »Neuen Souvenirs«. Der Schmal und ich arbeiteten an einem neuen Kunstprojekt.

Angefangen hatte alles wieder mal in einer Kneipe. Diesmal an der Theke des »Out«. Dort traf ich Kölns legendären, inzwischen verstorbenen Kunstvermittler Ingo Kümmel, und wir redeten über alte Zeiten. Er erkundigte sich nach den »Tagesbildern«. Die hatten wir nie ausgestellt. BAP war uns dazwischengekommen. Ingo fand das schade, und ich fand es tragisch. Aber wir hatten einfach keine Zeit, uns um eine anständige Ausstellung zu kümmern. Ingo wollte uns helfen. Er hatte selbst leider schon längst keine Galerie mehr, sonst hätten wir sofort bei ihm ausgestellt. Wir überlegten uns einen geeigneten Ort für die »Tagesbilder«, und uns fiel der Kölnische Kunstverein ein. Dem Leiter, Dr. Wulf Herzogenrath, gefielen die »Tagesbilder«. Er hatte sie schon 79 im Atelier gesehen. Außerdem hatte der doch auch die »Wunschbilder« ausgestellt. Tatsächlich klappte es.

Am Aschermittwoch 85 war die Eröffnung. Der Schmal und ich düsten mitten aus der »Salzjebäck«-Tournee von Augsburg nach Köln. Und dann standen wir vor unseren Werken und waren überwältigt. Da hingen lauter alte Bekannte an der Wand! Die meisten hatten wir fast schon vergessen. Der Kunstverein zeigte nicht nur die »Tagesbilder«, sondern es war eigentlich eine kleine Boecker/Niedecken-Retrospektive. Wir hatten aus der Erinnerung unsere besten Bilder ausgesucht, und der Kunstverein hatte sie aus den verschiedensten Ecken zusammengetragen. Die Ausstellung machte uns Mut. Wir bekamen langsam wieder Lust, künstlerisch zu arbeiten. Natürlich hatten wir auch während der ganzen Zeit der großen BAP-Erfolge immer wieder mal daran gedacht. Es fehlte einfach etwas in unserem Leben. Und ich werkelte auch ständig an irgendwelchen Sachen herum. Aber es mangelte an Konzentration und ein bißchen auch an Motivation. Wir wußten ja, daß wir eigentlich keine Zeit mehr für Kunst hatten und erst recht keine Zeit, um uns um Ausstellungen und den Verkauf zu kümmern. Die Galeristin Inge Baecker gab uns dann den letzten Kick. Sie hatte die Ausstellung im Kunstverein gesehen und fand es eine Schande, daß unser Zeug in den Ateliers verstaubte. Wir sollten auf alle Fälle weitermachen, sie wollte uns in ihr Galerie-Programm aufnehmen. Das hieß: Sie würde den ganzen Organisationskram für Ausstellungen, Verkäufe und PR übernehmen. Das war natürlich die Lösung. Denn Inge Baecker war nicht irgendeine Galeristin. Bei ihr waren solche Künstlergurus wie Nam Jun Paik, John Cage, Wolf Vostell vertreten, und ihr Programm war voll von Happening- und Fluxuskunst der sechziger Jahre. Ihr Angebot war dann der endgültige Auslöser für uns, wieder richtig mit der Kunst loszulegen.

Seit 81 hatte ich von jeder Halle, in der BAP spielte, ein Polaroid gemacht. Wie ein Tagebuch. Diese Fotoserie stellte ich als erstes bei Inge Baecker aus. Ich klebte die Fotos in circa zehn mannshohe, 50 cm breite Rahmen und hängte sie nebeneinander an die Wand der Galerie. Jedes Foto erzählt eine Geschichte. Mir natürlich mehr als anderen. Aber alle Bilder zusammen sind eine Horrorshow dieser grausamen, gleichförmigen Mehrzweckbauten-Architektur in Deutschland. Gebaut für Freizeit, Vergnügen, Spaß und Sport der Bevölkerung. Ein trauriges Bild.

Schmal und ich wollten testen, ob wir nach fünf Jahren »Malpause« noch eine Basis für gemeinsame weitere Projekte hatten. Wir entschieden uns für die Idee der »Tagesbilder«. Aber wir legten uns nicht mehr auf die Malerei fest. Erlaubt war diesmal alles: Zeichnungen, Collagen, Objekte, Fotos und natürlich Malerei. Die Arbeiten sollten aber nicht größer als DIN A 4 sein, und natürlich bestand weiterhin die Tagespflicht. Aber nicht mehr für ein ganzes Jahr, sondern nur für vier Monate. Außerdem sollte keiner wissen, was der andere gerade machte. Nach Ablauf der Zeit stellten wir fest, daß wir nach wie vor auf die gleichen Sujets abfuhren, also durchaus noch eine Basis für weitere Projekte gehabt hätten. Aber wir wollten trotzdem zunächst lieber getrennt weiterarbeiten.

Bei mir entstanden nun völlig neue Arbeiten. Früher hatte ich fast nur gemalt. Die Leinwand fest installiert im Atelier, das entsprach meinen Lebensumständen. Jetzt aber war ich meistens unterwegs und fand schon die Vorstellung recht albern, im Band-Bus Staffelei und Leinwand mitzuschleppen und sie dann in den Holiday-Inns neben dem Standarddoppelbett aufzubauen oder gar beim Zimmerkellner Ölfarben zu ordern. Dieses Leben auf Tour erforderte eine andere Arbeitsweise und Materialien, die sich durch die Situation ergaben. Für einen Sammler wie mich gibt es da ja genug: Hotel-Briefpapier, fremde Zeitungen, Streichholzbriefchen, irgendwelche Alltagsgegenstände. Fremde Muster, Stile, Einrichtungsgegenstände, die ich schnell abzeichne oder mit der Polaroid fotografiere. Alles wird irgendwie eingesackt oder festgehalten und später dann verarbeitet. Mehr und mehr bemerkte ich, daß meine ganze künstlerische Arbeit eine zunächst unbewußte, unsystematische Spurensicherung ist. Ich möchte Zeit und Erleben festhalten. Das ist natürlich erst einmal vordergründig biographisch aber hat trotzdem immer auch etwas Allgemeingültiges. So ähnlich wie bei meinen Texten.

Unser Neuanfang in der Kunstszene war äußerst erfolgreich. Nach Köln hatten wir noch große Ausstellungen, u. a. im Münchner Lehnbachhaus und im Museum für moderne Kunst, Palais Liechtenstein, in Wien. Aber es dauerte seine Zeit, denn zunächst schienen uns, trotz guter Resonanz in Köln, erst mal alle Türen des Kunstbetriebs vernagelt. Denn natürlich meldeten sich sofort die Neider zu Wort. In der Presse war auch immer von den »BAP-Musikern Niedecken und Boecker« die Rede. Niemand wollte wahrhaben, daß wir uns vor BAP schon einen Namen als bildende Künstler gemacht hatten. Jetzt machten die »Pop-Stars« eben auch in Kunst, und als »Pop-Stars« dürfen sie dann auch gleich im großen Stil ausstellen. Dabei empfand ich diesen »Prominenten-Bonus« eher als hinderlich. In den Kunstkreisen rümpfte man zunächst die Nase, so nach dem Motto: »Elke Sommer malt ja auch.« Die Kunstszene will doch niemanden aus der Popmusik, der ihnen auch noch Bilder zeigt! Erst nachdem sich die hohen Damen und Herren aus der Art-Branche mal unsere Arbeiten richtig angeschaut hatten, respektierten sie uns auch.

Ich bemerkte sehr schnell, wie wichtig es für mich war, wieder künstlerisch zu arbeiten. Und das hat sich bis heute gehalten. Es ist eine wahre Wohltat. Es ist eine Arbeit, bei der ich wirklich ganz bei mir selbst sein kann. Ich muß mit niemandem ausdiskutieren: »Was, wie, wo, warum?« Ich bin ganz allein für meine Arbeit verantwortlich. Ich kann machen, was ich will.

Diese Wiederentdeckung der Kunst ereignete sich kurz vor der katastrophalen Arbeit an der »Ahl-Männer«-LP und mitten in meiner persönlichen Krise mit Carmen und dem Suff. Nun hatten wir diese BAP-Zwangspause beschlossen, und ich hätte genügend Luft gehabt, mich ganz mit meinen Bildern und der Familie zu befassen. Aber es rumorte in mir. Die Bandmitglieder hatten sich zwar nach der »Ahl-Männer«-Tournee durchaus freundschaftlich für eine bestimmte Zeit voneinander verabschiedet, aber bei mir war ein schales Gefühl zurückgeblieben. Vom Feeling her war BAP für mich nicht mehr das, was es mir einmal bedeutet hatte. Und das würde es wahrscheinlich auch nicht mehr werden. Einfach ein paar Musiker, die sich gut verstehen und im Proberaum und auf der Bühne zusammen abjagen. Jeder nach seiner Fasson und doch zusammen, eben eine Band. Davon war BAP nach den »Ahl-Männer«-Erfahrungen doch meilenweit entfernt.

Ich saß also zu Hause herum und kramte in alten Fotos und Papieren. Ich zog mir so richtig nostalgisch das Zeug rein. Songs und Texte aus meiner Solo-Kneipen-Zeit, Tagebücher und immer wieder die Stücke für die »Ahl Männer«, die mir die Band abgelehnt hatte. Ich hing einfach daran, und es war ja auch durchaus brauchbares Material. Ich spürte, daß ich Lust hatte, diese Songs einzuspielen. Aber nicht einsam mit der Wanderklampfe oder als Solist mit ein paar routinierten Studiomusikern. Ich wollte wieder mit einer echten Band spielen. Mit ein paar guten Musikern einfach drauflosjammen im Proberaum. Mal sehen, was aus den »Leftovers« wird. Das wäre toll! Andererseits zögerte ich, denn daraus müßte dann ja auch wieder eine Platte entstehen, was logischerweise ja wieder auf diesen ganzen Produktionswirbel hinauslaufen würde. Gerade jetzt, wo ich endlich mal Zeit für die Familie gehabt hätte. Für all das, was sich Carmen wünschte. Mittlerweile hatten wir ja noch einen zweiten Sohn bekommen. Robin, geboren am 24. 3. 1986, mitten in der »Ahl-Männer«-Tour. Auch ein Wunschkind! Denn trotz der ganzen Auseinanderleberei war klar, daß wir uns an die Abmachung halten würden, mindestens zwei Kinder zu haben. Severin sollte keinesfalls alleine aufwachsen. Jedenfalls hatte Carmen zu meiner Überraschung nicht nur Verständnis für meine Pläne, sondern sie unterstützte mich regelrecht in meinen »Solo-Plänen«. Sie dachte vermutlich: Wenn er sich diesen sehnlichen Wunsch erfüllt, kommt er vielleicht endgültig mal anders drauf. Sie stärkte mir, was dieses Projekt betraf, jedenfalls voll den Rücken.

Je mehr ich über eine Solo-Platte nachdachte, desto mehr begeisterte ich mich dafür. Keinesfalls wollte ich damit aber den Rest von BAP erschrecken. Ich sprach mit unserem Manager, dem Balou, über die Idee, und er fand sie gut. Jetzt brauchte ich noch die richtigen Musiker. Als erstes fiel mir Mattes Keul ein. Der hatte schon bei der »Affjetaut« Keyboards gespielt, war mein Freund und ein prima Musiker obendrein. Er war sofort dabei. Und dann natürlich Schmal. Allein schon wegen des Gefühls: Außerdem haben wir musikmäßig dieselbe Wellenlänge, und sein ausgesprochen guter Geschmack wäre sehr wichtig für dieses Projekt. Der Schlagzeuger war klar. Jan mußte ran. Er ist nicht nur der groovenste Drummer, den ich kenne, sondern ich mag ihn auch sehr als Mensch. Ich wollte mit ihm wieder zusammenarbeiten. Und dann natürlich Kalau, der Vollblutmusiker. Jahrelang hatte er bei BAP als Roadie die schweren Kisten geschleppt, bis er sich auf der »Ahl-Männer«-Tour einen Bandscheibenschaden geholt hatte. Immer wenn wir auf Tour einen Multiinstrumentalisten brauchten, war er eingesprungen und hatte exakt den Part gespielt, der im Studio overdubt worden war. Kalau hatte inzwischen eine eigene Band, und dort spielte Axel Risch Baß. Er gehörte auch zur BAP-Crew und war während der »Salzjebäck«-Tour, als sich Steff den Finger gebrochen hatte, eingesprungen. Über Nacht hatte er das Programm drauf. Das hatte mir damals schon immens imponiert. Jetzt brauchten wir noch einen Solo-Gitarristen. Das war das Problem. Ich wollte keinen klassischen Rock-Gitarristen, der wäre automatisch mit dem Major verglichen worden. Damit wäre das Projekt sofort in die BAP-Ecke gedrängt worden, und dort wollte ich es nun wirklich nicht haben. Aber ich kannte eigentlich nur konventionelle Rock-Gitarristen. Mattes schlug mir seinen »Dunkelziffer«-Band-Kollegen Dominik von Senger vor. »Der trampelt nicht auf ausgelatschten Pfaden«, meinte er. Ich vertraute ihm, und Dominik wurde unser Gitarrist. In der Kölner

Musiker-Szene sorgte das für einigen Wirbel. »Was macht dieser asketische Underground-Gitarrist beim kommerziellen Mainstream-Rocker Niedecken?«

Die Band stand, alle waren gespannt auf die Arbeit. Ich hatte für die einzelnen Stücke schon grob die Akkorde, aber darauf wollte ich keineswegs beharren. Alles sollte sich im Proberaum gemeinsam entwickeln. Aber zunächst sollten die »Complizen«, so nannten wir uns, ohne mich jammen. Ich brauchte ohnehin erst mal Urlaub.

Als ich zurückkam, war ich verblüfft. »Die Musiken passen haargenau zu den Songs. Wir haben alles mal durchgespielt, das ist gutes Material«, sagte Matthes. Sie bestanden regelrecht darauf, mit meinen Chords weiterzuarbeiten. Das tat gut. Das ging mir echt runter, nach all diesen Kämpfen um die letzte BAP-Platte. Wir verzogen uns für drei Monate im Proberaum, und die Arbeit machte einen wahnsinnigen Spaß. Von morgens um zehn bis spät in die Nacht machten wir Musik. Wir spielten, improvisierten, experimentierten. Es war für alle enorm spannend. Für mich passierte da endlich wieder was zwischen den Musikern. Man spielte, hörte sich gegenseitig zu, hatte Geduld, spielte wieder, und irgendwann waren die Songs fertig. Dann zogen wir ins Studio um und spielten die Platte genauso ein, wie sie im Proberaum entstanden war. Einfach geil! Wir nannten die Platte »Schlagzeiten«.

Die Kritik jubelte. »Die beste BAP-Platte, die BAP nicht gemacht hatte.« Wir verkauften 180 000 Stück davon. Und das war enorm. Schon jetzt hechelten die Medien hinter der Schlagzeile her: »Niedecken spielt jetzt nur noch solo. Niedecken hat eine neue Band. BAP steht vor der Trennung.«

Die Complizen waren ein eingeschworener Haufen. Wir hatten ja schon Bock, als Proberaum-Band auf die Bühne zu gehen und mal Complizen-mäßig zuzuschlagen. Aber wir hatten uns vorgenommen: Erst wenn die »Schlagzeiten« unter die ersten 10 der deutschen LP-Charts kommt, dann spielen wir für uns und die treuen Fans als »Dankeschön« auf einigen Sommerfe-

W. N. & Söhne bei der Arbeit

Die Complizen: v. l. n. r.
obere Reihe: Olaf Kübler, Saxophon; Schmal Boecker, Saxophon und Percussion; Kalau Keul, Diverses; W. N.
mittlere Reihe: Renate Otta und Rosie Lang, Backing Vocals; Matthes Keul, Keybords
untere Reihe: Jan Dix, Schlagzeug; Dominik von Senger, Gitarre; Frank Hokker, Gitarre; Axel Risch, Baß

187

stivals. Und die Platte kam auf Platz 5! Also tingelten wir als Vorprogramm für David Bowie über die diversen Open-Airs und mimten ein paar Play-Backs für die Glotze. Und das war überhaupt das Größte. Das war immer so ein Gefühl von: »Booh! Mann! Die lassen uns tatsächlich auf die teuren Bühnenbretter. Wir dürfen!« Wir waren eine ziemlich wüste Band. Wir benahmen uns, im Vergleich zum gesitteten BAP-Troß, wirklich wild. Immer die Flasche oben, und voller dummer Sprüche. Kein Konzert nüchtern, und kein Konzert ohne anschließende Fete. Da wurden die Szenekneipen, Discos und Hotelbars aufgemischt. Wenn wir damals in so einer cleanen Cafeteria irgendeines Fernsehstudios rumhingen, wurden wir regelmäßig für unsere Roadies gehalten. Und erst wenn wir schließlich auf der Bühne standen, bemerkten die meisten Leute: »Ah ja, stimmt, das ist ja der Niedecken von BAP mit seiner neuen Band.«

Und genau das war es nicht. BAP steckte schon wieder mitten in den Vorbereitungen. China war angesagt. Ein vages Projekt, das niemand so recht ernst genommen hatte, sollte jetzt tatsächlich stattfinden. Es war der Sommer 87, und schon im Oktober sollten wir unseren schon ab Frankfurt unverständlichen Kölsch-Rock in Peking, Kanton und Shanghai spielen. Es war alles ziemlich wahnwitzig, aber anscheinend wahr. Sogar der Major in Los Angeles war schon alarmiert. Außerdem stand irgendwann auch eine neue BAP-LP an.

Und dann kam auch noch Dietmar Schönherr und fragte mich, ob ich nicht in Nicaragua zur ersten internationalen Buchmesse spielen wolle. Ich kannte den Dietmar schon länger und war beeindruckt von seinem Engagement und seinen Projekten in diesem Land. Außerdem kam die Einladung direkt vom damaligen nicaraguanischen Kultusminister Ernesto Cardenal persönlich. Er wollte zu dieser Buchmesse auch kritische Künstler aus Westeuropa einladen und hatte Dietmar Schönherr um Kontakte gebeten. Und der machte mir dann dieses Angebot und meinte: Er könne zwar keinen perfekten Ablauf garantieren,

188

aber wenn ich wolle, ergäben sich bestimmt genügend weitere Auftrittsmöglichkeiten. Das war schon eine tolle Geschichte, und ich fühlte mich sehr geschmeichelt. Aber ich mußte, trotz aller Begeisterung, erst mal darüber nachdenken. Ich sagte ihm, ich hätte im Moment keine Band und wollte erst mal mit ein paar Leuten darüber reden. Ich würde mich wieder melden. Natürlich war ich spontan dafür, dort zu spielen. Aber machte das einen Sinn, dort aufzutreten? War das nicht wieder die typische Pilgerfahrt eines deutschen Linken nach Managua? Plumper Revolutionstourismus, über den ich mich sonst so aufregte! Nichts gegen die Leute aus den Hilfskomitees. Die rackerten dort gegen schmale Kost und Logis und teilweise unter Lebensgefahr über Monate und Jahre hinweg. Die halfen tatsächlich beim Aufbau des Landes. Aber diese ganzen Links-Promis, die mal eben wochenweise durchs Land zischten und die großen Interviews gaben – da hatte ich doch meine Bedenken. So dürfte es also nicht laufen. Ich brauchte schon gute Gründe.

Ich dachte auch daran, daß ständig irgendwelche Bands aus der Dritten Welt als attraktive Exoten auf unseren Festivals rumtouren. Von gutmeinenden Kulturarbeitern aus ihrer Umgebung herausgerissen, werden sie uns als Botschafter ihrer Völker und Kultur präsentiert. Dann dürfen sie wieder nach Hause und sagen: »Wir waren mal in Europa.« Das wars schon. Einen nachhaltigen Stich machten die doch nie bei uns. Als es kurz darauf auch im verschlafenen Deutschland mit der »World Music« losging und sich die ausgelaugte Musikindustrie an diesen frischen Klängen bediente, profitierten ja nicht etwa diese »authentischen Bands«, sondern schon längst westlich produzierte »Exoten« aus Paris und London. Was nicht heißen soll, daß sie schlecht sind. Da entstanden ja spannende Geschichten beim Aufeinandertreffen dieser verschiedenen Musikwelten. Aber mit Emanzipation der sogenannten Dritte-Welt-Musik hatte das ziemlich wenig zu tun. Und kaum einer – außer Police oder Paul Simon – aus dem westlichen Mainstream-Rockbusiness kam mal auf die Idee, bei denen zu spielen. Also dachte ich mir: Warum die ganze Geschichte nicht mal umdrehen? Ich fahre jetzt mit einer westlichen Band, gewohnt an High-Tech und Komfort, in ein sogenanntes Dritte-Welt-Land und stell mich den dortigen Bedingungen. Wir zeigen den Leuten dort, daß es im reichen Westen auch Musiker gibt, die Lust haben, bei ihnen zu spielen. Natürlich war da auch ein ganzes Stück Abenteuerlust dabei.

Ich sagte also zu und stellte die kleinstmögliche Complizen-Truppe zusammen. An Anlage nahmen wir so gut wie nichts mit. Unsere Instrumente und einen Kofferverstärker. Und dieses Teil war dann oft unsere Rettung. Denn wenn wir irgendwo zum Gig kamen, dann stand da meistens ein schlichtes Mikro mit zwei Lautsprechern. Das war die Universal-Anlage, egal, was gerade angesagt war. Wir haben da die unglaublichsten Sachen gebastelt und alles mögliche an die merkwürdigsten Geräte angeschlossen. Irgendwie gings, bis zu einem gewissen Punkt, aber dann war auch für die flexiblen Complizen einfach Sense. Es war eine schwierige Situation, denn wir wollten jetzt in diesem armen Land auch nicht als die großen Macker auftreten und alles mögliche verlangen. Andererseits brauchten wir natürlich ein Minimum an Anlage, sonst war einfach kein Gig drin. Und das hätte auch keinem genutzt. Wir mußten also dann ein paar Forderungen stellen, aber die hatten verständlicherweise natürlich andere Sachen im Kopf, als jetzt ein paar westlichen Musikern ihren Kram zu besorgen. Und wir mußten immer abwägen: Was ist jetzt in Ordnung, was ist überzogen. Wir hatten letztendlich Glück und spielten zusammen mit der einheimischen Band »Mancotal«. Für dortige Verhältnisse waren die recht professionell ausgerüstet, und wir durften deren Anlage und Roadies benutzen. Eigentlich sollten wir zunächst auf der Buchmesse spielen und dann durch das Land touren. Aber das war einfach nicht zu machen. Wegen der Contras kam man in viele Regionen gar nicht rein oder nur im schwerbewachten Militärkonvoi. Deshalb konnten wir auch das Dorf Pasolero, eines von Dietmars »Hilfe zur Selbsthilfe«-Projekten, nicht besuchen. Ein anderer Teil der Tour fiel buchstäblich ins Wasser. In Matagalpa waren wir gerade dabei, das einsame Mikro und die zwei Boxen mit unserem Kofferverstärker aufzumotzen. Wir sollten gleich auftreten, noch sprach der Herr Verteidigungsminister, da gab es plötzlich einen wahnsinnigen Wolkenbruch, und das war das Ende der Veranstaltung. Alle Leute rannten nach Hause. Dasselbe passierte uns in Granada. Am Ende blieben unterm Strich dann zwei Konzerte im Kino »Altamira« in Managua, ein Open-Air auf der Buchmesse und ein Playback-Auftritt im Fernsehen. Aber es war o. k. Die Leute haben sich wirklich gefreut, daß wir bei ihnen spielten und waren ehrlich dankbar. Dieses kleine Land war ja dermaßen isoliert im Westen, daß die unsere Konzerte auch als ein Stück wohltuende Solidarität verstanden. Und das wollten wir ja, mal abgesehen von den eigenen Kicks, die wir reichlich mit nach Hause nahmen.

»Money Joe«

Rockin' All Over the World

Das einzige, was eigentlich noch fehlte, war ein Wassergraben mit spanischen Reitern. Zwischen uns auf der Bühne und den 18 000 auf den Rängen plazierten Chinesen lagen mindestens 20 Meter. 2 000 von ihnen waren Sicherheitspolizisten. Die Scheinwerfer blendeten uns, wir konnten das Publikum nicht sehen und plötzlich:
»Schmaaaal, Schmaaal!« Irgendwo von ganz weit her, aus dem riesigen Shoudu-Sportpalast in Peking drang ganz dünn, aber eindeutig dieser Ruf auf die Bühne. Ansonsten war es mucksmäuschenstill und dann plötzlich dieser Ruf:
»Schmal«! Mitten in Peking. Die Percussions-Langnase hatte

einen Fan. Wir brachen fast zusammen, der Knoten platzte, das Konzert begann. Wir waren ja alle etwas nervös gewesen. Wie würde das werden, dieser erste Gig? China und Kölsch-Rock, wie sollte das gehen? Wir begannen mit einer ruhigen Nummer. »Jupp«. Erst der Major, ganz alleine auf der spanischen Gitarre, dann der Steff mit dem Cello und mein Gesang, und dann, vier Strophen später: Zwei, drei, vier, der Bombastrock-Einsatz. Zigtausend Watt Musik und Licht gegen die brav dasitzenden Chinesen. Das Stück war zu Ende, die Band wurde beklatscht. Wie auf Knopfdruck, 10 Sekunden lang, kurz und bündig. Dann wieder die absolute Stille, wir waren etwas irritiert, aber je länger wir spielten, desto mehr taute das Publikum auf. Immer öfters gab es Zwischenapplaus bei irgendwelchen Soli. China war schon grausam fremd, aber ein bißchen mehr Begeisterung hatten wir uns schon erwartet. Erst nach dem Gig erzählten uns die »Adapter«, so nannten wir unsere Dolmetscher, wie das Publikum vor dem Konzert über Lautsprecher auf Linie gebracht worden war: »Es ist verboten zu rauchen, aufzustehen, während der Darbietung sich in irgendeiner Form auffällig zu benehmen. Es ist verboten, die Halle vor dem Ende der Veranstaltung zu verlassen. Beifall darf nur zwischen den einzelnen Darbietungen gespendet werden. Den Anordnungen des Ordnungspersonals ist Folge zu leisten.«

Der mutige Rufer konnte eigentlich nur ein Kellner aus dem Friendship-Hotel gewesen sein. Dort auf der Dachterrasse traf sich damals so etwas wie die »Pekinger Szene«, und wir hingen da auch oft herum. Schon am ersten Abend quetschten uns die Kellner aus: »Touristen? Aha, ja, die Musiker, BAP. Schon gehört« etc. Schmal kauderwelschte eine ganze Weile mit einem herum, und als der seinen Namen wissen wollte, hatte er ihm der Einfachheit halber gesagt: »Schmal. Alle nennen mich Schmal.« Und diesem Kellner hatte der Schmal auch eine Eintrittskarte besorgt.

Viele hatten Bammel vor unseren Auftritten. Denn diese Tournee war ja auch ein Politikum. Einen Monat nach unserer Tournee sollte der 13. Parteitag der herrschenden Kommunisten stattfinden. Und hauptsächlich würde es dort um eine weitere Öffnung gegenüber dem Westen gehen. Das sagten uns jedenfalls die Leute, die uns eingeladen hatten, und das waren durch die Bank Anhänger des liberalen Reformflügels. Und so war unsere Tournee ein Testfall. Gäbe es bei uns Randale und Zoff und würden wir das womöglich noch anheizen, wie zwei Jahre zuvor angeblich »WHAM«, dann hätten die Betonköpfe in der kommunistischen Partei ein weiteres Argument, um das Land wieder zu isolieren und auf Kurs zu bringen. Für uns war die ganze Reise natürlich trotzdem zunächst eine exotische Konzerttournee. Wir hatten absolut keinen Bock, in China jetzt die politischen Botschafter zu spielen. Wir wollten denen nur einfach mal zeigen, was Rockmusik ist.

Aber schon beim ersten Auftritt wurde uns klar, wie ernst die ganze Angelegenheit für einige Oberwichtigkeitsmeister war. Nach dem Gig, wir beratschlagten gerade über die Zugaben, wohl wissend, daß das in China nicht üblich ist, kam plötzlich eine Delegation jener Oberwichtigkeitsmeister zu uns auf die Bühne. Angeführt von adrett gekleideten Mädchen mit Blumensträußen, hatten sie nichts anderes im Sinn, als sich mit uns zu zeigen. Wir waren etwas verunsichert, denn selbst wenn sich Kohl oder Genschman mal auf eines unserer Konzerte verirren sollten, kämen die doch nicht gleich auf die Bühne gerannt! Später erfuhren wir, daß diese nach jedem unserer Konzerte stattfindende Geste eine Demonstration der jeweiligen Politiker war: für eine Öffnung zum Westen. Dadurch entstand eine eigenartige Situation für die Band. Natürlich wollten wir die Chinesen, die uns eingeladen hatten, nicht in Schwierigkeiten bringen und achteten deshalb peinlich genau auf alles, was bei den Konzerten abging. Aber dann reisten in unserem Troß ja auch reichlich deutsche Schreiberlinge, und die würden bestimmt gleich wieder etwas über unsere »Zahmheit« verbreiten, und darüber, daß wir das Maul nicht aufkriegten. Da machte es sich natürlich publicitymäßig besser, wenn man die großen

Freiheitsparolen herausposaunte anstatt beim Bankett mit Schlips und Anzug den Tischreden der Funktionäre zu lauschen. Egal, im Laufe der Tour und je mehr wir in den Süden kamen, desto lockerer wurden die Auftritte, das Publikum und auch die Oberwichtigkeitsmeister. In Shanghai bekamen der Major und ich sogar Sendermikrophone und konnten damit endlich ins Publikum laufen. Denn den »Wassergraben« zwischen Bühne und Stuhlreihen, den gab es überall. Und das war wirklich gigantisch. In Shanghai ging die Post ab.

Am meisten standen die Chinesen auf unsere beiden Chorsängerinnen Claudia Hess und Karen Schweizer-Faust, die wir zusammen mit dem Ulla-Meineke-Saxophonisten Richard Wester in die Band genommen hatten. Die Chinesen waren ja eher an »schönen« Schlagergesang und harmonische Musik gewöhnt denn an strammen Rock mit Genöhle meiner Art, das sie eh nicht verstanden. Da wollten wir ihnen wenigstens musikalisch und optisch ein bißchen was Vertrautes bieten.

Für mich erfüllte sich mit dieser China-Reise natürlich auch ein alter Traum. Bei all meinen Reisen hatte ich mir immer gewünscht: »Jetzt müßte man hier auch noch mal richtig amtlich abrocken dürfen!!« Da spielte auch immer ein bißchen die Erinnerung an dieses großartige spontane Konzert der »Gruppe Schizzo« auf meiner ersten Türkeireise mit. »Musik schlägt Brücken. Musik bringt die Welt zusammen.« Ich kann solche Sprüche eigentlich nicht hören, aber tatsächlich hatten wir, als wir damals auf diesem Beschneidungsfest spielten, erlebt, wie plötzlich Sprachbarrieren überhaupt keine Rolle mehr spielten. Wenn man als völlig Fremder einfach dasteht und seine Musik spielt, etwas, was einem selbst gefällt, und mag es noch so eigenartig für die Zuhörer klingen, dann ist das etwas dermaßen Persönliches, daß es bei den Leuten ankommt. Die verstehen das. Deshalb hatte ich immer davon geschwärmt, auch mal eine Türkei-Tour zu machen. »Ja, ja«, hatten die anderen immer getönt, »wir können doch echt froh sein, daß man uns in Bergisch-Gladbach noch versteht, und du willst gleich ins wilde Kurdistan. – Kan niet verstaan!« Und jetzt waren wir sogar in China gelandet.

Angefangen hatte alles bei einer Böll-Hommage im Kölner Gürzenich. Da gab es Lesungen von Wallraff und Grass, ein bißchen Klassik und BAP als Akustik-Combo en Miniature. Mit Wanderklampfen, Cello und Minikeyboards spielten wir »Jupp« und »Jojo«. Anschließend, beim Umtrunk, kam dann eine junge Chinesin auf uns zu und sagte: »Das war aber schön. Warum macht ihr das nicht mal in China?« Sehr witzig! In China, womöglich noch in der verbotenen Stadt! O. k. haben wir gesagt und dann gut drüber abgelacht. Danach war die Schnapsidee erst mal vergessen.

Die Chinesin war Lektorin und eine Bekannte von Victor Böll. Und irgendwie klemmten die beiden sich hinter die Sache. Es gab Kontakte zur Gesellschaft für deutsch-chinesische Freundschaft, Effendi schickte ihnen ein paar Video-Bänder mit BAP-Gigs. Man traf sich mal bei Victor zum chinesischen Essen. Das war alles ganz nett, lief nebenbei, aber keiner hat es wirklich ernst genommen. Bis irgendwann Balou mit der großartigen Meldung auftauchte, irgendein Provinzbürgermeister im »Reich der Mitte« hätte uns eingeladen. Welcher Ort, das war schon nicht mehr festzustellen. »Ja, ja, und demnächst auf dem Mond«, war auch so ein Spruch, der permanent fiel. Und dann passierte es doch. Balou und Fonz waren vor Ort. Peking, Shanghai und Kanton waren im Gespräch, man kümmerte sich um Sponsoren. Die Jungs von der Crew schmiedeten schon die wildesten Pläne, wie man die Anlage mit Trucks auf dem Landweg nach China bringen könnte. Major wurde in Los Angeles alarmiert, und auch er wollte mitmachen, unter bestimmten Bedingungen. Die waren bei fast allen gleich. Die Sache mußte finanziert werden. Und das klappte dann schließlich doch nicht. 300 000 haben wir selber bezahlt. Das Außenministerium unter dem Ober-Völkerverbinder Genschman ließ gerade mal 13 000 Mark springen. Aber ich glaube, niemand heult dem

Geld nach. Es war das Beste, was BAP zu diesem Zeitpunkt passieren konnte.

Keiner wußte ja so recht, wie das mit BAP weitergehen würde. Die »Ahl-Männer«-Tour war zwar gut gelaufen und wir hatten, in keiner Weise verfeindet, diese BAP-Pause beschlossen. Trotzdem, da war immer noch die Erinnerung an die unselige Studioarbeit bei der letzten Platte. Ich glaube, es wäre eigenartig gewesen, sich nach zwei Jahren wieder im Studio zu treffen und zu sagen: »Alles klar, Jungs, jetzt machen wir 'ne neue LP.«

Und so mußten wir erst mal nach China, in ein dermaßen fremdes Land, wo uns alles mögliche passieren konnte, wo absolut allen klar war: Das klappt nur, wenn wir wieder so etwas wie eine Band sind. Vielleicht hatte jeder auch ein bißchen Angst: »Ob das gut geht?« Ich hab mich jedenfalls gefreut, wieder mit BAP auf der Bühne zu stehen. Es war wichtig, wieder als Live-Band den Dreh zu kriegen, und nicht im Studio.

Der zweite Vorteil von China war, daß es so verdammt weit weg lag. Wir konnten, nachdem sich die zu Anfang auf der Matte stehenden deutschen Korrespondenten wieder verzogen hatten, relativ ungestört und unbeobachtet unseren Kram machen und musikalisch und menschlich wieder zusammenfinden. Und wir hatten viel Zeit füreinander. Wir haben das alles auch als eine gemeinsame Reise gesehen, als eine außergewöhnliche Möglichkeit, dieses Land kennenzulernen wie das aus Büchern und Fernsehen oder als normaler Tourist gar nicht möglich ist. Durch unsere Arbeit als Musiker kamen wir eben viel direkter an die verschiedensten Leute ran, als wenn wir jetzt touristenmäßig rumgezogen wären. Da gabs zwar das offizielle Besichtigungs- und Begegnungsprogramm, aber trotzdem lernte man dort plötzlich auch einen oppositionellen Schriftsteller kennen. Und als wir merkten, daß unsere Dolmetscher die wir »Adapter« nannten, uns immer um irgendwelche Sachen herumschleusten, haben wir auch Druck gemacht und voll den Prominentenjoker gezogen. Für die Oberwichtigkeitsmeister brachte das ja schließlich einiges an Prestige, wenn sie sich mit uns präsentierten.

Zum Beispiel wollten die immer verhindern, daß wir Arbeiter auch mal bei der Maloche sahen. Einmal hatte ich es nach langem Hin und Her geschafft, mit dem Journalisten Gerhard Hirschfeld und dem Fotografen Jesko Sander, die das »BAP övver China«-Buch gemacht haben, den Shanghaier Hafen zu besichtigen, und da begegneten uns ein paar Hafenarbeiter. Zunächst waren die ganz offen und freuten sich, als sie eine Kamera sahen. Das war eine prima Gelegenheit gewesen, mit denen zu reden, denn wir hatten einen »Adapter« dabei. Aber genau der war ein absoluter Oberverhinderer. Der ging zu den Arbeitern und redete auf sie ein und sagte uns dann: Die würden sich schämen, wenn man sie in diesen Malocherklamotten fotografieren würde. Die Jungs machten dabei ganz traurige Gesichter. Das hab ich mir dann nicht mehr gefallen lassen und habe beim Chef-Dolmetscher durchgesetzt, daß dieser Typ seine Koffer packen mußte. Natürlich hatte der jetzt auch sein Gesicht verloren, angeblich das Schlimmste, was einem Chinesen passieren kann. Aber wenn man nicht aufpaßt, nützen die diese Benimmregeln schonungslos aus und verarschen einen von vorne bis hinten. Das hat dann nichts mehr mit großer Tradition zu tun, sondern dient nur der Durchsetzung ihrer ideologischen Interessen. Und nach langem Hin und Her durften wir dann tatsächlich noch eine Fabrik mit »Live-Arbeitern« besichtigen.

Als wir aus China zurückkamen, waren wir wieder BAP – die Band. Dabei wäre die ganze Reise fast noch im letzten Moment geplatzt, denn ich hatte mir in Nicaragua eine Hepatitis geholt und diese mit auf einen Malediven-Urlaub geschleppt und dort im tropischen Klima dufte ausgebrütet. Als ich wieder nach Köln kam, brach die Gelbsucht dann voll aus. Aber ich mußte eigentlich mit BAP in den Proberaum, um die China-Tour vorzubereiten. Der Arzt meinte, bevor ich nicht meine Leberwerte in Ordnung kriegte, würde er mich keinen Schritt mehr machen lassen. Ich hatte genau drei Wochen Zeit. Ich verzog mich zu meiner Mutter, und zu der strengen Diät gehörte auch ein absolutes Alkoholverbot. Und das war wahrscheinlich meine Rettung. Denn ich schaffte es tatsächlich. Innerhalb von drei Wochen waren die Leberwerte auf Normalstand. Und ich bin seitdem, das sind jetzt exakt drei Jahre, trocken. Und es ging erstaunlicherweise sogar ganz ohne Entzugserscheinungen. Jedenfalls waren sie mir nicht bewußt. Ich hatte den Kopf einfach voll mit anderen Dingen. Ich lag im Bett und dachte fortwährend nur: Du mußt es schaffen! Ich wußte, gesundheitlich und alkoholmäßig war es fünf vor zwölf. Und ich mußte die ganze Zeit an die Band denken, die da im Proberaum ohne mich die China-Tour vorbereitete. Die machten das auf Risiko, denn niemand konnte ihnen versprechen, daß ich so schnell wieder fit würde. Es hing jetzt alles von mir ab, doch ich habe es geschafft, und darauf bin ich auch jetzt noch stolz.

In der Vorbereitungszeit für die China-Tour gab es allerdings auch noch ein sehr trauriges Ereignis. Unser Drummer, Pete King, war in London an Hodenkrebs gestorben. Wir konnten es alle einfach nicht fassen. Wir hatten Pete sehr gemocht, und der Junge war körperlich so was von fit gewesen. Die Gesundheit in Person. Der soff nicht, der rauchte nicht und machte jede Menge Sport. Wenn wir auf Tour morgens unseren Rausch ausschliefen, spielte der schon Tennis oder joggte um die Hotelblocks. Er hatte sich riesig gefreut, als wir ihm erzählten, daß mit China wohl alles klarginge. Und dann hörten wir plötzlich, er wäre schwer erkrankt. Ein paar von uns besuchten ihn im Krankenhaus, aber da war schon klar, daß es keine Rettung mehr gab.

Jürgen Zöller stieg dann bei uns ein. Wolf Maahn hatte die Deserteure aufgelöst, und Jürgen stand ohne Band da. Er war genau der richtige Mann für BAP.

Für den Juni 88 hatten wir für unsere neue LP, »Da Capo«, die I.C.P.-Studios in Brüssel angemietet. Schon seit dem Winter arbeitete ich an den Texten. Es machte wieder Spaß. Der Major hatte die Musik aus L.A. mitgebracht, und diese Arbeitsteilung klappte jetzt wirklich gut.

»Da Capo« erschien und plazierte sich innerhalb von zwei Wochen auf Platz eins der LP-Charts. Das war eine Wohltat. Niemand hatte damit gerechnet. Zweieinhalb Jahre hatten wir keine Platte gemacht, dafür waren jede Menge Trennungsgerüchte auf dem Markt gewesen. Und jetzt war BAP wieder voll da.

Eine Trennung gab es in dieser Zeit dennoch. Als ich von der »Da Capo«-Promo-Tour zurückkam, packte ich meine Sachen und zog in mein Atelier. Es hatte wirklich keinen Sinn mehr mit mir und Carmen und dem Versuch, ein gemeinsames Familienleben hinzukriegen. Es war hart, aber nicht mehr auszuhalten. Wir gingen dann bald auf Tour, das lenkte mich ein bißchen ab. Aber um abends auf der Bühne den gutgelaunten Sänger mimen zu können, mußte ich bei bestimmten Liebesliedern schon ziemlich tief in die Routinekiste greifen.

Sie nannten mich einfach »Money Joe«, die Fans in Mozambique. Kurz bevor ich mit den Complizen in Maputo eintraf, spielten die Radiostationen unseren Song: »Maat et joot«. Und daraus wurde dann einfach »Money Joe.«

Die Idee zu dieser Reise kam von den Grünen. Sie planten ein Hearing zum Thema Mozambique, Frontstaaten und Südafrika im Deutschen Bundestag. Und um das Thema in den Medien und in der Öffentlichkeit zu pushen, wollten sie deutsche Künstler nach Mozambique bringen. Lukas Beckmann fragte mich, mitten in der Arbeit zu »Da Capo«, ob ich nicht mitkommen wolle. Das klang interessant. Tatsächlich hatte ich kaum eine Ahnung, was da unten abging. Ich hatte zwar schon einmal etwas von Renamo-Rebellen und Bürgerkrieg gehört, aber ich wußte nicht, daß die rechte Renamo massiv von den Rassisten in Südafrika unterstützt wird, deren Ziel es ist, die sozialistische Regierung in Maputo zu stürzen. Und die sogenannte Befreiungsbewegung Renamo macht vor allem Terror gegen die eigene Zivilbevölkerung und dient vorwiegend den Interessen Südafrikas. Ich fand die Aktion der Grünen gut und sagte zu. Tatsächlich kam das Thema dann auch in die Medien. Ich selbst habe einen Artikel im Stern über ein Rehabilitationszentrum für von der Renamo zwangsrekrutierte Kinder geschrieben. (Siehe am Ende dieses Kapitels.)

Da die Arbeit an der »Da Capo« schon sehr weit war, konnte ich problemlos für eine Woche weg. Ich stellte also wieder eine Complizen-Gang zusammen, denn »Complizen« war mittlerweile der Name für eine völlig flexible Truppe mit wechselnder Besetzung.

Als wir dann nach Mozambique flogen, dachte ich, das wird wieder so eine Nummer wie in China. Denen muß man den Rock 'n' Roll vorsichtig beibringen. Ganz im Gegenteil. Durch das südafrikanische MTV-Programm und durch die eigenen Radioprogramme kannten die schon jede Menge Rock-Musik. Wir machten zwei Gigs in der Sporthalle von Maputo, wo natürlich wieder alles drunter und drüber ging, aber die Auftritte waren echt Erlebnisse. Sie gehören zu den schönsten meines Lebens. Ich habe selten eine solch tolle Stimmung erlebt. Schon vor dem Auftritt war überall die Hölle los. Wir waren mitten in Afrika und wurden gefeiert wie BAP sonst nur noch in der Kölner Sporthalle. Und bei den Konzerten tanzten, johlten und sangen die Leute mit, daß wir uns auf der Bühne fast selbst nicht mehr hören konnten. Es war fröhlich, bunt, lebendig und absolut friedlich. Wir hatten in Köln ein paar Reggae-Songs eingeprobt, und gerade die waren der Volltreffer. Sobald die Stücke auch nur einen Touch von schwarzem Groove hatten, wie etwa »Anna«, »Maat et joot« oder einer Reggae-Version von »Knocking On Heavens Door«, dann flippten die Leute aus. Wie in Trance verließ ich nach dem ersten Konzert die Halle. Das war absolut großartig. Die hatten überhaupt keine Probleme mit unserer Musik und unseren kölschen Texten. Sie sangen dann »Money Joe« statt »Maat et joot« und hatten ihren Spaß.

Am nächsten Tag kam dann der Dämpfer. Als unsere Roadies nachmittags in die Halle gingen, trauten sie ihren Augen nicht: Da stand mitten vor der Bühne ein Boxring. Man hatte uns leider vergessen zu sagen, daß da am gleichen Abend noch ein Boxkampf stattfinden würde. Wir tobten ein bißchen herum, aber es nützte nichts. Der Boxkampf mußte stattfinden. Es war die nationale Ausscheidung für die Olympischen Spiele in Seoul. Wir wollten sogar das Konzert auf den nächsten Tag verschieben, aber da war die Halle wieder ausgebucht. Außerdem wäre unser Konzert für diesen Abend plakatiert. Wir wurden gefragt, ob wir nicht nach dem Boxkampf spielen könnten. Zunächst fühlten wir uns etwas verarscht, aber dann ließen wir uns auf den Deal ein. Da gab es also quasi im Vorprogramm der Complizen einen Boxkampf, dann bauten die Complizen zusammen mit dem Publikum den Boxring ab und rockten danach los. Und alle Leute, auch die, die nur zum Boxkampf gekommen waren, blieben noch da. Später erfuhren wir dann, daß die ganze Geschichte doch nicht so zufällig passiert war. Das hatte der Veranstalter, ein cleverer Geschäftsmann aus Maputo, so eingefädelt. Dadurch konnte er den Boxkampf vor großem Publikum abziehen.

»Und demnächst auch noch Roter Platz?!« Balous Kommentar vor Jahren, wenn ihm die China-Spinnereien zu bunt wurden. Und dann hieß es plötzlich: »BAP goes Wolgograd!«
Im Herbst 87 war der Kölner Kunstsammler Robert Rademacher mit dem Club »Freunde der Kunstsammlung NRW« in die Sowjetunion gefahren und hatte als Gastgeschenk einen Stoß »Schlagzeiten«-LPs mitgenommen. Ich hatte ihm vorher die Arbeit, die auf dem Cover der »Schlagzeiten« abgebildet ist, verkauft. Als dann eine Gruppe sowjetischer Kulturfunktionäre zum Gegenbesuch in Köln aufkreuzte, wollten sie gerne wissen, wer denn dieser Typ wäre, der sowohl Kunst als auch Rock-Musik mache. Wir trafen uns dann bei meiner Galeristin Inge Baecker, schauten uns meine Bilder an, aßen zusammen,

unterhielten uns über Kunst. Aber die Sowjets interessierten sich auch für die Musik von BAP. Inge zeigte ihnen dann ein Video unseres »Rockpalast«-Auftritts vom März 1986. Und das gefiel ihnen, und sie meinten: »So etwas hätten wir auch gerne. Am liebsten eine Ausstellung zusammen mit einer Rock-Tour.« Für mich war die Sache sofort klar. Eine Tournee durch die UdSSR, das war die Herausforderung. Und ich hatte auch eine Idee: Wir müßten am 8. Mai, dem 45. Jahrestag der Kapitulation Hitler-Deutschlands, zusammen mit einer sowjetischen Band in Wolgograd, dem früheren Stalingrad, spielen. Denn Stalingrad ist für mich nach wie vor Symbol und Inbegriff pathologischer Selbstvernichtung.

Die Band war anfangs noch skeptisch, und es gab reichlich Diskussionen um diese Tour. Aber das war verständlich. Wir hatten schließlich in China 300 000 Mark selbst draufgelegt, und auch diesmal schien die Finanzierung wieder nicht so recht zu klappen. Balou rief dann Oskar Lafontaine an und fragte ihn, ob er nicht mal beim Außenminister anklopfen wolle. Und zwar um eine Kleinigkeit mehr als die popeligen 13 000 Mark, die er für China rausgerückt hatte. Und Lafontaine kümmerte sich darum, erklärte wohl Genscher die politische Dimension einer solchen Tournee mit dem Konzert in Wolgograd und überhaupt zu Zeiten von Glasnost und Perestroika. Der legte dann noch was drauf, und somit war die Finanzierung einigermaßen gesichert. Dachten wir, denn letztendlich mußten wir auch diesmal wieder eine ganze Menge Schotter drauflegen.

Wir bekamen dann Video-Bänder von sowjetischen Rock-Bands. Wir sollten uns eine für unsere Tour aussuchen. Wir zogen uns die Tapes rein und waren geschockt. Das waren fast alles geklonte Metal- und Heavy-Bands, die ausschließlich schnell und laut spielten. Nur eine Gruppe beeindruckte uns: Die »Brigade S«. Sie spielte eine sehr eigenwillige Mischung aus funkigen Riffs und schnellem Rock mit punkigen Untertönen. Und der Sänger wirkte auf dem Video auch ziemlich witzig. Es war klar, wir konnten nur mit dieser Band auf Tour gehen.

In der Sowjetunion hatte die staatliche Konzertagentur »Gos
Concerts« die Tourneeplanung übernommen. Man hatte uns
schon in Köln vor denen gewarnt, und wir hatten deshalb zu
Hause auf eigene Kosten Plakate drucken lassen, aber was wir
dort erlebten, war eine einzige Katastrophe. Da war so gut wie
nichts organisiert. Wir hatten das Gefühl, denen war es scheißegal, ob wir jetzt spielten oder nicht. Nichts war vorbereitet,
nirgends hingen Plakate, mal waren die Hallen zu groß, mal gab
es einen Bus zum Konzert, dann wieder nicht. Das war überhaupt der Running-Gag. Die Busnummer. Darauf war wirklich
Verlaß. Sie funktionierte folgendermaßen: »Wir treffen uns um
die und die Uhrzeit am Nordeingang, Parterre, unseres Hotels
Rossia. Das ist das größte Hotel der Welt. Wenn man da einmal
ein Stockwerk zu Fuß durchquert, ist man am Ende. Genaue
Absprachen sind deshalb ziemlich wichtig. Jedenfalls war der
Bus nie da. Obwohl bestellt, gebucht und bezahlt. Einen Bus
gab es einfach nicht. Anfangs regten wir uns noch auf, aber
dann kriegten wir so langsam den Dreh raus. Ein bestellter und
bezahlter Bus kommt nie dort an, wo er hin soll, wenn man ihn
nicht schon eine Straße vorher abfängt und dem Fahrer noch
ein paar Scheine drauflegt. Wenn man das nicht selbst macht,
macht es ein anderer, und der hat dann den Bus. Und dann
noch die Ticketnummer. Für den Vorverkauf gab es so kleine
Schalter, Marke Fahrkartenhäuschen bei der Straßenbahn.
Wenn überhaupt, hingen dort Miniplakate im DIN-A 4-For-
mat, die sahen aus wie verblaßte rosa Fotokopien. Hatte man
endlich so ein Ding ausfindig gemacht, dann hieß das aber noch
lange nicht, daß man auch eine Karte für BAP bekam. Eine
durchaus mögliche Antwort war: »Wir müssen erst die Tickets
für die anderen Konzerte verkaufen, dann gibts auch Karten für
BAP.« Basta! Hört sich wie ein Witz an, stimmte aber leider.
Das Schlimmste an dieser ganzen Scheiß-Planwirtschaft war,
daß man sich bei niemanden so richtig aufregen konnte. Niemand fühlte sich verantwortlich. Da arbeiteten alle nach dem
Motto: »Leck mich doch am Arsch, ich krieg mein Geld so-

wieso.« Wenigstens hatten wir unsere eigenen Plakate rechtzeitig losgeschickt und an die Moskauer Mauern kleben lassen – von selbstbezahlten Klebern. Das waren dann auch die einzigen Plakate, die wir vor Ort entdecken konnten. Vom Veranstalter »Gos Concerts« sahen wir in ganz Moskau genau ein Plakat.

Entsprechend leer war dann auch das erste Konzert auf der Bühne des »Grünen Theaters« im Gorki-Park in Moskau. Das Ding erinnerte mich an die Loreley-Freilichtbühne, es war ein warmer, sommerlicher Mai-Abend. Eigentlich alles ganz schön. Nur das Publikum fehlte. Die Zuschauerbänke waren gerade mal zu einem Drittel gefüllt. Das war ein echter Schock. Ich dachte mir: »Oh Gott, hier blamieren wir uns ja bis auf die Knochen.« Denn, wie schon in Peking, standen die westlichen Korrespondenten auch hier ausschließlich beim ersten Konzert auf der Matte. Der Rest interessierte nicht. Daß »Gos Concerts« das alles verbockt hatte, dämmerte uns erst im Laufe der nächsten Tage. Wir dachten, die Leute haben kein Interesse, auch nicht an »Brigade S.«. Dabei hatte man uns gesagt, die wären ein Top-Act in der UdSSR.

Und das waren die dann auch tatsächlich. Wenn die auf die Bühne gingen, tobte das Publikum, und die rockten dann richtig gut ab. Und ihr Sänger Igor war eigentlich ein zartes, schüchternes Bürschchen, aber beim Gig wurde der zum Tier. Der fegte über die Bretter wie Mick Jagger und Johnny Rotten zusammen. Mit den »Brigade«-Jungs verstanden wir uns prima und verbrachten mit ihnen dann auch die meiste Zeit zwischen den Gigs.

Wir flogen dann nach Wolgograd, und da drohte schon die nächste Katastrophe. Für mich wurde das allerdings zu einem Schlüsselerlebnis, denn erst da wurde mir mit einem Schlag klar, was in diesem Land eigentlich los war.

Am Morgen unseres ersten Konzerts war in der Prawda der erste Artikel über die gemeinsame Tournee von BAP und »Brigade S.« erschienen. Na prima, dachte ich mir, endlich mal ein bißchen Promotion. Aber es war genau umgekehrt. Unser Dolmetscher Vitali war entsetzt:

»Da steht drin, daß die Tournee, besonders das Konzert in Wolgograd, auch aus politischen Gründen stattfindet. Daß BAP eine Band ist, die sich auch in Deutschland politisch engagiert.«

»Na und, stimmt doch. Was ist daran so schlimm?«

»Man hat mir eben gesagt, daß heute morgen schon vierhundert Leute ihre Tickets wieder zurückgegeben haben, weil in dem Artikel von politischen Motiven die Rede ist. Man kann den Leuten hier einfach nicht mehr mit Politik kommen. Davon haben sie endgültig die Schnauze voll.«

Da haben die Stalinisten wirklich gründliche Arbeit geleistet, daß bei den Sowjets schon bei der bloßen Erwähnung des Wortes Politik sofort die Klappe fällt.

Aber ebenso wie in Moskau funktionierte dann auch in Wolgograd die Mund-zu-Mund-Propaganda. Es sprach sich schnell herum, daß es mit den politischen Statements doch nicht ganz so schlimm war und daß wir auf der Bühne gut ankamen. Von Tag zu Tag wurden die Gigs voller, und die Kids gingen richtig gut mit. Es war richtig was los, und aus Moskau waren uns sogar ein paar DDR-Fans nachgereist, die dort studierten und jedes Wort mitsangen.

Aber am meisten beeindruckten mich auf dieser zweiwöchigen Reise einige Erlebnisse, die sich außerhalb der Konzerte abspielten. Zum Beispiel die Parade anläßlich des 9. Mai, dem Tag des Sieges über den Hitler-Faschismus. Seit Kriegsende wird dieses Datum in Moskau groß gefeiert. Vor Gorbatschow war das eine waffenstrotzende Militärparade mit Jubel-Sowjetbürgern am Straßenrand gewesen. Und wir erlebten ein wirkliches Volksfest auf den breiten Moskauer Boulevards. Das war eine Mischung aus Karnevals- und Trachtenumzug. Das hatte überhaupt nichts Bedrohliches mehr an sich. Da fuhren sogar Veteranen aus dem Afghanistankrieg mit ihren fahrradähnlichen Rollstühlen mit. Wir wunderten uns sehr. Und selbst unsere

Dolmetscherin Ludmilla war überrascht. Das sei eine Sensation, eine deutliche Mahnung an die Obermuftis in der Partei: »Das mit Afghanistan war nicht in Ordnung.« Statt strahlender Kriegshelden eine Demonstration der Kriegskrüppel. Ein Raunen ging durch die Zuschauer. So etwas hatten sie noch nie erlebt. Erst ganz zum Schluß der Parade kamen dann, fast alibimäßig, noch ein paar Schützenpanzer mit greisen antifaschistischen Kämpfern angerollt.

An diesem Tag lief alles, was noch irgendwelche Orden aus dem großen vaterländischen Krieg hatte, damit durch die Gegend. Das sah schon richtig süß aus. Opa und Oma, fein gemacht und prächtig ausstaffiert mit dem ganzen alten Lametta. Im Hotel hatte man uns noch gewarnt. »Paßt auf! Gebt euch nicht als Deutsche zu erkennen. Damit könnt ihr die Leute wirklich verletzen. Man weiß ja nie, wie diese Veteranen an so einem Tag der Erinnerung reagieren.« Und dafür hatten wir durchaus Verständnis.

Eine ganze Clique dieser Jungs, teilweise mit 20 dieser Orden auf der stolz geschwellten Brust, stand vor einem Bauzaun, direkt neben unserem Plakat. Ich wurde von allen Seiten bedrängt, mich mal für ein Foto neben die zu stellen, wurde auch ein bißchen vorgeschubst. Logo, als Frontman muß man in solchen Fällen ran. Also habe ich mich schnell neben das Plakat gestellt, und ebenso schnell wurde auch fotografiert. Aber die »Veteranos« bekamen das irgendwie doch mit, und ich dachte mir schon: »Um Gottes willen, jetzt wirds herb.« Aber das wurde es überhaupt nicht. Die Veteranen freuten sich richtig und löcherten unsere Dolmetscherin: »Wer ist das? Was machen die?« Und dann posierten sie noch mal extra für ein Foto. Da bekam ich schon eine Gänsehaut, es lief mir regelrecht kalt den Rücken hinunter. Wenn man sich überlegt, was deren Generation unter den Deutschen gelitten hat und was ich andererseits noch in meiner Kindheit an Horrorstories über die Unmenschen »Russen« reingedrückt bekam! Und dann machen die an einem solchen Gedenktag

W. N. in der Sporthalle von Maputo

W. N. und russische Kriegsveteranen

mit einem, und zwar höchst erfreut, noch einen Fototermin. Das nenne ich wahre Größe.

In Wolgograd besuchten wir natürlich auch das Stalingrader Schlacht-Museum. Anders als die Gedenkstätte auf dem legendären Mamajev-Hügel, wo jede Menge plumper, stalinistischer, pathetischer Kampfszenen, in Beton gegossen, an die großen Erfolge der Roten Armee erinnern sollen, ist das erst 85 eröffnete Museum ein an der Wolga gelegener Rundbau, in dem die Innenwände mit einem gigantischen Panorama ausgemalt sind. Es ist ein Gemälde der Schlacht um den Mamajev-Hügel, kurz vor der deutschen Kapitulation. Wertfrei gesehen, ist das perfekt gemacht. Der Betrachter steht quasi mitten in der Schlacht und sieht von da aus jede Menge akribisch gemalter Details. Das gipfelt in der Darstellung eines russischen Generals, dessen Mantel schon über zehn Einschußlöcher aufweist. Eine grausame Heldenverehrung.

Wir machten dort eine deutschsprachige Führung mit, und das war doch alles sehr eigenartig. Da wurde einem die ganze Zeit etwas von Heldenmut und dem Ruhm der Roten Armee erzählt. Es hagelte förmlich nur so pathetische Begriffe. Das war eine einzigartige heroische Kriegshistorie, bei der aber auch rein gar nichts in Frage gestellt wurde. Sogar Stalin tauchte permanent als Held auf, dabei gab man doch schon längst in der UdSSR zu, daß das ein grausamer Massenmörder war. Unsere Museumsführerin schien jedenfalls ein völlig ungebrochenes Verhältnis zum Genossen Stalin zu haben. Wir verließen den Bau mit einem recht schalen Gefühl. Das paßte doch alles überhaupt nicht zu Glasnost und Perestroika. Wir schnappten uns dann unseren Dolmetscher, den Vitali, ein kluger Kopf und Perestroika-Mann, und baten ihn, noch mal mit uns in das Museum zurückzugehen... Der sollte uns das alles noch mal erklären. Und während dieses zweiten Durchgangs wurden wir von einer russischen Besuchergruppe überholt. Und deren Führerin erzählte denen was an bestimmten Stellen, wo unsere nur die Klappe gehalten hatte. Wir wurden hellhörig. Wir löcherten Vitali, und es stellte sich heraus, daß diese Führung eine völlig andere Version der Schlacht erzählte, als wir sie präsentiert bekommen hatten. Das war schon die Glasnost-Fassung, während sie uns noch den alten Kram verklickert hatten. Und dabei war das nicht mal politisch motiviert. So von wegen: »Das sind Deutsche, die kriegen die ›Härte-Version‹. Es gab einfach noch keine neue auf deutsch. Das versicherte man uns jedenfalls. Und das erschien mir auch glaubhaft. Es war einfach auch ein Zeichen dafür, in welchem enorm schnellen Umbruch sich dieses Land befand.

Und das ist auch ein bleibender Eindruck an diese Reise. Das ganze Land, alle Leute kamen mir vor, als ob sie gerade alle kräftig die Luft anhielten und warteten. Alle waren sich bewußt, daß etwas Grundlegendes passieren würde, aber keiner wußte so recht: Was?! Alle waren reichlich verunsichert.

»Was wird aus Kindern, die so etwas erleben?«

(Stern, 7. 4. 1988)

»Hast du Zeit für ein Solidaritätskonzert in Maputo?« fragte mich Lukas Beckmann von den Grünen vor sechs Wochen. Ich wußte – wie die meisten Bundesdeutschen – fast nichts über Moçambique. Das einzige, was ich über dieses Land im Süden Afrikas im Kopf hatte, war der berühmte Song von Bob Dylan, den er 1975 zur Unabhängigkeit von der Kolonialmacht Portugal geschrieben hatte. »I like to spend some time in Moçambique«, sang der gute Bob Dylan. Und er sang von dem blauen Himmel, der sonnigen Küste und den glücklichen Menschen, die »Wange an Wange« tanzen. Vor zwei Wochen sang ich den Dylan-Song in der überfüllten Basketball-Halle von Maputo. Aber da wußte ich längst, daß Moçambique von Südafrika in einen mörderischen Krieg gedrängt wurde, daß seine sanften, fröhlichen Menschen hungern, daß sie fliehen müssen vor Killerbanden, die sich »Freiheitskämpfer« nennen, daß sie gejagt und ermordet werden.

Die beiden Konzerte, die ich mit meinen »Complizen« und Ina Deter und ihrer Band gab, waren die schönsten, an die ich mich erinnern kann.

(...)

Aber die zwei Konzerte waren für mich nur Beiprogramm. Hauptprogramm sollte sein: soviel wie möglich zu erfahren über den Schrecken des Krieges, soviel wie möglich darüber zu berichten hier in der Bundesrepublik, denn uns Deutsche geht dieses Problem wie kein zweites Volk an. Damit es nicht wieder heißen kann: Das haben wir ja alles nicht gewußt.

Ich habe in den wenigen Tagen meines Aufenthalts viele Gespräche geführt, habe erfahren, was der Kolonialismus in diesem Land angerichtet hat: Sklavenhandel für die Neue Welt, Zwangsarbeit, 97 Prozent Analphabeten, blutige Unterdrückung der Befreiungsbewegung Frelimo. Und auch nach der Unabhängigkeit sollte das Land nicht gehen lernen. Heute ist es der Apartheidsstaat Südafrika, der Moçambique fertigmacht – durch wirtschaftliche Knebelung, durch Kommando-Angriffe und vor allem durch die von Pretoria bezahlten und ausgebildeten Rebellen der Renamo (Resistencia Nacional Moçambicana), die nichts anderes sind als eine Mörderbande. Das Ergebnis: Das Land steht vor dem wirtschaftlichen Ruin, Hunderttausende wurden zu Flüchtlingen, fast vier Millionen Menschen sind vom Hungertod bedroht, weil sie ihre Dörfer, ihre Felder verlassen mußten.

In der Nähe der Hafenstadt Beira habe ich solche Menschen in einem primitiven Flüchtlingslager getroffen, Menschen, die alles zurücklassen mußten, die oft Hunderte von Kilometern liefen und die manchmal nackt ankamen. Aus Zweigen und Lehm haben sie sich Hütten gebaut – auch eine Schule. Stolze Menschen, die froh sind, dem Schlimmsten entkommen zu sein. Zum Abschied schenkten sie, die nur ganz wenig zu essen haben, jedem von uns eine Maniokwurzel – ihr Hauptnahrungsmittel. Wir durften nicht ablehnen, es hätte sie beleidigt. Es war das erstemal, daß ich Tränen in den Augen hatte.

Im Heim Lhangene bei Maputo treffe ich Franisse. Mit seinen sechs Jahren ist er das jüngste von 37 Kindern, die hier in einem ehemaligen Waisenhaus untergebracht sind. Franisse mußte im Dezember vergangenen Jahres im Dorf Nhanala im Bezirk Chibuto selbst die Hütte anzünden, in die Renamo-Söldner seine Eltern und Geschwister gesperrt hatten. Sie verbrannten. Er erzählt das nicht selbst. Er kann das gar nicht – dieser Winzling im beigen Westernhemd, der artig auf seinem Stühlchen sitzt und Luftlöcher in mich starrt, während seine Betreuerin leise seine Geschichte erzählt.

Pedro ist 13 Jahre alt. Im Januar 1987 wurde er auf dem Schulweg in Chuerene von Renamo-Kämpfern entführt. Wenige Stunden später mußte er einen Überfall auf einen Frelimo-Posten miterleben, bei dem weitere Kinder gekidnappt wurden. So rekrutiert die Renamo ihren Nachwuchs. Die nicht »Verwendungsfähigen« werden massakriert. Man schneidet ihnen die Köpfe, die Gliedmaßen ab, Pedro sah, wie Leichenteile in Wassertöpfen gekocht wurden. Nach tagelangen Fußmärschen ohne Nahrung kam er zu einer großen Basis der Renamo. Hier wurde er zusammen mit anderen Kindern und Jugendlichen an russischen Gewehren ausgebildet, hier erhielt er zum erstenmal Drogen, die ihn für Mordeinsätze gefügig machen sollten.

Noch während seiner »Ausbildung« erlebt er mit, wie zwei Kinder fliehen. Sie werden wieder gefangen und vor seinen Augen zerstückelt. Er bekommt die Aufgabe, die Leichenteile zur Abschreckung auf dem Exerzierplatz auszulegen. Was wird aus Kindern, die so etwas erleben? Pedro kämpft fast ein Jahr mit, wird selbst zum Mörder. Anfang dieses Jahres schaffte er es – noch nicht ganz gebrochen – zu fliehen. Seine Rehabilitation wird lange dauern.

Ich frage die Kinder, ob sie auch weiße Söldner in den Camps gesehen haben. Angelo, 14 Jahre alt, berichtet aus einem Basislager in der Nähe der südafrikanischen Grenze. Er hat die Landung von Hubschraubern mit »weißen Männern« beobachtet. Sie brachten Nachschub, hauptsächlich Munition.

Stundenlang habe ich diesen Kindern zugehört, habe mir Notizen gemacht, konnte nichts mehr sagen. Ich habe auf dem Rückweg an meine beiden Kinder gedacht. Mein Ältester ist viereinhalb. So alt war Franisse, als er von den Buschkriegern entführt wurde.

Unsere Regierung lehnt Sanktionen gegen Südafrika ab und unterstützt nach wie vor – zum Beispiel ökonomisch und militärisch – das Apartheid-Regime. Die südafrikanische Regierung macht den Krieg der Renamo gegen die Menschen von Moçambique erst möglich. Nach dem, was ich gesehen habe, bin ich der Meinung, daß sich auch unsere Regierung schuldig macht, wenn sie ihre Politik nicht ändert.

Kein X für ein U

Neue Platte

9. November 1989, plötzlich war in Berlin die Mauer offen. Es war unglaublich. Ich saß mit meinen Kindern vor dem Fernseher und war fassungslos. Die Bilder in den Berichten und Reportagen gingen wild durcheinander. Einmal diese alten Schwarzweiß-Aufnahmen von den Leuten in der Bernauerstraße, die sich 1961 noch schnell vom dritten Stock ihres Hauses in den Westen retteten, bevor die Fenster zugemauert wurden, dann aktuelle Farbbilder von Ost- und Westberlinern, die sich weinend in den Armen lagen. Dann wieder in Schwarzweiß der Soldat, der über den Stacheldraht sprang und sein Gewehr wegwarf, und in Farbe Vopos der DDR, die mit deutschen Polizisten zusammen versuchten, das Chaos an den Grenzübergängen zu regeln. Meine Kinder spürten, daß da etwas Unglaubliches passierte, und sie fragten mich dauernd: »Was passiert da? Was machen die Leute?« Ich konnte das auf Anhieb nicht erklären.

Von dieser Situation und den offenen Fragen der Kinder handelt ein Song, den ich ursprünglich für unsere neue LP geschrieben habe. Der Song ist gut, aber er wird nicht auf die Platte kommen. Vielleicht erscheint er irgendwann später als B-Seite einer Singleauskoppelung. Der Grund: Diese Deutschland-Deutschland-Wiedervereinigung-Euphorie, die ich fast nicht mehr ertragen kann. Alles dreht sich nur noch um dieses Thema. Ich erinnere mich an eine Tagesschau, da gab es zunächst die üblichen »Deutschland-Deutschland«-Meldungen, dann einen Bericht über Steffi Graf, und erst am Ende wurde eine neue, drohende Hungersnot im Sudan erwähnt. Das wars, und der hungernde Sudan erst nach Steffi. Manchmal schalte ich die Nachrichten absichtlich fünf Minuten später ein, um den »Hurra-Deutschland«-Verlautbarungen zu entgehen.

Ich möchte dieser Nabelschau der Deutschen nicht noch ein Lied hinzufügen. Auch wenn es ein ganz privates »9. November-Lied« ist. Ein Song über die Schwierigkeit, Kindern, Geschichte zu erklären, und über das Ereignis an sich. Deshalb schrieb ich statt dessen: »Denn mer sinn widder wer«. Ein Lied über die Symptome kollektiver Amnesie unter der verordneten Vereinigungsnarkose. Über Politiker, allen voran »Birne«, als Parasiten der Wiedervereinigungs-Euphorie. Einfach über: »Hier kommt Deutschland, wie lang nit mieh!«

Anfangs war ich begeistert von den Ereignissen in der DDR und vor allem von den mutigen Menschen dort, die unter großen Gefahren auf die Straße gingen, um dieses stalinistische Regime zu stürzen. Aber meine Begeisterung wich in dem Maße, wie diese wirkliche Opposition immer mehr in der Bedeutungslosigkeit verschwand und gar verdrängt wurde von den Opportunisten, die jahrelang die Fresse gehalten haben oder sogar als Täter in den Blockparteien mitmischten. Das waren nun plötzlich die größten »Wir sind das Volk«-Rufer, und jetzt hallt nur noch »Deutschland-Deutschland« durch das Land. Dabei geht es nicht um die Frage, ob eine Wiedervereinigung nicht auch gut und sinnvoll ist, ob sie den Menschen in der DDR nicht auch wirklich hilft. Es geht um das Gehabe und um den Ton dieses plötzlichen Deutschland-Taumels, der alles andere auf der Welt nur zweitrangig erscheinen läßt. Erst die derzeit akute Kriegsgefahr am Golf hat die Deutschland-Meldungen in den Nachrichten vorübergehend auf Platz zwei verdrängt.

Die Ereignisse in der DDR überholten dann auch die Geschichte meiner Ausstellung in Leipzig. Geplant war sie schon fast als konspirativer Coup gegen Honecker und Co. Victor Böll zeigte vergangenes Jahr, noch zu SED-Zeiten, in der Leipziger Galerie »Augenblicke« die Kölner Heinrich-Böll-Ausstellung. Dort lief auch das Video über Böll und mich. Die Leute von der Galerie kamen dann auf die Idee, eine Ausstellung mit mir zu machen. »Der Niedecken macht doch auch in Kunst«, sagten die zu Victor Böll, und der Hintergedanke war natürlich, auf diesem Umweg doch noch einen der verhaßten und verbotenen BAPs in den SED-Staat zu schmuggeln. Als dann am 1. Mai die Ausstellung in Leipzig eröffnet wurde, war schon klar, daß wir auf unserer nächsten Tournee auch in der DDR spielen würden. Dafür interessierten sich bei der proppenvollen Vernissage auch die meisten Leute. »Wann spielt BAP endlich?« Aber ich fand das ganz angenehm. Endlich mußte ich nicht, wie sonst immer bei diesen Anlässen, irgendwelche schlauen Kommentare über Kunst an sich und speziell bei mir abgeben. Aber die Ausstellung wurde auch in den nächsten Tagen noch sehr gut besucht, und die Leute interessierten sich dann wirklich auch für meine Bilder.

Im Juni dieses Jahres war Nelson Mandela zu Besuch in Bonn. Die SPD veranstaltete ihm zu Ehren einen Empfang, und die Organisation »Künstler in Aktion« bat mich, eine Rede zu halten. Ich fühlte mich natürlich sehr geehrt, konnte aber nicht sofort zusagen. Ich habe einfach zu viel Respekt vor diesem Mann, denn er ist für mich wirklich ein Held, auch wenn ich dieses Wort nicht besonders mag. Es gibt zu viele falsche sogenannte Helden in der Geschichte. Aber Mandela ist jemand, der immer für ein wirklich gerechtes Ziel kämpfte und der durchgehalten hat. Er war unbeugsam, trotz der langen Haft und der zahlreichen faulen Kompromisse, die ihm die weißen Rassisten anboten. Jeder hätte Verständnis gehabt, wenn er zugunsten seiner persönlichen Freiheit nachgegeben hätte. Aber er tat es nicht, und seine Freilassung ist ein großer Sieg für ihn und den ANC in Süd-Afrika. Ich traute mich einfach nicht so recht, vor diesem großen Mann zu sprechen. Ich wollte auf keinen Fall eine der üblichen Sonntagsansprachen halten. In meiner Rede erwähnte ich dann die derzeitige Ignoranz Deutschlands gegenüber dem Weltgeschehen. Vor lauter Deutschland-Deutschland wäre seine großartige Freilassung gerade eben mal zur Kenntnis genommen worden. Einigen der SPD-Oberwichtigkeitsmeister gefielen diese Worte nicht besonders, aber das Publikum verstand sie. Und als sich Nelson Mandela dann bei mir für die Rede bedankte und mir die Hand schüttelte, stand ich einfach nur da und war unendlich berührt und stolz. Es war so ein großartiges Gefühl, daß ich es kaum beschreiben kann.

Seit der Trennung von Carmen wohne ich wieder in meinem Atelier. Die Situation ist geklärt, und wir können damit leben, auch wenn das nicht immer ganz streßfrei ist. Aber wir versuchen in jedem Fall, die Kinder nicht damit zu belasten. Sie mußten lange genug die Spannungen zwischen uns ertragen. So erleben sie ihre Eltern zwar getrennt, aber jeden einzelnen auch viel entspannter. Und da unsere Wohnungen nicht sehr weit auseinander liegen, sind Severin und Robin auch sehr viel bei mir.

Meine Bude ist mittlerweile wieder Wohnung und Atelier, wie schon zur Studien-Zeit, als ich hier mit dem Schmal hauste. Und es ist ein »Open-House«, wie es das auch damals schon war. Hier lebe und arbeite ich, und hier steht die Tür meinen Kindern und engsten Freunden immer offen. Es ist mir wichtig, daß ich sie alle um mich herum haben kann, auch wenn es manchmal eng wird. Dann streicht mein inzwischen ergrauter Hund Blondie durch den Flur und deutet einen dringenden Spaziergang an, Severin und Robin wollen am liebsten Fußball spielen, geben sich aber auch vorübergehend mit einigen Farben und Papier im Atelier zufrieden oder machen sonst irgend etwas, liegen beispielsweise im Hochbett und sehen sich ihr Lieblingsvideo, nämlich Walt Disney's »Robin Hood« an. Und dort schlafen sie auch. Ich quetsche mich dann mit Tina, meiner Freundin, zu ihnen und den Schmusetieren. Nur kuschelnd haben wir eine Chance, mit der Enge klarzukommen. Die Kinder parken bei mir einen Teil ihres Spielzeugs, Tina deponiert hier außerdem ihre mobile Foto-Ausrüstung und hat noch einige meiner heiligen Birnenobst-Kisten mit ihrem Outfit belegt, und dabei ist der Laden schon voll möbliert mit Leinwänden, Farben, Büchern, Platten, Postern, Klamotten und meinem ganzen

W. N. und »X für'e U«, II

W. N. und Nelson Mandela

gesammelten Kram von der Straße, den ich dringend zum Arbeiten brauche. Aber es ist großartig. Zwischen Kindern, Tina, Blondie und gelegentlichem Besuch arbeite ich an meinen Bildern und schreibe Texte. Und es klappt. Es ist nicht unbedingt streßfrei, und gelegentlich muß ich ganz schön organisieren, um alles unter einen Hut zu bekommen, aber es ist ungefähr so, wie ich mir das immer vorstellte. Privatleben und Arbeit: Es ist ein einziges Durcheinander und trotzdem eine Einheit.

Da gehen wir zum Beispiel am Rhein spazieren und finden dieses schwere, drei Meter lange Schiffstau. Es gefällt mir, und ich möchte es am liebsten mitnehmen, aber es stinkt bestialisch. Tina meint, das kriegt man sauber, also wird es trotz heftigster Widerrede meinerseits eingepackt. Das Tau mieft dann tagelang bei uns im Innenhof und wird dann schließlich so lange geschrubbt, bis man den Geruch ertragen kann. Und dann gammelt es in meinem Atelier herum, bis ich die Idee zu einem Bild habe. Zusammen mit dem Stumpf eines weggeworfenen Weihnachtsbaumes, einer Zeitung aus Leipzig, einer Leinwand und anderen Materialien entsteht eine neue Arbeit. Und auf diese Art entstehen heute die meisten meiner Bilder. Früher hatte ich ja immer ein festes Konzept im Kopf, wußte schon vorher genau, wie das Bild mal aussehen würde. Heute entstehen sie bei der Arbeit, und das ist viel spannender.

Das Bild mit dem Schiffstau verwendete ich als Grundidee für das Cover-Design unserer neuen Platte: »Ein X für ein U«. Tina machte dafür die Fotos, und zusammen arbeiteten wir an der Gestaltung der Plattenhülle und des Textheftes. Und es ist angenehm, daß wir auch in unserer Arbeit etwas miteinander zu tun haben. Ich lernte Tina als Fotografin während der Complizen-Zeit kennen, aus einer flüchtigen Bekanntschaft wurde der Telefon-Seelsorgeteil II, aus dem dann nach meiner Trennung von Carmen etwas Konkretes wurde.

Seit Anfang August bin ich mit BAP wieder in Brüssel in den I. C. P. Studios, um die neue Platte aufzunehmen. Die Stimmung in der Band ist fast schon irritierend gut. Alle haben Spaß und den nötigen Drive, um als Team zusammen die nächste Platte zu machen. Einen Teil der Stücke hat der Major komponiert, ich habe dann auf die Musik die Texte geschrieben. Bei einem anderen Teil habe ich zusammen mit Effendi, Schmal, Jürgen und Steff im Proberaum die Musik aus meinen Wanderklampfen-Melodien heraus entwickelt. Überhaupt haben wir unser ganzes Material schon in Köln sehr gut vorbereitet. So gut, daß unser belgischer Tonmeister und Co-Produzent Phil ganz begeistert war und meinte, wir wären musikalisch um einiges besser als vor zwei Jahren bei der »Da Capo«. Ich selbst bemerke solche musikalischen Feinheiten nicht unbedingt sofort, aber ich spüre etwas anderes ganz Wichtiges. Wir sind wieder eine Band, die zusammen mit Spaß an einer Platte arbeitet. Und wir haben eine Arbeitsweise gefunden, die zu uns paßt, in der sich alle wohl fühlen und die trotzdem »professionell und von internationalem Format« ist. Die Haßworte aus der »Ahl-Männer«-Zeit. Wir stehen nicht mehr, wie vor 10 Jahren, wochenlang gemeinsam im Proberaum, ich schramme auf der Klampfe los, und die anderen steigen irgendwo ein. Aber wir jammen schon noch gelegentlich zusammen, um zu sehen, ob sich da neue Ideen entwickeln. Aber dann gibt es auch immer wieder Momente, wo irgendeiner sagt: »Laßt mal die Experten an die Fischkisten, vielleicht fällt denen ein Dreh ein.« Und die anderen sitzen dann abrufbereit zu Hause, können jederzeit dazustoßen und einsteigen. Man kann auch mit Fischkisten und High-Tech sehr gut arbeiten. Nur müssen sich dabei alle wohl fühlen, und keiner darf sich überflüssig vorkommen. Und das scheint jetzt der Fall zu sein. Vielleicht waren bei der »Ahl-Männer« einige von uns einfach auf diesem Gebiet schon weiter als die anderen. Aber jetzt stehen wir gemeinsam hinter der Sache, und niemand versucht, den anderen ein *X für ein U* vorzumachen.

BAP, Brüssel 1990

Teile der Rede vom 6. Juni 1990 in Bonn anläßlich des Empfangs
für Nelson Mandela

Lieber, sehr verehrter Herr Mandela,
sehr geehrter Herr Brandt,
ich spreche hier im Namen der Organisation »Künstler in Aktion« und für viele fortschrittliche, antifaschistische Künstlerin-
nen und Künstler in der Bundesrepublik und möchte Ihnen sagen, daß wir sehr froh sind und auch stolz, heute hier mit Ihnen
zusammenzusein.
Ihre Freilassung, lieber Herr Mandela, nach 27 Jahren, einem
Zeitraum, der größer ist als das Alter vieler junger Menschen,
denen Sie durch Ihre Zivilcourage und Ihre Unbeugsamkeit zum
Vorbild geworden sind, ist einer der wenigen Anlässe der letzten
Zeit gewesen, sich zu freuen. Ansonsten haben die Unterdrückten und die, deren Sympathie den Unterdrückten gilt, nicht allzu
viele Gründe gehabt, auf den Straßen zu tanzen und zu jubeln,
und – um die Blamage auch gleich einzugestehen – muß ich Ihnen
sagen, daß in dem Land, in dem wir leben, die Freude über Ihre

Freilassung ebenso im Schatten der momentanen deutsch-deutschen Nabelschau stattfand, wie diese auch sonst jegliche Dritte-Welt-Thematik ins Abseits drängt.

Dabei müßte doch jeder, der von hier aus halbwegs über den Tellerrand schaut, bemerken, wie sehr diese eine Welt zusammenrückt, wie unnatürlich wir mit der Natur und wie unmenschlich wir mit der Menschheit umgehen..., wie verschwindend klein unsere deutsch-deutsche Vereinigungsproblemchen im Vergleich mit den Überlebensproblemen vieler Menschen in Asien, Lateinamerika und vor allem in Afrika sind.

Die Unterhaltungskünstler aus der sogenannten »reichen« ersten Welt haben Konzerte gegen die Apartheid veranstaltet, Unterschriften gesammelt und was man sonst noch an vergleichsweise winzigen Anstrengungen gegen Unterdrückung und Ausbeutung im globalen Maßstab unternehmen kann.

Der Kampf um »ONE MAN, ONE VOTE« in Ihrem Land ist immer noch nicht gewonnen, und das liegt nicht zuletzt an der Verschwörung ausgerechnet jene politischen Kreise, die von hier aus am lautesten nach freien Wahlen in China, Nicaragua, Polen und der DDR gerufen haben. Es kann kein Zufall sein, daß ausgerechnet sie es sind, die weiterhin unbeirrt an den Scheinargumenten *gegen* Sanktionen und *für* Tolerierung des längst überfälligen Apartheids-Wahlsystems in Südafrika festhalten.

Wir wollen weiterhin versuchen, der Logik der Kapitalverwertung, der Logik des global geplanten Superprofits durch die Logik der Menschlichkeit und die Logik des Überlebens eine Alternative entgegenzusetzen. Die Chancen stehen nicht gut für uns alle, und wir müssen die Siege der großen Konzerne offen zugeben... und wir müssen von unseren eigenen Schwächen sprechen.

Die Rolling Stones haben 1968, als Sie – Herr Mandela – bereits 5 Jahre inhaftiert waren, in ihrem wohl mißverstandensten Stück überhaupt gesungen, daß im verschlafenen London einfach kein Platz für Straßenkämpfer sei, daß man hier *für* Veränderung nicht anderes tun könne, als in einer Rock-Band zu singen. Das klingt zwar unter anderem resignativ, ist aber, wenn man ein Zitat aus Paul Eluards Guernica-Gedicht hinzufügt, durchaus positiv interpretierbar. Er sagt: »Der Gesang eurer Verzweiflung wird die fressende Flamme der Hoffnung entfachen.«

Ihre Freiheit, *Ihre* Unbeugsamkeit, *Ihre* Geduld und auch *Ihre* politischen Ziele machen uns diese Hoffnung, die wir auch in der Zukunft gerne weitervermitteln wollen.

II GESPRÄCHE MIT WOLFGANG NIEDECKEN

Kunst-Avantgarde und Kölsch-Rock

Für deine Kunst interessiert sich das typische Kunstpublikum. Also eher elitäre, gebildete Leute. Mit BAP machst du einfachen Main-Stream-Rock für die Masse. Stört dich dieser Widerspruch, würdest du lieber in einer sogenannten Avantgarde-Band spielen?

Nein, überhaupt nicht. Es gefällt mir, von unserem Publikum für voll genommen zu werden. Das ist ein sehr breites Publikum, das geht durch alle Altersschichten, das geht vom einfachen Arbeiter bis zum studierten Soundso. Wer sich wirklich mit BAP befaß, der findet da etwas, das er nicht so schnell wieder abtut. Ich merke das immer dann, wenn die obligatorischen Klischee-Verrisse kommen. Da hab ich oft den Eindruck, daß die betreffenden Schreiberlinge noch kein Konzert von uns gesehen und keine Platte außer »Verdamp Lang Her« wahrgenommen haben, und die auch nur im Radio. Jemand, der schreibt, bei den Konzerten würde es lahm abgehen, der *kann* noch nie auf einem unserer Konzerte gewesen sein, der schreibt lediglich seine Vorurteile nieder.

Macht es dir nichts aus, wenn jetzt irgendwelche Leute kommen und sagen: »Ihr macht doch Musik von der Stange«?

Ich kann mit diesen Vorwürfen sehr gut umgehen, weil wir ganz simpel genau die Art Musik machen, die wir auch persönlich gut finden. Natürlich machen auch wir Sachen, die nicht unbedingt mein Geschmack sind.

Zu 90 Prozent machen wir allerdings genau die Musik, die ich auch gut finde. Musik in dieser Art höre ich auch von anderen, die kaufe ich mir auch. Ich muß mich anstrengen, eine Platte von einer extremen Avantgarde-Combo an einem Stück anzu-hören. Beispiel »Neubauten«. Das fällt mir schwer, mir das an-zuhören, außerdem interessiert mich das auch nicht groß. Ich hab' jetzt die neue CD von den »Neubauten« zu Hause. Die lag da zwei Monate eingepackt in Zellophan. Irgendwann hab ich mir gedacht: »Die mußt du dir doch jetzt mal anhören, sonst hast du immer weiter nur dein Klischee von denen im Kopf. Scheppern die da jetzt tatsächlich bloß mit Blechen rum?« Ge-dacht, getan. War schon spannend, aber, um ehrlich zu sein: Es törnt mich nicht die Bohne an!

Gerade Ende der siebziger Jahre, wie wir wieder zusammenka-men, gab es auf der Musikszene eine Dame, die mir total viel bedeutete: Patti Smith. Die fiel damals unter Avantgarde. Aber was war das denn? Das war die Musik, die ich mochte. Rock-musik aus dem Bauch mit soviel Magie, daß sie unverwechsel-bar war. Die hatte einen anderen Approach. Die ging anders ran als das Gros, obwohl es sich um total traditionelle Rockmusik handelte, die aus vollster Inbrunst dargebracht wurde. In so 'nem Fall interessierte mich der Begriff »Avantgarde« dann überhaupt nicht mehr. Das war einfach gut!

Es gibt ja so eine bestimmte Linie in der Pop Musik, die ir-gendwo bei Velvet Underground beginnt und über Bowie, Igy Pop, Elvis Costello, Talking Heads, den ganzen Punk-Bands weitergeht und gerade irgendwo zwischen Nick Cave und Birthday Party endet. Bands und Interpreten, die nicht nur gute Musik machen wollen, sondern auch immer was Neues suchen. Wie stehst du dazu?

Jemand, der in den sechziger Jahren gute Rockmusik gemacht hat, in Anführungszeichen ein »guter« Musiker, der sein In-strument beherrschte, hat zu der Zeit über die Fähigkeiten der Velvet-Underground-Musiker die Nase gerümpft. Das waren nun definitiv ganz »schlechte« Musiker. Im bürgerlichen Sinne von Virtuosität, Können etc. Denn das war ja objektiv grauen-haft, was die sich da so zusammenspielten. Aber das hatte At-mosphäre und war mit dieser Inbrunst dargebracht, die ich auch eben bei Patti Smith finde. Die ganze Punk-Bewegung war auch so etwas. Das war ja die Zeit, als die Dinosaurier-Bands ins Abseits gerieten, wo unsereins endlich wieder mitmischen konnte, und da gings plötzlich wieder los, man spürte wieder diese besagte Inbrunst.

Gerade dann auch die Talking Heads, die du in deiner Aufzählung genannt hast, das sind ja auch keine Übermusiker. Da kann ich dir sofort ein Dutzend durchschnittliche deutsche Studiomusiker aufzählen, die ihr Instrument um ein Vielfaches besser beherrschen als die Kollegen von den Talking Heads oder was alles in der New-Wave-Abteilung so gelaufen ist.

Aber diese Bands galten ja damals in der Szene als «Die Avantgarde». Das war angesagt. Ihr seid mit der Musik von BAP voll gegen den Strom geschwommen. Wolltet ihr, wolltest du damit nichts zu tun haben?

Ich bin dem Begriff Avantgarde gegenüber sehr skeptisch. Da hängt man sich oft einfach so ein Mäntelchen um und sagt: »Das ist jetzt Avantgarde!« Irgendwann haben es dann alle geschluckt, und dann akzeptiert man das als Avantgarde. Der Begriff ist mir zu ausgelatscht. Das ist mir genauso ausgelatscht wie »die ehrliche Rockmusik« oder »Underground«. Was ist denn das? Das sind doch abgegriffene Schubladen-Etiketten. Man kann doch nur unterscheiden in »gut gemachte« und in »schlecht gemachte« Sachen. Gut gemacht – da muß vor allem etwas Persönliches mitspielen, eine eigene Idee, eine Unverwechselbarkeit, kein Geklone. Wenn man sich die meisten Heavy-Metal-Bands heute anhört, findet man, schon beim Outfit angefangen, fast nur noch die totale Austauschbarkeit. Da klauen sie sich gegenseitig die Stilmittel, geben ihre Individualität auf, bis jede Kapelle nur noch den einen Einheitssong spielt. Oder, was soll ich bitte mit solchen Sixties-Bands wie »Stone-Roses« anfangen? Für mich ist das nichts als eklektizistischer Dünndriss im avantgardisti-schen Tarnmäntelchen. Wobei ich mich u. a. über das arrogante Tarnmäntelchen ärgere, mit dem man versucht, sich von Kollegen abzusetzen, denen Trends schnuppe sind.

Setzt du dich denn mit neuen Trends auseinander, etwa jetzt mit der Hip-Hop-Welle, die von diversen Fachleuten ja mit dem Etikett »Avantgarde« versehen wird?

Das tangiert mich nicht sonderlich. Ich hab mir mal eine Beastie-Boy-Platte gekauft und fand da auch zwei oder drei Nummern gut, im wesentlichen allerdings nur dieses »Fight For Your Right To Party«. Aber auch das war mir eigentlich aus zu vielen verschiedenen Richtungen zusammengewurstelt. Das sind – auch so ein ausgelatschter Begriff – postmoderne Erscheinungen. Man nimmt sich die einzelnen Stilrichtungen, holt sich das raus, was man dufte findet, und mixt das kräftig. Das ist ein Mischmasch, den ich nun wirklich nicht sonderlich innovativ finde. Ein Collagieren von allen möglichen Stilelementen ist noch lange nix Avantgardistisches. Auf die Idee kann man immer kommen.

Wenn einem gar keine andere Idee mehr kommt, dann macht man Kunst über Kunst. Wenn ich zum Beispiel einen sehe, der mir mit der 28 000sten Persiflage von Botticellis »Venus« ankommt, fang ich mörderisch an zu schnarchen. Ich kanns nicht mehr ab. Das mag ja in Ordnung sein. Aber ohne mich. Dann mag ich schon eher Bands, die richtig Tabula rasa machen, von null anfangen. Sich eine Gitarre nehmen, sich überlegen, wie ein guter Song hintereinander kommt, mit welchen Akkorden, mit welcher Melodie drüber und mit welchem passenden Text. »Wir fangen mal damit an und sehen mal, wo wir hinkommen.« R.E.M. ist z. B. nicht schlecht, obwohl die es auch noch nicht geschafft haben, von den Byrds wegzukommen. U2 könnte man noch nennen. Die sind tatsächlich innovativ. Die haben einen unverwechselbaren Stil, die hör ich dir aus tausend anderen Bands heraus. Wenn ich U2 und R.E.M. nebeneinander hören würde, würde ich sagen, R.E.M. hat einfach nicht die Klasse, weil die Band einfach noch nicht den eigenen Stil hat. Da ist mir zuviel Byrds und Doors drin, diese klassischen amerikanischen Geschichten. Da sind die noch nicht drüber hinaus, vielleicht passiert's ja noch. Wenn ich mal zehn Jahre weiterdenke, glaub ich aber eher, daß ich mir dann noch mal die alten Byrds-Platten auflege als etwa die jetzigen R.E.M.-Platten. Oder das Verhältnis Doors–Billy Idol. Da lach ich mich doch weg. Die Doors waren definitiv Avantgarde der sperrigen Sorte, dagegen kommt mir der Lippenmeister wie ein wildgewordener Wellensittich vor. Vergleiche dieser Art kann ich beliebig fortsetzen: James Brown mit Prince, Led Zeppelin mit Whitesnake oder gar Guns and Roses. Überleg dir mal, was MC 5 vor 20 Jahren gemacht haben, und vergleich die mit Suicidal Tendences.

Jetzt mal weg von der Rock-Musik. Avantgarde, dieses große Wort, vor allem in der Kunst. Welches Verhältnis hast du überhaupt dazu?

Nehmen wir den Begriff doch einfach mal wörtlich. Avantgarde ist die Vorhut, die Gruppe, die ihrer Zeit voraus ist. Die kommunistische Partei, die in der russischen Revolution die Avantgarde bildete, die voranschritt, vor den Bauern und den »dummen« Arbeitern, die natürlich noch nicht kapiert hatten, was die »schlauen« Parteifunktionären längst intus hatten, die betrachtete sich als Avantgarde. Ich kenne ganz einfach zu viele, die mit diesem Mäntelchen behangen sind, die ein vielfaches doofer sind als die breite Masse, der sie großartig vorausgehen wollen. Auf der anderen Seite: Es gibt sie schon, die Avantgarde.

Mit ziemlicher Sicherheit war Marcel Duchamp Avantgarde. Der war so was von Avantgarde, daß sehr viele Leute heute noch darunter leiden, wie sehr der schon seiner Zeit voraus war. Der konnte es sich erlauben, jahrelang nur Schach zu spielen und dann aus der Hüfte den nächsten avantgardistischen Schritt zu tun. Der ist immer noch Avantgarde. Dann gab's die abstrakten Expressionisten wie Jackson Pollock. Dann gab's die frühe Pop-Art, Lichtenstein, Warhol, Rivers. Der Polke ist auf jeden Fall Avantgarde.

Den Avantgarde-Schritt nachzuvollziehen, den Polke getätigt hat, da knabbern ehemalige »Neue Wilde« immer noch dran. Die waren für mich jedenfalls zu keinem Zeitpunkt Avantgarde. Da sind vielleicht ein paar gute Zufallsbilder herausgekommen. Aber wenn ich beispielsweise in New York ins Guggenheim-Museum gehe und gucke mir die Ausstellung »Neue deutsche Figuration« an, dann sehe ich leider sehr viel Schrott. Und das Beste reicht dann bestenfalls, dem Polke mal gerade das Wasser zu reichen. Von der heutigen Zeit fällt mir da nur noch der Julian Schnabel und die jüngeren Italiener wie Cucchi und Paladino ein, die waren in ihrer Anfangszeit auch mal avantgardeverdächtig.

Das was der Julian heute macht, zählt sicher nicht mehr dazu, aber der Einstieg war's schon. Da hat er erkennbar einen eigenen Stil entwickelt. Aber Avantgarde im ganz strengen Sinn war's wohl doch auch nicht. Wenn ich den Julian mit dem großen Marcel Duchamp vergleiche, dann verschwindet der doch sehr. Das möchte ich dann doch nicht in einem Atemzug erwähnt wissen. Avantgardist ist doch eigentlich jemand, der die Formsprache seiner Epoche revolutioniert. Aber der Julian hat die nicht revolutioniert, sondern höchstens eine weitere Spielart hinzugefügt.

In der Kunstgeschichte gibt's so bestimmte Schritte, die sehr bedeutend waren. Beim Duchamp etwa, als er den »Akt, die Treppe heruntersteigend« gemalt hat. Das war das Bild, das den ganzen Futurismus vorweggenommen hat. Da konntest du dir jede Menge anderer »Avantgardisten«, die später als die Futuristen galten, eigentlich sparen. Die hatten zwar andere Bilder gemalt – was ihnen natürlich auch zusteht –, aber Duchamp hatte das schon zehn Jahre vorher gemacht. Es war schon vorausgenommen, was später mal dominierend sein sollte.

Solche Schritte gibt es heute anscheinend nicht mehr. Solche Schritte etwa – was ja weitgehend unbekannt ist –, wie ihn der Larry Rivers vor Andy Warhol in der Pop-Art gemacht hat. Die ersten Pop-Art-Bilder überhaupt waren eigentlich vom

Larry. »Washington Crossing The Delaware« beispielsweise. Da hat der Larry ein bestehendes Bild, das jeder Amerikaner noch aus seiner Schulzeit kennt, als Malvorlage genommen und abstrakte Komponenten hinzugefügt, beides kombiniert. Das war der entscheidende Schritt. Der Larry kann davon erzählen, wie der Warhol bei ihm im Atelier rumgeschnüffelt hat. Davor war noch das Ding, wo er einfach eine Speisekarte abgemalt hat. Ein Bildsujet, das völlig unwichtig war, wurde plötzlich zum Kunstobjekt erhoben. Der Warhol hat die Idee dann kopiert. Der hat damals sehr aufmerksam hingeguckt bei Larry Rivers.

Andy Warhol, der Star der Pop-Art schlechthin, wie beurteilst du seine Kunst, seine Philosophie: »Das Leben ist eine einzige Performance?«

Die Leistung, die Warhol gebracht hat, besteht eigentlich darin, daß er die Verbindung »Kunst und Kommerz« dermaßen perfekt ad absurdum geführt hat, wie dies keiner vor ihm und keiner nach ihm getan hat. Dieser eine Satz, der auch bei der Kölner Ausstellung über dem Foto vom elektrischen Stuhl hängt, ist da typisch: »Sie glauben ja gar nicht, wieviel Leute sich ein Foto vom elektrischen Stuhl ins Wohnzimmer hängen würden, wenn es nur zur Farbe der Gardinen paßt.« Das ist der eigentliche Affront. Und er hat einen Affront nach dem anderen gebracht. Und dafür haben ihn alle geliebt. Leider aber nur, weil das »hip« war, nicht weil sie seine Logik kapiert haben.

Das ist wirklich seine Leistung. Handwerklich ist Warhol gar nicht sonderlich gut. Aber das ist ja in Ordnung. Die Velvet Underground waren ja auch keine handwerklich perfekten Musiker. Bei einigen seiner Filme hat Andy Warhol extra Staub in die Kamera getan, damit jeder auch merkte: Das ist nur ein Film, das ist keine Realität. Das war genial. Der Mann hat hundertprozentig immer genau gewußt, was er da machte. Da ist nichts irgendwie zufällig entstanden. Der war schon ein Genie. Je länger ich aber drüber nachdenke, desto mehr sage ich: Der letzte absolut avantgardistische Künstler war Marcel Duchamp. Ich weiß so gut wie nichts, was danach gekommen ist, was nicht in irgendeiner Form wieder auf ihn zurückzubringen ist. Ich würde mich jetzt sicher schwertun damit, bei einigen die Verbindung herzustellen, aber es geht. Op-Art, Pop-Art, Land-Art – du kommst irgendwie immer wieder zu Duchamp. Auch bei Konzept-Art. Performance, . . . was du willst!

Woran liegt das denn, daß dieser Avantgarde-Gedanke heute nicht mehr greift?

Die Schnellebigkeit der Zeit hat es natürlich fast unmöglich gemacht, seiner Zeit voraus zu sein. Und die Verfügbarkeit der Massenmedien. Wenn vor einer Stunde in Peking auf dem Platz des himmlischen Friedens eine neue Papp-Freiheitsstatue aufgestellt worden wäre, wüßten wir jetzt davon. Dabei ist das auf der anderen Seite der Erde. Das nimmt sehr viel von den alten Funktionen, die Künstler einmal hatten. Bestimmte Dinge brauchst du ganz einfach nicht mehr zu machen: Avantgarde hieß ja oft einfach nur, daß etwas Fremdes in eine bekannte Umgebung gestellt wurde.

Und wenn die Fremdheit innerhalb von zwei Stunden abgearbeitet wird, kann sich so etwas gar nicht mehr etablieren. Das habe ich übrigens bei meiner Ausstellung im Mai 88 bei Inge Baecker – die »Kannitverstan« hieß, weil ich mit Fundstücken gespielt hab, die ich (bewußt) mißverstanden habe – auch thematisiert und ein Bild betitelt mit: »Wie woor et dann en Japan?«. Ganz einfach deshalb, weil mich das immer wieder die Leute nach unsrer China-Tour gefragt hatten, *obwohl* die Massenmedien so schnell und so einfach verfügbar sind: »Wie woor et dann en Japan?« Du kannst heute alles erfahren. Wenn du willst, kannst du dir hier bei uns ein Bild machen von der Welt. Die meisten Leute tun's aber trotzdem nicht und kriegen beispielsweise noch nicht einmal den Unterschied zwischen Japan und China auf die Reihe. Ich hab da chinesische Zeitschriften, chinesische Fundstücke und Schriftfahnen, auf denen Glückwünsche gedruckt sind und die man an die Eingangstür eines frischvermählten Paares hängt, so collagiert, daß sich zweimal die japanische Flagge ergab, positiv und negativ, und dann als Titel darunter geschrieben: Wie woor et dann en Japan?

Das typische Kunstpublikum und der straighte Rock-Fan haben nicht sehr viel gemeinsam. Wie reagieren die jetzt auf die Doppelrolle Rock-Sänger und Maler Niedecken? Finden die zueinander?

Das ist eine Interessensfrage. Du kannst nicht unbedingt dem Kunstpublikum, das gerne auf Ausstellungseröffnungen geht und das sich gerne eine Kunstausstellung ansieht, sagen: »Leute, wir spielen auch demnächst in der Sporthalle, kommt doch mal vorbei!« Die schauen sich das vielleicht mal an, wenn sie gemerkt haben: »Ah, der Niedecken, der macht ja ernsthaft Kunst, da würd mich doch interessieren, wie der als Musiker wirkt!« Vielleicht funktioniert das über diese Schiene. Aber grundsätzlich ist das ziemlich unwahrscheinlich, und umgekehrt gibt es natürlich noch mehr Vorurteile. Gerade das Rock-Publikum ist ja nicht unbedingt das aufgeklärteste Publikum der Welt. Die Angst vor des Kaisers neuen Kleidern ist ja sehr weit verbreitet, z. T. ja auch berechtigterweise. Stell dir doch mal vor, dem Publikum, das zu unseren Konzerten in der Kölner Sporthalle kommt, würdest du die Konzertkarten dieser Veranstaltung gekoppelt mit der Eintrittskarte einer Beuys-Ausstellung in der Kölner Kunsthalle anbieten.

Das gleiche Publikum, das bei uns im Konzert jeden Aufruf zur Toleranz bejubeln würde, würde aus einer Beuys-Ausstellung völlig erregt rauskommen: »Das soll Kunst sein?« Die Schwellenangst, die ich dem Kunstpublikum zu nehmen habe, in die Sporthalle zu kommen, ist kleiner als die Schwellenangst der Rock-Fans vor der Kunsthalle!

Glaubst du, daß man ein Rockkonzert oder überhaupt Popmusik auch ohne fachliche Vorbildung genießen kann, während das bei Kunst notwendig ist?

Nicht unbedingt, aber die bildende Kunst erfordert ein größeres Spezialistentum. Popmusik ist ja zunächst mal ein Medium, das überhaupt keiner Vorbildung bedarf. Das kommt aus dem

Radio raus und wird akzeptiert oder nicht akzeptiert. Ende. Erst mal. Dann kannst du dich mehr damit auseinandersetzen, wenn du willst. Du kaufst dir eine Platte oder läßt es sein. Wenn du sie kaufst, hörst du sie öfters. Und wenn du sie öfters hörst, willst du vielleicht noch etwas mehr darüber wissen.

Aber es ist klar, du stehst dann drauf, und es hat für dich seinen unmittelbaren emotionalen Wert. Aber du *mußt* das Wissen nicht haben, du kannst es einfach auch nur konsumieren. Genau da liegt der Unterschied in der Rezeption von Musik und Kunst. Das ist ein harter Unterschied, der spaltet auch die Menschen.

Aber ich schaffs ja, und das ist auch das Schöne an meiner Situation, beide Seiten halbwegs zu vereinen. Denn ich genieße ein gewisses Vertrauen beim Rockpublikum, und ich schaffe es, daß wenigstens ein Teil des Rockpublikums – da ist mein Name dann doch von Vorteil – in meine Ausstellungen geht und nicht die Angst vor des Kaisers neuen Kleidern hat. Das hab ich erlebt.

Rock-Lyrik – Wie entstehen Texte?

Niedecken, der Songwriter. Du hast Bewunderer von Heinrich Böll über Wolf Biermann bis hin zu Willy Brandt. Dabei versteht man ohne Textheft eigentlich kein Wort von deinen Songs, es sei denn, man ist Kölner. Wie kam es denn zu dieser Idee, auf kölsch zu singen?

Ich weiß noch, daß ich, wenn ich frustriert oder einsam war, irgendwie den Blues hatte, meine Umgangssprache Kölsch immer ganz automatisch in den Vordergrund trat. Dann spreche ich automatisch mit Leuten, die ich von Kind an kenne, nur Kölsch, mit meiner Familie und auch mit meinen Freunden. Das hat mir auch das Internat nicht ausgetrieben.

Daß Kölsch sich zur Rock-Musik eignet, habe ich erst viel später gemerkt. Da gab es vorher überhaupt keine theoretischen Überlegungen. Ich hab mir natürlich im nachhinein schon mal ab und an darüber Gedanken gemacht: »Wieso machst du das eigentlich auf Kölsch? Wieso funktioniert das denn so gut?« Das hängt bestimmt damit zusammen, daß ich, sobald bei mir eine Geschichte entsteht, nicht mehr um irgendeine Ecke denke, sondern straight das rausformuliere, was mir durch den Kopf geht, und ich denke wahrscheinlich auf kölsch, vor allen Dingen: Anscheinend fühle ich auf kölsch. Wobei es sehr wichtig ist, zu wissen, daß dieses Kölsch mein ganz persönliches Kölsch ist. Es setzt sich aus drei Slangs zusammen: Erstens aus dem Siebengebirgs-Rheinisch meines Vaters, zweitens aus dem Eifeler-Platt aus der Internatszeit und drittens natürlich aus dem »richtigen« Südstadt-Kölsch. Deshalb haben die Mundart-Pflege-Vereine auch einen ziemlichen Hals auf mich, daß ausgerechnet dieses »Bastard-Kölsch« so die Runde macht.

Manche Leute bezeichnen deine Texte als Rock-Lyrik. Kannst du mit dem Begriff Lyrik überhaupt was anfangen?

Als ich noch zum Gymnasium ging, war für mich alles, was mit Lyrik zusammenhing, ein absolut rotes Tuch. Diese Art von Kunst wurde einem allein schon dadurch madig gemacht, daß man die ganzen Geräte auswendig lernen mußte. Je mehr Gedichte wir im Jahr durchnahmen, desto schlechter wurde auch meine Deutschnote, weil wir natürlich ziemlich reaktionäre Deutschlehrer hatten, die mich selbstredend auf dem Kieker hatten und genau wußten, daß sie mir auf die Tour einen reinwürgen konnten.

Um so verwunderlicher war das ja, daß ich mich von dem Moment an, an dem ich die ersten Dylan-Stücke gehört und begriffen hatte, mich dann doch für »so was« interessierte. Das bedeutete, meine Abneigung richtete sich nur gegen die Art und Weise, wie man uns Lyrik vermittelt hatte. Vermutlich wurde den meisten auf diese Art und Weise das Interesse an Lyrik ausgetrieben, eh es überhaupt aufkommen konnte. Pädagogen waren das! Lyrik war zum reinen Disziplinierungsinstrument runtergekommen.

Das erste, was ich danach dann wieder jenseits der Rockmusik bemerkt habe, waren ein paar Enzensberger-Gedichte. Da war aber schon nach der Schule. Rock-Texte konnten mich allerdings innerlich viel mehr aufwühlen. Ich weiß noch, wie ich mit den ersten »Who«-Texten, die wahrscheinlich in der Bravo abgedruckt waren, rumgelaufen bin, »My Generation« oder »Pictures of Lily«, ein toller Text übrigens, meines Wissens auch der erste Text der Rockgeschichte, der sich mit dem Thema Onanie befaßte, was damals sehr gewagt war.

Wie entsteht bei dir ein Text?

Wer hat das noch mal gesagt: »Die erste Zeile schenken die Götter, der Rest ist Arbeit!«? Manchmal kommt diese Zeile beim Spazierengehen im Takt der Schritte. Manchmal fällt irgendwo im Gespräch ein Satz, wo man sofort spürt: »Der ist es!« Man liest in der Zeitung einen Satz, oder er fällt im Fernseher. Oder es geht dir eine Melodie durch den Kopf, und zu dieser Melodie »wollen« dann irgendwelche Worte, die einen gewissen Kick haben. Ich habe meistens ein kleines Heftchen dabei, in dem ich mir Stichworte, die Kicks haben, notiere, Wörter oder Sätze, die mir aufgefallen sind, die anders sind als die, die man ständig benutzt und die verbraucht sind.

Wie ist das mit der Musik. Entsteht die gleichzeitig, hast du die Melodie schon im Kopf beim Schreiben?

Ich hab noch nie einen Text geschrieben, ohne daß ich selbst wenigstens eine Art Arbeitsmusik dabei hatte, die ich aber oft gerade noch der Band vorspiele, damit sie eine Vorstellung von Sprachmelodie und Sprachrhythmus bekommt, um sie dann sofort aufzugeben. Es gibt allerdings auch Stücke, bei denen komme ich gleich mit dieser Musik bei der Band an. So geschehen beispielsweise bei »Wellenreiter«.

Die erste Strophe hatte sich während einer Runde mit dem Hund durch den Park im Kopf ergeben, und da ich die nicht vergessen wollte, hab ich mir im Geiste eben diese vollkommen

232

abgelatschte Akkordkombination von »Let It Be« und »Streets of London« zu Hilfe genommen, und die Band fand das gerade für diesen Text bestens. Genau so kam diese, eigentlich als Verlegenheitskomposition entstandene Version dann tatsächlich auf die Platte. Es gibt viele Songs auf den BAP-Platten, inklusive »Salzjebäck«, wo die Endprodukte letztlich nur arrangierte und mit prägnanten Gitarrenriffs versehene Versionen meiner Grundidee sind, das reicht von »Verdamp Lang Her« über »Ne schöne Jrooß« bis hin zu »Wenn et Bedde«.

Hat man es als deutscher Rock-Texter schwerer als die Kollegen in den Staaten oder in England?

Man hat schon einen Wettbewerbsnachteil, weil von vorne herein an englischsprachige Texte nicht diese Anforderungen gestellt werden, die man an deutsche Rock-Texte stellt. Deutsche Rock-Texte haben immer mit der Tatsache klarzukommen, daß in Deutschland gerade auf dem Sektor Dichter und Denker hohe Maßstäbe gelten. Von Heinrich Heine bis zu Brecht, von Goethe bis Tucholsky. Da steht ein ordentlicher Brocken in der Gegend rum, der schon einen großen Schatten wirft, während die in Amerika mit ihrer recht jungen Kultur doch eher unbelastet ans Dichten gehen können.

Sind Heine, Brecht, Tucholsky denn Schatten, die du auch spürst?

Ja, vor allem den Brecht spürt man schon. Ich glaub, den spürt man weltweit. Nicht von ungefähr gehen auch gerade englischsprachige Leute an Brecht-Sachen heran, greifen darauf zurück oder versuchen, die zu bearbeiten, wie etwa vor einiger Zeit Tom Waits oder Sting, etwas, was die Doors übrigens schon vor gut zwanzig Jahren gewagt haben! Trotzdem: Es gibt vieles, was man auf englisch bedenkenlos singt und was auf deutsch unmöglich wäre. So wie der Bono Vox von U2 sich in der Westfalenhalle dreimal vom Publikum mit »God Bless You« verabschiedet hat. Stell dir mal vor, ich würde auch nur ein einziges mal nach einem Konzert zum Publikum sagen: »Gott schütze euch!« Das hielte man für Satire.

Liegt das an der Sprache?

Ich glaub, wir überlegen bei jedem Wort viel mehr, als Amerikaner oder Engländer das tun würden. Bei uns liegt jedes Wort sofort auf der Waagschale. Tatsache: Sogar in der gehobenen angloamerikanischen Rock-Musik gibt es Liebesliedtexte, die wären im Deutschen mit Ach und Krach grade noch Roland Kaiser zuzuschieben.

So einfache Liebeslieder hab ich sogar mal persifliert, als ich durch »She Loves You« (oder war's »Love Me Do«?) von den Beatles auf »Häng de Fahn eruss« gekommen bin.

Du unterläufst mit dem Kölsch bewußt die Bedeutsamkeit der deutschen Sprache?

Mittlerweile ja, auch weil es einfach natürlicher klingt. Mach doch mal folgende Überlegung: Gibt's irgendeinen deutschen Texter, der frank und frei auf Hochdeutsch singt und nicht irgendeinen Dreh hat, mit dem er sein Hochdeutsch abschwächt? Etwa die merkwürdige Grammatik, die der Grönemeyer drauf hat, oder nimm das Genuschel und das Szenen-Kauderwelsch vom Udo. Da kannst du tausend Beispiele finden. Du hast aber nirgends einen, der auf hannoveranischem Hochdeutsch ausformulierte Sätze singt und damit durchkommt, ohne als spießig kritisiert zu werden, auch wenn die Textinhalte durchaus intellektuelle Qualitäten aufweisen.

Heinz-Rudolf Kunze hat seine Schwierigkeiten genau damit, er gilt irgendwie als steif. Der ist der einzige, der nun wirklich ausgefeilte hochdeutsche Sätze bringt. Und die sind bestimmt nicht schlecht, aber sie wirken einfach steif.

Gibt es neben Bob Dylan noch andere Vorbilder, was Songschreiben betrifft?

Gar nicht schlecht, auf ihre Weise, sind natürlich Lou Reed, Tom Waits und auf jeden Fall Keith Reid, der die Texte für Procul Harum geschrieben hat. Billy Joel, Jackson Browne und Randy Newman finde ich auch gut, und nicht zu vergessen: Leonard Cohen.

Bob Dylan ist dein großes Vorbild. Bist du auch seinen verschiedenen Entwicklungen jeweils gefolgt?

Überhaupt nicht. Als der da auf diesen christlichen Trip kam, hab ich zwar bewundert, daß einer, wenn er dieser Überzeugung ist, dies dermaßen betonköpfig durchzieht, obwohl abzusehen ist, daß er damit aufläuft und ihm das krumm genommen wird und daß ihm auch einige Fans deswegen den Rücken kehren werden. Aber von den Texten her konnte ich das nun wirklich nicht gut finden, auch wenn eigenartigerweise gerade Teile dieser religiösen Platten musikalisch schon wieder besser waren als einiges, was er vorher oder nachher gemacht hat.

Was mir an Bob Dylan übrigens auch immer imponiert, ist sein Bestreben, auf jeder Tournee seine Stücke im neuen Gewand zu zeigen. Der hat, was ich völlig logisch finde, seine Songs nie als fertig angesehen. Vielleicht hat er auch einfach nur Lust, seine Dinger mal als Gassenhauer zu bringen und auf der nächsten Tour eben nicht mehr, sondern in einer ganz kargen Version.

Ich finde gut, wenn man als Stückeschreiber einen Song zu dem Zeitpunkt, an dem der auf Platte kommt, nur als eine erste Variante anerkennt, als die Version in dieser Phase. Aber man weiß ja noch nicht, wie man das Ding in drei Monaten auf der Tour spielen will. Wer sagt denn, daß das, was im Studio eingespielt wurde, die Fassung ist, die endgültig ist? Es kann doch durchaus sein, daß die Fassung von zwei Tagen danach die ist, die es einfach mehr trifft. Oder sogar die Fassung, die man fünf Wochen vorher im Proberaum erarbeitet hat.

Gab es Cover-Versionen von Dylan Songs, die dir besser gefallen haben als das Original?

Ja, etwa »All Along The Watchtower« ist vom Hendrix um Klassen besser, wohingegen die U2-Version durch Bonos Pathos ziemlich entstellt wirkt. Da gibt's noch einige mehr: »Mister Tambourin Man« finde ich von den Byrds eindeutig besser als vom Meister selbst, auch »Mighty Quinn« von Manfred Mann, »This Wheels On Fire« von Julie Driscoll und von »Seven Days« kenne ich sogar leider *nur* Versionen von Cocker

und Ron Wood, aber vielleicht liest das hier ja mal ein gutbe-
stückter Bootlegger, der die Originalversion hat, und läßt sie
mir mal rüberwachsen?!?

Welches sind deine musikalischen Vorbilder?

Wenn ich mir überhaupt anmaßen darf, mich als Musiker zu
bezeichnen, hab ich auch ein Vorbild: Keith Richards. Der hat
genau die Art von Gitarrenspiel drauf, die Rock'n'Roll aus-
macht. Reduziertes Spiel, Riff-orientiert, völlig klar, da ist auch
nichts, was vom bürgerlichen »Können« kommt. Der Mann
spielt einfach Rock-Gitarre. Der *ist* seine Gitarre. Und der ist
bis heute kein Virtuose, der ist noch nicht mal unnachahmlich.
Wer ahmt den nicht alles nach?

*Am Anfang von BAP fiel öfters der Name John Steinbeck. Gibt
es tatsächlich literarische Quellen, die Einfluß auf deine Texte
haben?*

Der kommt in »Verdamp Lang Her« vor. Seine Bücher habe ich
etwa zehn Jahre vor diesem Stück gelesen. Über John Steinbeck
bin ich übrigens eine ganze Zeit lang zum Rotweintrinker geworden. Weil die Jungs in den Romanen »Straße der Ölsardinen«, »Wonniger Donnerstag« und »Tortilla Flat« ständig Rotwein bechern. Das ist da so appetitanregend beschrieben wie in
Böll-Romanen Zigaretten oder Brot.

Auf jeden Fall bin ich in dem Moment, als Dylan durch die LP
»Desire« wieder in meinem Leben auftauchte und ich auch an-
fing, über ihn zu lesen, auf Steinbeck gestoßen. Du kommst
übrigens auch als aufmerksamer »Dire-Straits«-Hörer zu Steinbeck. Eins meiner Lieblingsstücke ist dieser fast schon ein Epos
zu nennende Song »Telegraph Road«, ich fress' einen Besen,
wenn der Knopfler nicht die »Früchte des Zorns« gelesen hat.

Mein Interesse an Joseph Conrad geht auch zurück auf eine
Dylan-Geschichte. Auf der »Desire« gibt's ein Stück, das heißt
»Black Diamond Bay« und ist die Zusammenfassung eines fik-
tiven Joseph-Conrad-Romans.

Es ist also kein Zufall, daß Steinbeck und Joseph Conrad in
»Verdamp Lang Her« auftauchen.

Ich erinnere mich in dem Song: »Damals, als das und das passierte, stand ich zwischen John Steinbeck und Joseph Conrad, und was hatte ich Fuzzi zwischen diesen beiden Giganten schon groß zu bieten? Ich kleines Würstchen!«

Ray Davies, auch von dir verehrt, hat ja von Anfang an sehr ironische Texte geschrieben. Das findet man bei dir nur auf dem ersten Album.

Die großen »Kinks«-Stücke wie »Dead End Street« oder »Big Black Smoke« sind ziemlich ernste Zustandsbeschreibungen, wo jemand sehr genau beobachtet und dem Zuhörer überläßt, was er da rauszieht. Unser Stück »Almanya« wäre in etwa vergleichbar mit »Dead End Street«, wo's im Refrain heißt: ». . . What Are We Livin' For? Two-Room Apartment In The Second Floor?«. Die ironischen Stücke, in denen er zum Beispiel die Unterhaltungsindustrie auf den Arm nimmt, sind ja nur ein Teil seines Schaffens. Solche Sachen haben mich nie gereizt, allerdings hat eine Reflexion über das, was passiert, wenn man auf eine Bühne klettert oder wenn du Erfolg hast, bei mir häufig stattgefunden. Sogar so ausführlich, daß ich bei der Band irgendwann regelrecht aufgelaufen bin: »Nicht schon wieder, wir sind doch nicht der Nabel der Welt!« Das bezog sich auf Stücke wie »Nemm mich met« oder »Hundertmohl«.

Die Band hat ja auch schon mal Probleme mit deinen Texten? Wie sieht das aus, was paßt denen nicht?

Das hängt oft mit meinen assoziativen Texten zusammen. Das gibt es ja sonst auf deutsch fast gar nicht. Mir fällt da nur Manfred Maurenbrecher und von den reinen Liedermachern vielleicht noch Klaus Hoffmann ein. Aber so was wie die Texte auf »Sergeant Peppers« von den Beatles oder die meisten Dylan Platten sind doch in unserer Amtssprache undenkbar. Jedenfalls, wenn ich einen dieser assoziativen Texte geschrieben habe und der ist länger als drei Strophen, hab ich schon ein ganz flaues Gefühl im Magen, wenn ich den Song der Band vorspiele. Die meisten hätten lieber kleine, kurze, unmittelbar nachvollziehbare Geschichten. Dabei kann ich nicht anders, als instinktiv meinem Geschmack zu folgen, in mir rumzuhören und das rausfließen zu lassen, was raus will.

BÖLL

Du hast Heinrich Böll immer sehr bewundert. Warum, wie fing das an?
Wenn überhaupt der Deutsch-Unterricht an der Schule eine positiv zu nennende Spur hinterlassen hat, dann war das die Lektüre von »Ansichten eines Clowns«. Mit diesem Autor konnte ich mich identifizieren, und da wollte ich auch mehr von lesen. Es war schlagartig ein Vertrauensverhältnis da. Dem hab ich das abgenommen, was ich in seinen Büchern las.
Basierte das Vertrauensverhältnis darauf, daß die Gegend, in der viele der Romane spielten, dir vertraut war?
Das kann dazu beigetragen haben, denn das ist natürlich sachdienlich, wenn du dich in der vertrauten Kulisse wiederfindest. Das ist immer gut.
Wie kam es dann zum ersten Kontakt mit Heinrich Böll selbst?
Der Kontakt bestand zunächst nur indirekt, durch seine ganzen Verwandten, die im weitesten Sinne in unserer Südstadt-Clique rumhingen. Der Clemens, der Victor, der René, die Eva – das waren schon alles Freunde von uns, eh' ich den Heinrich Böll kennenlernte. Die hätt' ich auch gekannt, wenn der Heinrich Böll nicht deren Onkel gewesen wäre. Das hatte sich einfach so ergeben, schon allein durch das Chlodwigeck, in dem wir unsere ersten Auftritte hatten.
Das Chlodwigeck gehörte damals noch dem Clemens Böll. Und darüber hinaus war natürlich auch der ganz lokale Bezug da. Im gleichen Stadtviertel, in dem ich geboren und aufgewachsen bin, hatte der Heinrich Böll schon seine Duftmarken hinterlassen. Aber diese Gemeinsamkeit haben sämtliche Süd-

stadt-Bewohner mit ihm. Und irgendwann, als es damals hieß, wir machen dieses »BAP övver BAP«-Buch, überlegten wir, wo wir das denn wohl am besten veröffentlichen könnten.

Da kam der Victor Böll mit der Idee, das Teil doch beim René Böll im Lamuv-Verlag rauszubringen. Wir fanden das nur logisch, sprachen den René darauf an, und im Rahmen der Arbeit an diesem Buch trafen wir auch öfters mal den Heinrich Böll, weil der in Bornheim, wo der Verlag saß, auch Arbeitsräume hatte und von daher unangemeldet schon mal bei den Meetings vorbeikam, Tips gab, sich mal was durchlas und was dazu sagte. Es erfüllte einen natürlich schon mit Stolz, wenn man plötzlich feststellte, daß der Böll einen überhaupt kannte, wußte, mit wem er es da zu tun hatte. Du bist selbst ein Fan von jemandem, oder wie immer man das bezeichnen will, und dann merkst du: Der kennt dich ja, und der kennt sogar einzelne Stücke. Der redete plötzlich von »Ruut wieß blau, querjestriefte Frau«. Das war sein Lieblingsstück, sagte er. Er würde es sich manchmal noch anhören, obwohl er Schwierigkeiten mit den Ohren hätte. Er erzählte, daß er mal eine Operation am Bein gehabt hatte, mit der Narkose war was schiefgegangen, und seitdem war für ihn Musik hören sehr anstrengend. Aber einige Sachen hörte er dann doch noch ab und zu. Ganz leise müßte er sie hören, dann könnte er die sogar noch genießen. Den Beweis konnte man im Regal hinter ihm sehen: Da stand sein Plattenspieler und einige wenige Platten daneben. Die »Affjetaut« war tatsächlich dabei. Da war ich natürlich stolz . . .

Irgendwann später, nachdem die Arbeit an dem Buch beendet war, kam der Victor mit der Idee: »Wie wär es denn, wenn wir mal einen Film mit dir und dem Hein machen würden? Ihr setzt euch an einen Tisch, unterhaltet euch, vergeßt möglichst die Kamera, und wir sehen mal, was in dem Gespräch passiert, bebildern das mit Archivmaterial und bieten das dem WDR an.« Das haben wir dann Ende des Jahres 1984 gemacht. Im Sommer 1985 ist er dann gestorben. Unsere Tour war zu Ende gegangen, ich war für drei Monate in die Türkei gefahren, der Film war im Fernsehen gelaufen, ich kam zurück und rief, als ich über die österreichisch-deutsche Grenze kam, zu Hause an. Und das erste, was Carmen mir erzählte, war: »Der Böll ist gestorben!« Das war grauenhaft.

Ich fuhr dann von Kufstein bis Köln mit nur einem einzigen Gedanken im Kopf: »Der Böll ist tot!« Eines der Tagebilder des »Neuen Souvenirs« behandelt das Thema. Ich hatte für diesen Tag schon angefangen, während der Fahrt Mautquittungen und ähnliches zu collagieren und habe die dann nach dem Telefonat, nur noch schwarz zugestrichen. Als wir uns nach dem Gespräch vor der Kamera verabschiedet hatten, hatten wir vereinbart, uns nach der Tour wieder zu treffen, um zu überlegen, was wir noch zusammen machen könnten. Sein Tod hat mich stark getroffen.

Heinrich Böll und W. N.

Wie hast du den Film empfunden?

Ich hab den lange nicht mehr gesehen, aber was ich behalten hab' war, daß da natürlich keine gleichformatigen Leute am Tisch saßen. Das war eher so: Da fragt ein junger Mann einen alten, erfahrenen Mann, und der alte, erfahrene Mann hat gnädigerweise auch ein paar Fragen an den jungen Mann. Die Autorität lag natürlich eindeutig bei ihm, und das war auch gut so. Die wollt' ich ihm auch gar nicht wegnehmen. Ich hatte auch gar keine Lust, jetzt da ein Denkmal zu demontieren, was mir mit Sicherheit auch nicht gelungen wäre. Ich war voll der Achtung. Ich war zunächst mal eine Zeitlang sehr nervös dabei und brauchte dementsprechend auch meine Zeit, mir einen Weg zu suchen, mit der Situation zurechtzukommen.

Und die Tatsache, daß man euch hier und da gerne in einen Sack schmeißt, nach dem Motto »die guten Menschen von Köln«, stört dich das?

Es gibt Leute, mit denen ich mich nicht unbedingt gerne in einem Sack befinden möchte. Aber hier befinde ich mich in sehr, sehr guter Gesellschaft.

Und umgekehrt?

Das kann ich nicht sagen. Da müßte man jemanden fragen, der ihm näher stand. Aber ich weiß, daß der sich sehr gefreut hat, daß es so was wie BAP und die Bläck Fööss gab, weil wir etwas darstellten, was echter war als das, was Köln auch symbolisiert, was auch er verachtete. Er hatte zum Beispiel die gleiche Einstellung zum runtergekommenen heutigen Karneval wie ich. Das kommt ja auch in dem Film raus!

Köln-Kultur: Bläck Fööss, Trude Herr, Zeltinger und andere

Niedecken – Köln – Südstadt, drei Worte, die meistens in einem Atemzug genannt werden. Das findest du ja auch o. k., du stehst auf Köln. Allerdings heißt es im Text von »Stadt im Niemandsland« auch: »zweimal tausend Jahre alt und nichts dazugelernt.« Was meinst du damit?

Das ist sicher etwas überspitzt formuliert, aber grundsätzlich kann man schon sagen, daß Köln eine Stadt ist, die sehr viele Fehler in der Stadtentwicklung gemacht hat. Man hat in dieser Stadt immer weitergewurstelt und immer wieder Gebäude und Anlagen abgerissen, die noch erhaltenswert gewesen wären. Man hat für unsere Blechgötzen, die Autos, diese Nord-Süd-Fahrt gebaut, über die sich schon Heinrich Böll so mörderisch aufgeregt hat. Das war städteplanerisch eine Todsünde, die irreparabel ist. Inzwischen geht den Herren wohl langsam ein Licht auf, und man denkt bei der Städteplanung auch wieder an die Menschen und nicht mehr nur an die Autos.

Ende des vorigen Jahrhunderts hat man aus vollkommen idiotischen Gründen die damals noch komplett erhaltene Stadtmauer abgerissen. Das waren Spekulanten, von derselben Sorte wie die, die es nachher unmöglich gemacht haben, daß das ehemalige Stollwerck zumindest teilweise als organisch gewachsene Kulturoase erhalten wurde.

Also, was haben die cleveren Kölner Spekulanten gemacht? Sie sind nach Berlin und haben den Preußen die Stadtmauer abgekauft, abgerissen, und schon war das vorher billig erworbene Schußfeld-Land zu Bauland geworden ... Solche Sachen sind in Köln immer wieder gelaufen. Das meine ich mit »nix dazugelernt«.

Abgesehen von »nix dazugelernt«. Wieso lebst du trotzdem sehr gerne in Köln. Was macht den Reiz dieser Stadt aus?

Das kann man recht gut an dem ewigen Vergleich Düsseldorf – Köln festmachen. Köln ist einfach eine Stadt, in der die Leute etwas dickköpfiger sind und eher das tun, was ihnen paßt. Köln folgt keinen Trends. Ich hab bei Kölnern selten das Gefühl, daß ihnen Trends wichtig sind. Düsseldorf ist eine Art Zwitter aus Mode-Stadt wie München und Szene-Stadt wie Berlin.

Köln war im Gegensatz dazu immer sehr eigenständig. Das beinhaltet natürlich auch einen gewissen Konservativismus: »Wat? – Was Neues?... erst mal sehen!« Erst mal überprüfen, nicht unbesehen übernehmen, bloß weil das gerade angesagt ist. Ich habe nicht den Eindruck, daß deshalb wirklich bedeutende Sachen verschlafen worden wären.

Im Gegenteil: Gerade im Bekenntnis zum Provinziellen lag und liegt das eigentlich Weltbürgerliche. Dadurch sind eher Dinge entstanden, die Hand und Fuß haben, man hat sich gesagt: »Laß die anderen mal alles mitmachen. Wir machen in der Zeit unser Ding«, und dann hat das Publikum gemerkt: »Hoppla, das ist aber ganz schön eigenständig!«

Wie ist denn das Verhältnis der Kölner zu BAP. Einerseits gibt es da ja sicherlich so etwas wie Stolz, andererseits hört man aber auch immer wieder kritische Stimmen?

Es gibt unter anderem eine Haltung BAP gegenüber, die etwas mit dem »Propheten im eigenen Lande« zu tun hat, aber die gibt es sicher in jeder Stadt. Die Propheten müssen eben erst mal in der Fremde predigen gehen, bevor sie im eigenen Land etwas werden können – über dieses Stadium sind wir aber nun erwiesenermaßen hinaus. Dann gibt es den Neid in der Musik-Szene was aber sicher auch kein speziell Kölner Phänomen ist, sondern überall dort auftritt, wo sich einer über den eigenen Tellerrand hinausgehangelt hat und alle anderen, die in der Nudelsuppe schwimmen, empört aufschreien: »Wieso denn grade der?!«

Gibt es Leute in Köln, bei denen du das Gefühl hast, die sind richtig stolz auf euch?

Ja, die gibt es, da brauch ich nur an die kleinen Geschäftsleute zu denken, bei denen ich meine täglichen Einkäufe mache, vom Gemüseladen über meinen Schuster bis zu Frau Boysan, meiner türkischen Änderungsschneiderin. Dennoch hat man in Deutschland, meiner Meinung nach, ein relativ gebrochenes Verhältnis zu seinen Stars, aber dieses südländische ungebrochene Verhältnis zu den einheimischen Stars setzt ja auch eine gewisse Naivität voraus.

Man wartet bei uns, glaub ich, erst mal ab, ob eine Sache Hand und Fuß hat, und wenn das dann in Ordnung ist, dann ist es für die nächste Zeit auch o. k. Ich glaube beispielsweise, daß wir in Köln nicht so angesehen sind wie die »Bläck Fööss«. Die haben in Köln mit Sicherheit den größeren Heiligenschein. Bei den Bläck Fööss hörts mit dem Plattenverkaufen zwar meistens irgendwo an der Grenze des Rheinischen Gebiets auf, aber auch das wohl, weil die nicht bundesweit touren. Die schlafen lieber in ihren eigenen Betten, wie der Tommy mir das letztens erklärte...

Kannst du dir vorstellen, noch einmal ganz woanders zu leben?
Mit Köln ist das so eine Sache. Ich glaub, dafür hab ich einen feinen Nerv. Wenn in Köln eine bestimmte Lebensqualität, die in Kleinigkeiten besteht, nicht mehr gegeben ist, dann hau ich da auch ab. Da werde ich ziemlich seismographisch reagieren. Wenn ich nicht mehr vor dem schönen Problem stehe, bei welchem »meiner« drei Obstgeschäfte ich denn nun heute mein Obst kaufe und welchen Weg ich gehen muß, um das Obst nach Hause zu bekommen, ohne daß die anderen beiden mich dabei erwischen.

Ähnlich das schöne Problem, was ich denn mit meinen Stiefeln mache, zu welchem »meiner« beiden Schuster ich die bringe, ohne daß der andere das mitkriegt. Wer ist dran? Als ich dieses »Problem« mal dem Millowitsch erzählt hab, hat der mir ganz trocken geraten: »Jung, bring doch dä eine Stivvel noh dämm eine und dä andere Stivvel noh dämm andere Schuster.« Wenn ich diese Probleme nicht mehr hab, ist Köln wohl für mich gelaufen.

Köln hat ja eine recht schillernde Regional-Hochkultur von Leuten, die sich ja irgendwie alle kennen. Bläck Fööss, Trude Herr, Millowitsch, die Höhner, The Piano has been drinking, King Size Dick, BAP und andere. Ist das für dich auch ein Stück Heimat, die dir wichtig ist?

Ich habe, glaube ich, eine ziemlich feine Nase dafür, wo so ein Ding anfängt, aufgesetzt zu werden, und wo es noch echt ist. Ich bezeichne das immer als Getümmel. Sobald irgendwie das Getümmel losgeht, geht bei mir direkt eine Jalousie runter, und ich bin nicht mehr dabei.

Wo liegt da die Grenze?

Das kann ich nur an Namen festmachen. Die Grenze liegt irgendwo zwischen den Bläck Fööss und King Size Dick. Vor King Size Dick geht bei mir die Jalousie runter. Ich mag den Mann zwar irgendwo gut leiden, aber ich kann mir die meisten seiner Stücke einfach nicht mehr anhören. Ich reagiere allergisch, wenn ich dessen Version von Frank Sinatras »My Way« höre. Ich ertrag das nicht, denn das wirkt auf mich unerträglich ranschmeißerisch, so leid mir das tut. Gut finde ich dagegen das, was »Piano has been drinking« da an eingekölschten Tom-Waits-Songs abliefert, das könnte man fast als kongenial bezeichnen.

Aber wenn ich schon höre: »Wir Köllner...« –, grauenhaft! Es gibt natürlich auch einen heiklen Unterschied zwischen Trude Herr und dem Millowitsch.

Die Trude Herr, die all die Sachen versucht hat, die der Millowitsch nie versucht hat und von denen er behauptet, die seien unmöglich – wie zum Beispiel neue Kölsche Schwänke zu schreiben. Er spielt fast ausschließlich alte Schwänke aus Wien oder aus Berlin, die lediglich auf hochdeutsches Kölsch umgeschrieben sind.

Die Trude hat mit ihren Stücken gezeigt, daß es geht. Die sind natürlich alle zugeschnitten auf ihre Persönlichkeit. Irgendwo ist da eine Parallele, fällt mir gerade auf – So wie die BAP-Stücke so ziemlich alle auf mich und die von den Bläck Fööss wohl zu 90% auf den Tommy festgelegt sind, funktionieren die Trude-Herr-Schwänke hundertprozentig nur mit ihr. Vielleicht wäre es mal interessant festzustellen, wieso es in Köln solche Köppe gibt. Vielleicht hat das auch wieder mit dieser Echtheit zu tun, dem Unaustauschbaren. Da sind Leute, die sind echt und spielen sich selbst. Authentizität heißt wohl das Zauberwort. So wie Bob Marley zeitlebens zu seinem »schlechten« Englisch, dem Pidgin-Englisch, gestanden hat und seinen Provinzialismus nie verleugnet hat, ist wohl auch bei diesen »Köppen« die in sich ruhende Selbstverständlichkeit vorhanden, die die wichtigste Voraussetzung für Eigenständigkeit überhaupt ist. Eine Eigenständigkeit übrigens, die im Falle Zeltinger sogar mitunter karrierehinderlich ist. Der Mann lebt das, was er abliefert. Der ist so authentisch, daß jeder Versuch, ihm auf die Sprünge zu helfen, scheitern muß, denn »ein bißchen Asi« ist genauso unmöglich wie »ein bißchen schwanger«.

Vor BAPs Kölsch-Rock gab es schon die Bläck Fööss. Wie fandest du die denn, bevor du selbst angefangen hast, auf Kölsch zu singen?

Als ich Anfang der Siebziger die erste Bläck-Fööss-Nummer hörte, das war »Drink doch ene met«, empfand ich das als zynisch. Als ich die Jungs aber später kennengelernt hatte, merkte ich, daß das Gegenteil der Fall war. Das war richtig ernst gemeint. Noch schlimmer aufgestoßen war mir »En unserm Veedel«. Da hab ich ja nun überhaupt nichts mehr kapiert. »Wie kann man denn so eine Idylle beschreiben? Das gibts doch gar nicht mehr so«, hab ich nur gedacht. Erst später habe ich gemerkt, daß es als eine Art utopisches Bild gemeint ist.

Gab es denn niemals ein Konkurrenzverhältnis zu den Fööss?

In dem Bereich, in dem die Bläck Fööss jetzt richtig populär sind, kann keine Konkurrenz aufkommen. Die Bläck Fööss sind keine Rockband, und wir sind nicht so volkstümlich wie die. Wenn überhaupt so ein Konkurrenzding aufgemacht werden kann, dann höchstens zwischen den Höhnern und den Bläck Fööss, wobei die Bläck Fööss da im Niveau Lichtjahre vor den Höhnern stehen.

Die Höhner sind nun definitiv so was wie geschmackliche Streikbrecher, denn nachdem die Bläck Fööss den Literaten der großen Karnevalsgesellschaften gesagt hatten: »O. k., wir spielen auf euren Sitzungen, aber wir machen nicht für euch den Kasper«, sind die direkt da hin und haben gefragt: »Was für einen Kasper hättet ihr denn gerne, und wieviel billiger als die Fööss müssen wir sein, damit wir den Gig kriegen?« Da hab ich nicht die Bohne Achtung vor!

Übrigens haben der Major und ich 1989 drei Wochen mit den Fööss zusammen im Millowitsch-Theater gespielt und sind bestens klargekommen.

Was ist die Basis für das Vertrauen zwischen dir und den Bläck Fööss?

Es ist immer schwer, so etwas zu definieren. Aber irgendwo ist diese Mentalität »Jeck loss Jeck elans«, was ja immer vor dem Rosenmontagszug als Motto steht, das Schönste am ganzen Rosenmontagszug, schon stark in der kölschen Mentalität verankert. »Och jönne künne«, was soviel heißt wie: Man muß auch gönnen können. Diese Sprüche drücken irgendwie eine gewisse Toleranz aus. Sobald man irgendwas akzeptiert hat, dann darf das auch mal aus der Reihe fallen, aber wenn ein Kölner etwas nicht in Ordnung findet, dauert es auch sehr lange, bis man ihn vom Gegenteil überzeugen kann.

Trude Herr ist ja auch eines der kölschen Aushängeschilder. Du hast mal auf einer ihrer Platten mitgemacht. Wie kam's dazu?

Thomas Brück, einer der Produzenten von Trudes Abschieds-LP, hatte die Idee, mich mit der Trude eine kölsche Version von »Beast Of Burden« singen zu lassen, dieses Bette Midler/Jagger-Duett. Und da diese Nummer seit jeher eine meiner Top-100-Favourites aller Zeiten ist und es einfach die Knaller-Idee war, das Stück auch noch ausgerechnet mit der Trude aufzunehmen, sagte ich zu. Ich kam also in diesem Studio bei Düssel-

v. l. n. r.: Jürgen Zeltinger, W. N., Willi Millowitsch

Tommy Engel, Trude Herr, W. N.

dorf an und stellte zunächst mal mit Erstaunen fest, daß der Tommy auch da war, wovon man mir vorher nichts erzählt hatte. Die Trude war schon völlig fertig, weil die Studio-Arbeit für sie total ungewohnt war und sie ohnehin recht krank war. Innerhalb einer Stunde hatten wir »Hipp vum Nümaht«, unsere »Beast Of Burden«-Version, im Kasten, hörten sie uns an und waren zufrieden, als der zweite Produzent auf einmal etwas von einer weiteren Nummer nuschelte, die man noch hätte, für die der Tommy eigentlich gekommen wäre, und ob ich da nicht auch noch »mal gerade« mitsingen wollte.

Und da ich gut in Schwung war, auch schon ein bißchen angesäuselt, paßte ich auch gar nicht groß drauf auf, was das denn nun für ein Lied war, um das es da ging. Das war diese Abschiedsnummer »Niemals geht man so ganz«. Der Trude hatte man eine Melodie vorgegeben, auf die sie dann zwischen Tür und Angel auf hochdeutsch ihren Abschiedstext geschrieben hatte. Jedenfalls, als ich das Lied dann zum ersten Mal nüchtern hörte, bin ich fast zusammengebrochen. Da waren nur völlig platte »Reim-dich-ich-fress-dich«-Phrasen zusammengeschustert, unglaublich schlecht, auf der Kitsch-Skala sogar noch Klassen unter King Size Dicks »My Way«-Version.

Dann hab ich die Produzenten angerufen und gesagt: »Leute, es tut mir leid. Ich bin für dieses »Beast Of Burden« ins Studio gekommen, aber sorry, bei der anderen Nummer löscht bitte meinen Part, die kann ich nicht mittragen.« Daraufhin rief die Trude dann tränenüberströmt bei mir an und meinte, das Stück wär doch so schön und ob ich mir das nicht noch mal überlegen wollte. Ich habe ihr dann den Vorschlag gemacht, den Text auf Kölsch für uns drei so umzuschreiben, daß der halbwegs in Ordnung ist.

Das ging aber auch nicht mehr, denn die Trude lag inzwischen schon im Krankenhaus und war operiert worden. Schließlich habe ich die Passagen des Textes neu geschrieben, die der Tommy und ich sangen. Den Rest haben wir auf hochdeutsch gelassen, da war einfach nichts mehr dran zu machen.

Auch das ist dann nicht die literarische und poetische Chefleistung, aber du müßtest die andere kennen. Mit der könnte man mich glatt erpressen. Weil das Schicksal es so wollte, wurde diese Nummer auch noch ein Hit, und wir standen plötzlich mit der Trude und diesem Lied sogar noch in irgendwelchen Fernsehsendungen.

Die Krönung war unser Auftritt bei Jürgen von der Lippe. Wir hatten der Trude sogar so was wie eine Playback-Band zusammengestellt, die zur Hälfte aus Complizen und zur anderen Hälfte aus Bläck Fööss bestand, und wir spielten »Niemals geht man so ganz«. Das Publikum rastete wirklich total aus, in einem Maße, wie ich es bei BAP ganz selten in Playback-Sendungen erlebt hatte. Tommy, Trude und ich auf einer Bühne, und die Trude war natürlich der große Star. Die Leute sind ausgerastet – und das in einer »Tischchen-Sendung« (das Publikum an kleinen Tischen).

Das war unglaublich. Wir waren als Höhepunkt erst gegen Ende der Sendung an der Reihe gewesen, und die Leute brüllten »Zugabe, Zugabe«, so daß der Jürgen von der Lippe einfach nicht dazu kam, seine Abmoderation zu machen. Es mußte einfach noch eine Zugabe gegeben werden. Und das entschied in diesem Moment auch nicht mehr der Moderator, sondern Trude Herr selbst. Sie rief ganz einfach: »Jung, loss dat Band noch ens loofe!« Alle auf der Bühne dachten zu dem Zeitpunkt allerdings, die Sendung wäre schon vorbei und wir würden das nur noch mal für die Leute im Saal spielen.

Aber während wir das Ding dann noch mal mimten, fiel mir plötzlich auf, daß immer noch Rotlicht auf der Kamera leuchtete. Damals ist es wahrscheinlich zum ersten Mal in der Geschichte des deutschen Fernsehens passiert, daß eine Playback-Nummer in einer Sendung zweimal gelaufen ist, und zwar durch Entscheidung des Interpreten und des Publikums. Das war das demokratischste Fernsehereignis meines Lebens, und diese Frau, die man zur Kamera-Probe noch fast auf die Bühne tragen mußte, weil sie die Beine kaputt hat, kickt während der

Zugabe ihre Schuhe ins Publikum, läuft barfuß über die Bühne und tanzt, daß sie in diesem Zustand der Euphorie sogar Mick Jagger und Bettie Middler naß gemacht hätte . . . Das bleibt ein unvergessener Moment.

KARNEVAL

Köln ist eine Karnevalshochburg. Was bedeutet dir der Karneval?
Als Kind war für mich Karneval die Zeit, in der man endlich richtig verkleidet seine Cowboy- und Indianer-Spiele spielen konnte, wie man es das ganze Jahr über gerne getan hätte, nur man durfte eben nicht. Was Karneval eigentlich ist, wird einem ja erst später klar.
Karneval ist ja die Verschmelzung von diesem heidnischen »Abschied-vom-Winter-Nehmen« und der christlichen Komponente des »Vor-der-Fastenzeit-noch-mal-feiern-Wollens«. Und daraus entstanden ist ein Fest der Satire im weitesten Sinne, wo man sich beispielsweise über das napoleonische oder später das preußische Militär lustig gemacht hat. Diese ganzen Stippeföttchen-Tänze, der Elferrat bei den Sitzungen, das waren ja Formen, um das Militär auf die Schippe zu nehmen. Der Elferrat beispielsweise ist ja eine Anspielung auf den Revolutionsrat der Jakobiner in der französischen Revolution.
Und Karnevalszüge sind unter anderem ja auch Persiflagen auf Triumphzüge. Was man beispielsweise heute in Basel noch viel mehr in seiner Ursprünglichkeit sieht als hier in Köln.
Und wieso ist in Köln gerade diese Authentizität verlorengegangen?
In Köln ist der Karneval einfach in eine kommerzielle Richtung pervertiert. In Basel aber hat man wirklich noch das Gefühl, an

Riten teilzunehmen. Ich bin mal dagewesen und hab das mitgemacht. Es wird übrigens auch nicht gesoffen. Da geht's völlig nüchtern ab, mit dem vor Sonnenaufgang stattfindenden traditionellen Mehlsuppenessen, auf das dann der sogenannte Morgenstreich, der Umzug, folgt.

Einmal hast du dich ja auch schon in einem Song, in »Nit für Kooche«, mit dem Karneval auseinandergesetzt. Da zeigte sich ein sehr gebrochenes Verhältnis zum Karneval. Wie ist dieser Bruch entstanden?

Ich hatte Anfang 79 mal die Idee für eine Rock-Operette, die den Titel »Jan un Griet« haben sollte. Für dieses Projekt haben wir dann u. a. im folgenden Jahr den kompletten Weg des Rosenmontagszuges mitgefilmt. Da sind der Schmal und ich zusammen mit einem Video-Team mitgegangen und haben das Verhalten des Publikums und das Verhalten der beiden Personen gefilmt, die auf dem Wagen der Reitergruppe Jan von Werth diese beiden kölschen Legendenfiguren Jan und Griet darstellten.

Die Legende ist eine Geschichte aus dem 30jährigen Krieg, als der spätere Reitergeneral Jan von Werth zunächst mal ein erfolgloser Knecht auf einem Vorstadt-Bauernhof war und zudem auch noch unglücklich verliebt in die Magd Griet, die ihn nicht wollte. Er zieht dann in den Krieg, kommt Jahre später als erfolgreicher Reitergeneral zurück und trifft die Griet vorm Severinstor als Obstverkäuferin – an meinem Lieblingsobststand übrigens. Jedenfalls sieht sie ihn da reinreiten und sagt: »Wer et hätt jewoss?!« Also: »Wer hätte das gedacht, daß aus dir mal was wird?!« Und er sagt: »Wer et hätt jedonn?« – Sinngemäß: »Ich kann nichts dafür, daß du dich getäuscht hast«.

Und diese Geschichte, verwoben mit der Geschichte eines erfolglosen Musikers und Thekenhängers – wie ich eben lange –, war das Thema dieser Rock-Operette. Dann hatten wir aber »leider« plötzlich Erfolg und konnten dieses Ding nun wirklich nicht mehr aufführen. Das wär' doch etwas kokett gewesen, das ging einfach nicht mehr. Außerdem sollte das im Kölner Schauspielhaus aufgeführt werden, und es gab keine Kölsch singenden Schauspieler am Schauspielhaus, man hätte die Operette mit uns selbst und mit Laien besetzen müssen. Zudem waren wir mittlerweile permanent unterwegs und konnten uns nicht darauf festlegen, ein halbes Jahr am Stück am Schauspielhaus zu proben und zu gastieren.

Ihr seid jedenfalls mit dem Zug mitgegangen und habt die Leute gefilmt?

Ja, und das war dermaßen entsetzlich, daß ich dafür kaum Worte habe. Den Film sollte man mal unkommentiert im Fernsehen laufen lassen. Unfaßbar, in welche Gesichter man da geschaut hat, die da völlig verbiestert am Rande des Zugwegs standen mit ihren Plastiktüten, in die die ergatterten Kamellen gefüllt werden sollten, die verhärmt um jeden Millimeter Platz kämpften und jeden, der auch mal vorne schau'n wollte, erbittert zurückdrängten. Ein regelrechter Kampf untereinander, also gar nichts mit geselligem Zusammensein oder dem Gefühl, etwas miteinander zu feiern. Da standen Heerscharen verbiesterter Leute rum und hatten null Spaß. Und die Leute auf den Wagen waren auch schon völlig genervt, weil sie die ganze Karnevalssaison über seit dem 11. November schon im Einsatz waren.

Ich kannte Karneval vorher selbst nur besoffen oder als indianerspielendes Kind. Wir hatten selbstredend die Jahre vorher auch immer erbarmungslos mitgemacht, zumeist breit wie die Nattern, hatten da allerdings auch immer nur im Cliquenkreis gefeiert. Ich wäre nie auf eine Sitzung gegangen. Wenn, dann war ich in der Stammkneipe, in die ich eh ging, und in ein paar anderen Lokalitäten, in die man auch schon mal ging – aber immer in einer großen Gruppe von Leuten, die zusammen einen draufmachten. Wir feierten ja auch im Sommer und im Herbst und überhaupt – da war Karneval auch nur ein Anlaß mehr gewesen, eine ausführliche Fete zu feiern.

Es gab zudem die sagenhaften traditionellen Sonntags-Karnevalsfeten im Atelier Boecker/Niedecken. Die fingen nach dem

Sonntagszug an und dauerten bis zum Rosenmontagszug. Da ging's mörderisch ab. Die Bude war hinterher regelmäßig total bedient. Wir haben die Bilder alle ein bißchen höher gestellt, die Teppiche eingerollt und losgelegt. Ein paar zerkratzte Platten, mein legendärer alter Dual Mono-Plattenspieler, und ab ging die Post! Solch eine Fete machte man aber auch einfach nur auf Karneval. Weiß der Geier, warum man die ausgerechnet auf Karneval machte und nicht mitten im Sommer; wahrscheinlich ist man doch mehr Herdenvieh, als man sich das eingesteht.

Wenn du was gegen den Karneval sagst, meinst du damit also lediglich den offiziellen, institutionalisierten Karneval?
Ja klar, aber genau da liegt das Mißverständnis über das Stück »Nit för Kooche«. Wenn ich heute notgedrungen Karnevalsdienstag in Köln bin, weil meine Kinder sich natürlich auf den Karneval freuen, werd ich ständig angemacht.
Ich muß mir von mindestens jedem dritten Typen anhören: »He, he, nit für Kooche! Ich mein du wöhrs Karneval fott. Wat mähß du dann he?« Und das in teilweise recht aggressivem Tonfall.
Das passiert mir jedes Jahr aufs neue. Und so etwas ist natürlich sehr unangenehm, weil ich auch keine Lust darauf hab, jedem Flachkopf, der sich ja gar nicht mit dem Text von »Nit für Kooche« befaßt haben kann, meine Einstellung zum Karneval zu erklären. Sich vor jemand zu definieren, der dir besoffen und lallend entgegenfällt, ist nicht unbedingt erfreulich.
Ich kann eigentlich gar nicht sagen, was mir unangenehmer ist, wenn ich am Karnevalsdienstag rumlaufe: das Karnevalsgetue oder dieses ständige Sich-definieren-Müssen. Das krieg ich schon gar nicht mehr auseinander.
In der Zeit bevor ich Kinder hatte, bin ich während der sogenannten tollen Tage regelrecht aus Köln geflüchtet und hab irgendwo einen Kurzurlaub gemacht. Aber meine Kinder freuen sich ja heute aus den gleichen Gründen auf Karneval, aus denen ich mich auch als Kind darauf gefreut habe, nämlich sich

verkleiden zu können und alle anderen auch verkleidet zu sehen, denn man trifft ja dann lauter Zorros und lauter Robin Hoods und lauter Zauberer und lauter Clowns. Für Kinder ist das ein sehr schönes Fest!

Was stinkt dir denn konkret am offiziellen Karneval?

Die Gesichter, in die ich damals bei dem Film geschaut hab, stehen für das, was ich nicht mag, die stehen für das Verkrampfte, was auch durch Karneval nicht wegzubekommen ist. In Köln sind zudem die Karnevalsvereine die Cliquen, in denen sich am besten Klüngeln läßt. Als Kölner Geschäftsmann beispielsweise, der sich vor Ort behaupten will, hat man anscheinend keine Wahl – man muß in einem Karnevalsverein sein, um ein Forum für seine Klüngeleien zu haben. Auch das ist eine sehr spießige Angelegenheit.

Dann bin ich allerdings vor zwei Jahren mit den »Bläck Fööss« mal eine Nacht durch den Kölner Karneval gezogen und sehe das Ganze seitdem differenzierter. Mich interessierte das, wie die so eine Nacht-Tournee im Karneval durchstehen. Das fing abends gegen halb acht in Weilerswist an und endete morgens um vier im Kölner Gürzenich beim Medizinerball. Die Route ging über die »Lachende Sporthalle«, über irgendwas in den »Sartory«-Sälen, einen Ball in der »Flora«, vom Karnevalsverband der Fliesenleger organisiert oder von was-weiß-ich-wem, alle Schattierungen durch. Wenn man das gesehen hat, welche Nuancen es gibt, dann weiß man, was man am Karneval mag und was nicht.

Seltsamerweise mochte ich diese große Abkoch-Veranstaltung »Lachende Sporthalle«, die fand ich toll. Da würde ich auch sofort noch einmal hingehen, da kommt beispielsweise der Willy Millowitsch auf die Bühne und singt nur: »Schnaps« . . . – und die Halle singt den Rest des Liedes. Die Leute kommen alle da hin, bringen sich selbst zu essen und zu trinken mit, und es findet das statt, was am Rande des Rosenmontagszugs eben nicht stattfindet. Man tauscht nicht nur die mitgebrachten Speisen und Getränke untereinander aus, man kommuniziert tatsächlich miteinander, hat Spaß zusammen. Wildfremde Menschen haben ihr gemeinsames Erlebnis der puren Freude. Die Tour war sehr interessant, so was hatte ich noch nicht gekannt, und ich habe meine Haltung auch z. T. revidiert.

Hat es denn, als ihr über Nacht Deutschlands populärste Band wurdet, Vereinnahmungsversuche der Kölner Karnevals-Szene gegeben?

Nein, das gab es nicht. Da wird es zwar das eine oder andere Auftrittsangebot gegeben haben, aber wir haben da wohl derart schnell und entschieden »nein« gesagt, daß wir da nie in die Gefahr einer Umarmung kamen. Die Umarmungsversuche der linken Polit-Szene waren da weitaus penetranter.

Und wie war die Reaktion in Köln, als »Nit für Kooche« veröffentlicht wurde?

Seltsamerweise gab es keine große Welle der Empörung. Ich hab mich auch sehr gewundert, daß dies nicht stattfand. Das hat aber auch wieder mit dieser »Jeck loss Jeck elans«-Mentalität zu tun. Es sind dieselben Leute, die bei uns im Konzert den Refrain von »Nit für Kooche« mitgrölen, die in der gleichen Pose mit der Narrenkappe und Konfetti werfend während einer Karnevalssitzung »Willst du eine Pizza?« von den »Höhnern« mitsingen. Das ist komplett egal. Es kommt hier anscheinend nur auf den Spaß an. Und das finde ich irgendwo fast schon wieder in Ordnung.

»Nit für Kooche« haben wir ja auf der Bühne immer absolut überzogen dargeboten. Was wir da auf der Bühne gelacht haben! Der Schmal und ich gingen immer, wenn wir zwischendurch mal wieder in Köln waren und uns das Material ausgegangen war, in den örtlichen Festartikel-Laden, sprich zum »Festartikel-Schmidt« in der Johannisstraße, und kauften massenhaft irgendwelche schwachsinnigen Karnevalsutensilien, Masken, Perücken, Konfetti, Luftschlangen, Federboas, irgendwelchen Mist, den die anderen von der Band beim nächsten Gig zwangsläufig noch nicht kennen konnten. Und während ich dieses »Nit für Kooche« sang, hatten der Schmal und ich alle Hände voll zu tun, die Band mit diesen belämmerten Masken zu »schmücken«.

Ich hab' teilweise fast in die Hose gepinkelt vor Lachen. Der Major und der Steff beispielsweise wollten das Zeugs nie angezogen bekommen und versuchten immer, sich darum zu drükken. Der Major will ja Rockstar sein, und die haben nun mal selten Elefantenrüssel im Gesicht. Oder wir gingen, wenn wir in Norddeutschland waren, irgendwelche Ostfriesen-Nerzmützen kaufen, oder im Schwarzwald diese Schwarzwaldmädel-Bollenhüte, und die Band wurde mit diesem Zeug durchdekoriert, während ich den Text sang. Die Jungs liefen weg und wurden vom Schmal wieder eingefangen – auf der Bühne herrschte jedenfalls immer ein herrliches Chaos.

Dieser vermeintlich ernste Inhalt, dieses »Wir-beleuchten-jetzt-Karneval-kritisch«, wurde durch die Live-Präsentation ad absurdum geführt. Das wurde völlig umgedreht und wurde wieder Karneval im eigentlichen Sinne. So gesehen sind wir eigentlich auch eine Karnevals-Band! Die nächste BAP-Live-LP, die nach der kommenden Tournee erscheint, wird heißen: »Met der decke Trumm«.

Genau das, was ich mit der dicken Trommel verbinde, ist das, was ich an Karneval auch gut finde. Diese Cliquen, die Karneval mit einer dicken Trommel durch die Gegend ziehen, von Kneipe zu Kneipe marschieren und singen, teilweise sogar ohne sich auch nur einen einzigen Schnaps einzugießen, haben etwas Faszinierendes an sich. Durch die Monotonie und das Ritual und die Kontaktfreudigkeit stimulieren die sich derart, daß da unglaublich viel Stimmung entsteht. Das verbinde ich mit der »decke Trumm«, und das find ich auch toll am Kölner Karneval.

Und was wir machen, ist ähnlich. Wir sind auch unterwegs mit der Band und haben eine dicke Trommel. Auf der Bass-Drum steht BAP, und wir spielen und haben Spaß dabei. Deshalb wird man auf dem Cover der Live-LP nur unsere Bass-Drum sehen, wo »BAP« draufsteht. Und damit ist der Bogen zum

Karneval geschlagen. So paradox sich das auch für einen BAP-Fan anhören mag: Was wir auf Tour machen, ist eigentlich ein nicht saison- und ortsgebundenes Karnevalfeiern.

Ausstellungen (Auswahl)

1973	Köln	Kölner Kunstkaleidoskop (Exemplarische Ausstellung)
1975	Köln	Galerie Witte, »Notizen, Zitate, Ausschnitte«
1978	Brühl	* Kunstverein, »Boecker & Niedecken zeigen Argentina /8«
	Köln	* Kunstverein, »Feldforschung«
1979	Berlin	* Galerie in der Friedrichstraße, »Wunschbilder«
	Hamburg	* Kunstverein, »Eremit, Forscher, Sozialarbeiter?«
1980	Berlin	* Galerie in der Friedrichstraße, »Tagesbilder«
1985	Köln	* Kunstverein, Retrospektive
	Köln	* Galerie Inge Baecker, »Neue Souvenirs«
	Gelsenkirchen	* Städtisches Museum, »Neue Souvenirs« und »Tagesbilder«
	Berlin	* Künstlerhaus Bethanien, »Neue Souvenirs« und »Wunschbilder«
1986	Wilhelmshaven	* Kunsthalle, Retrospektive
1987	München	* Lenbachhaus, Retrospektive
	Mülheim/Ruhr	* Städtisches Museum, Retrospektive
	Wien	* Museum Moderner Kunst, Retrospektive
1988	Köln	Galerie Inge Baecker, »Kanitverstaan«
1989	Kopenhagen	Galerie Torben Grøndal
1990	Nikosia, Zypern	Famagusta-Gate
	Leipzig	Galerie Augenblick, »Fotomaterial«
	Basel	Galerie Siegert
1990	Odense, Dänemark	Kunsthalle, Bilder des Rocks

* mit Manfred Boecker

Bands, Platten und Tourneen

1966   The Convikts

1967–69 The Troop

1969–71 Goin' Sad

1976   BAP (Erste Gehversuche)

1979   Erste BAP-LP »WN's BAP rockt andere Kölsche Leeder«

1980   LP »affjetaut«

1981   LP »für usszeschnigge«

1982   »von drinne noh drusse«

1983   Live LP »bess demnähx«, Buch »BAP övver BAP«

1984   gescheiterte DDR-Tour, LP »zwesche Salzjebäck un Bier«

1986   LP »Ahl Männer, aalglatt«

1987   LP »Schlagzeiten« (W. Niedecken & Complizen)
        Nicaragua-Tour (W. N. & Co.)
        China-Tour (BAP)

1988   Mosambik-Tour (W. N. & Co.)
        LP »Da Capo«

1989   LP »Bläck Fööss un Fründe, Live aus dem Millowitsch-
        Theater«
        UdSSR-Tour

1990   LP »X für 'e U«

Fotonachweis

Andre Spolvint   S. 124 unten

Joshi Kerstin   S. 149 unten

Hubertus von Böselager   S. 156 oben

Gert Hoogeboom   S. 187 oben

Michael Hagedorn   S. 207 oben

Manfred Becker   S. 112 unten, S. 156 unten

ZIK   S. 146, S. 248 unten

T. Golemjewski   S. 71, S. 187 unten, S. 207 unten, S. 216 oben, S. 219

Rainer Kling   S. 216 unten

X FÜR 'E U
1990

DACAPO
1988

AHL MÄNNER, AALGLATT
1985/1986

AFFJETAUT
1985

BAP ROCKT ANDERE
KÖLSCHE LEEDER
1985

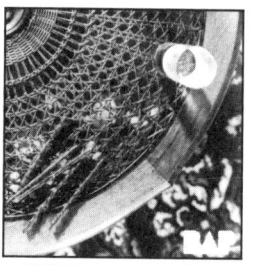

ZWESCHE SALZJEBÄCK
UN BIER
1984

BAP LIVE –
BESS DEMNÄHX
1983

VUN DRINNE NOH DRUSSE
1982

FÜR USSZESCHNIGGE
1981

WOLFGANG NIEDECKEN
& COMPLIZEN
SCHLAGZEILEN
1987

ELECTROLA

CHUJKOV

DOSSI

GROSS

KAGEL

KANOVITZ

KAPROW

KATZ

KNIZAK

KOLAR

NIEDECKEN

PAIK

PÖGGELER

SIRON

URSULA

VOSTELL

GALERIE INGE BAECKER – KÖLN
ZEUGHAUSSTRASSE 13 – 5000 KÖLN 1 – TEL. 0221/2401626 – FAX 0221/249326

GERALD HÜNDGEN (HRSG.)
CHASIN' A DREAM

Die Musik des schwarzen Amerika von Soul bis Hip Hop
KiWi 181
Originalausgabe

Chasin' a Dream beschreibt zum ersten Mal die bekanntesten Stile der schwarzen Musik seit den sechziger Jahren, die Entwicklungen und die Brüche. In zwanzig Kapiteln stellen Autoren aus der Bundesrepublik und England die wichtigsten Sänger und Labels vor.

KiWi Paperbackreihe bei Kiepenheuer&Witsch

Diedrich Diederichsen
1.500 Schallplatten
1979-1989

Mit einem Essay über Popmusik
und Interpreten-Register
Broschur.

Zusammengenommen ergeben die hier vollständig gesammelten Schallplattenkritiken Diedrich Diederichsens
ein präzises Bild der populären Musik der 80er Jahre und
sind so ein Teil der Kulturgeschichte dieses Jahrzehnts.

Kiepenheuer & Witsch

Diedrich Diederichsen
Sexbeat – 1972 bis heute
KiWi 85
Originalausgabe

Eine Geschichte der Pop-Kultur.
»*Sexbeat* erzählt die Geschichte der ersten Subkultur, die ohne den Fortschritt auskommen mußte. Das Befreien der Massen, der Sinne, des Bewußtseins und aller überkommener innerer Gesetzmäßigkeiten der Künste war in seiner eindimensionalen Linearität erschöpft. Ihr konntet noch so viel von Postmoderne schwätzen, wir mußten sie leben. Seit 73 gibt es die erste postmoderne Subkultur, ein postmodernes Bohemia, für das die Beteiligten kein schikkes Wort hatten. Hier heißt es Second-Order-Hippness. Wie Künstler, Mitschülerinnen und der Dichter Irgens den Boho-Dance tanzten, warum es nicht mehr nötig ist, Hans Neuenfels erschießen zu lassen, warum große Männer am Ikarus-Phänomen zugrunde gehen, warum Historizität eine Waffe war, warum die Gegenstände verschwanden und erst langsam wieder auftauchten, trotzig und blutverschmiert, whatever happened to the V.O. (=Vaginaler Orgasmus) und was das alles mit Sex, Nichtsex und Krise der modernen Physik zu tun hat, steht in *Sexbeat,* einem historisch-prognostischen Essay/Prosa-Konglomerat über die Zeit von 1972 bis übermorgen. Schließlich lohnt es sich doch, älter zu werden als 25.«
Diedrich Diederichsen

KiWi Paperbackreihe bei Kiepenheuer&Witsch

KUNST IN KÖLN

Museen, Galerien, Künstler, Kunstmarkt, Kulturpolitik,
Treffpunkte, Adressen, Tips
Herausgegeben von Marie Hüllenkremer
Mit zahlreichen Abbildungen
Broschur

Mit Sorgfalt, Witz und kritischem Blick werden die wichtigsten Museen, Galerien und Ausstellungsräume vorgestellt, bekannte und unbekannte Künstler, die in Köln leben und arbeiten, porträtiert, aber auch hinter die Kulissen der Kölner Kulturpolitik geschaut.

KIEPENHEUER&WITSCH